ullstein

Milena Glimbovski

Über Leben in der Klimakrise

Warum wir jetzt
über Klimaanpassung
sprechen müssen

Ullstein

Besuchen Sie uns im Internet:
www.ullstein.de

Wir verpflichten uns zu Nachhaltigkeit

• Klimaneutrales Produkt
• Papiere aus nachhaltiger
  Waldwirtschaft und anderen
  kontrollierten Quellen
• ullstein.de/nachhaltigkeit

MIX
Papier | Fördert
gute Waldnutzung
FSC® C021394

FSC
www.fsc.org

Originalausgabe im Ullstein Taschenbuch
1. Auflage Juni 2023
© Ullstein Buchverlage GmbH, Berlin 2023
Umschlaggestaltung: zero-media.net, München
Umschlagfoto: © Hans Scherhaufer
Satz: LVD GmbH, Berlin
Gesetzt aus der Sabon LT Std
Druck und Bindearbeiten: ScandBook, Litauen
ISBN 978-3-548-06805-3

Für Karl

INHALT

Vorwort 11

TEIL I
WARUM KLIMASCHUTZ ALLEIN
NICHT MEHR AUSREICHT

Kapitel 1: Wir sind alle betroffen

Wo wollen wir leben? 19
Was grüner Konsum nicht kann 23
Was grüner Konsum bewirken kann 27

Kapitel 2: Aktivismus für den Klimaschutz

Sprecht es aus! Die Krise, sie ist hier. 31
Engagement im Kleinen 37
Warum Petitionen nicht reichen, aber ein
guter Anfang sind 39
Clara klagt an 43
Ziviler Ungehorsam 46
Das letzte Mittel 49
Auf ein Glas Wein mit Andreas Malm 51
Klimafatalismus: Warum Aufgeben keine Option ist . . . 56
Der Film 58
Das Gedicht 59

Kapitel 3: Klimagefühle – ein kleiner Exkurs

Vor fünf Jahren 61
Heute – im Jahr 2023 62

TEIL II
KLIMAANPASSUNG

Kapitel 4: Überleben in Zeiten der Klimakrise

Maßnahmen für die Welt von morgen. 69
Klimaanpassung strukturell und privat 72

Kapitel 5: Wasserversorgung

Ein blauer Planet 74
Trinkwasser kommt doch aus dem Hahn!. 78
Wo sind Seen und Flüsse hin? 83
Anpassungsmaßnahmen. 85

Kapitel 6: Meeresspiegelanstieg, Hochwasser und Extremwetter

Das neue Normal 107
Starkregen und Hochwasser. 111
Anpassungsmaßnahmen. 114

Kapitel 7: Landwirtschaft

Von Jägerinnen und Sammlern und dem größten
Betrug der Geschichte 133
Gefangen im System. 134
Trocken, trockener, Deutschland 137
Der Kampf ums Wasser 141
Der Kampf mit der Hitze 144
Verschiebung der Vegetationsperioden 145

Artensterben. 147
Anpassungsmaßnahmen. 150

Kapitel 8: Energie
Wenn der Strom ausfällt. 178
Sicher unsicher: fossile Energie 185
Die letzten Tage von Lützerath I. 187
Suboptimale alternative Energiequellen 193
Die letzten Tage von Lützerath II 195
Strukturelle Anpassungen 198
Die letzten Tage von Lützerath III 206

Kapitel 9: Wirtschaft
Insolvenz Remote 212
In der Wachstumsfalle. 216
Konkrete Maßnahmen in verschiedenen Bereichen 231
Das Ende der Wirtschaft, wie wir sie kennen 242

Kapitel 10: Katastrophenschutz und Prepping
Wir müssen wissen, was wir tun können 245
Vorbereitet sein auf kleine und große Katastrophen. . . 256
Solidarisches Preppen 259
Die ökologischen Selbstversorger*innen. 263

Kapitel 11: Stadt, Land, Wald
Von Berlin-Kreuzberg nach Bullerbü 266
Die heiße Stadt 267
Das gemäßigte Land. 270
Über Klimaanpassung in der Stadt 272
Der klimaresistente Wald 274

Kapitel 12: Grenzen der Anpassung und Migration

Wer schon heute seine Heimat verlässt 277

Klimagerechtigkeit und Geflüchtete 278

Unsere Verantwortung. 280

Refugees Welcome. 282

Eine privilegierte Ausreise 286

Strukturelle Anpassung nach Norden 287

Klima-Gentrifizierung und Klima-Zufluchtsort 289

Nachwort 293

Dank 295

Anmerkungen 299

VORWORT

Es war Weihnachten, ich fünf Jahre alt und meine größte Sorge, dass der Weihnachtsmann mich nicht finden würde. Meine Eltern und ich fuhren Zug, seit Tagen rollten wir durch Moldawien, die Ukraine, Slowakei, Tschechische Republik bis nach Hannover. Aber das wusste ich nicht, und das wusste auch der Weihnachtsmann nicht. Was ich damals auch nicht wusste: In meiner Religion gibt es keinen Weihnachtsmann. Ich weiß bis heute nicht, wer jüdischen Kindern die Geschenke bringt und ob meine Mutter es als Witz meinte, dass es zu Chanukkah nur Geld gibt.

Geschenke gab es dann doch. Er fand uns, dieser Weihnachtsmann, also Väterchen Frost in unserem Fall, in einem »Ausländerwohnheim« in Friedland. Zwar einige Tage zu spät, aber das war dann auch egal. Das Geschenk war eine kleine blaue Armbanduhr. Aus reinem Plastik, mit kleinen Fischen auf dem Zifferblatt. Ich hatte mir eigentlich etwas anderes gewünscht. Unter den Hochbetten hatte ich nämlich große bunte Kartons entdeckt, die nach einem Playmobil-Set aussahen. Ich war mir sicher, da sei ein tolles buntes Etwas für mich drin. Dass meine Eltern die leeren Kartons irgendwo aufgesammelt hatten, damit wir im Heim Ordnung halten konnten, habe ich erst nach Väterchen Frosts Besuch erfahren.

Die Erinnerung verschwimmt. Aber ich weiß noch, wie unendlich lang mir diese Zugfahrt vorgekommen ist. Und dass ich diese eine Puppe immer dabeihatte. Sie konnte sprechen, wenn man auf ihren Bauch drückte, weil sie eine Batterie hinten drin hatte. Ich lief im Zug hin und her, zeigte sie allen stolz. So was gab es sonst nur im Ausland. In diesem fernen Ausland, wo wir nun hinfuhren. An das erste Mal in einem deutschen Supermarkt erinnere ich mich auch noch. Ich war überwältigt von der Fülle und Masse und den Farben. Und begeistert von meinem ersten Überraschungsei.

All diese Erinnerungen kamen hoch, als ich im Edeka am Berliner ZOB an der Kasse stand. Eigentlich wollte ich nur Windeln und Feuchttücher für die Geflüchteten besorgen, die dort langsam ankamen. Menschen aus der Ukraine. Und da entdeckte ich die Ü-Eier an der Kasse. Ich packte die Tüte voll. Vermutlich gibt es Ü-Eier inzwischen auch in der Ukraine. Vermutlich haben die Kinder alle schon ordentliche Supermärkte gesehen. Die Ukraine im Jahr 2022 ist nicht mit Moldawien, das meine Familie 1995 verließ, zu vergleichen.

Am ZOB sind genug Helfer*innen, um die wenigen ankommenden Busse mit den Geflüchteten zu begrüßen. Also fahre ich zum Hauptbahnhof und biete dort meine Hilfe an. »Ich spreche Russisch«, sage ich zu einer jungen Frau mit gelber Warnweste. »Super, bleib bitte hier«, sagt sie, und ich bleibe und helfe. Wir stehen am Gleis 13/14 hinter zwei Tischen mit Spenden für die Ankommenden. Junge, Alte, Familien, eine bunte Mischung, mit einer Gemeinsamkeit: Sie fliehen vor einem Krieg, den niemand für möglich gehalten hat. Der aus dem Nichts kam. Klar, es gab hier und da Expert*innen, die explizit vor Russland und Putin gewarnt haben. Aktivist*innen, die sich gegen Nordstream 2 eingesetzt und immer wieder vor der Abhängigkeit gewarnt haben. Fossile Rohstoffe sind nicht nur schlecht für die Umwelt, sondern auch für die Unabhängigkeit Deutschlands.

Das ist nämlich eines der vielen Probleme unseres aktuellen Systems. Wir zahlen Geld für Dinge, die unsere Existenz bedrohen, an Menschen und Regierungen, die unsere Existenz bedrohen. Seit 2020 hängt die Pandemie über uns, seit 2022 Putin. Vor über fünfzig Jahren hat der Club of Rome vor dem »Ende des Wachstums« gewarnt und eine Kehrtwende gefordert. Und seit Jahrzehnten hängt das Gespenst der Klimakrise über uns – das ist wirklich 'ne verdammt lange Zeit, in der viel zu wenig passiert ist. Dabei gefährdet die Klima- und Biodiversitätskrise, so abstrus es sich anhört, nicht die Erde. Sondern nur die Existenz der Menschheit (und die ein paar anderer Arten). Das hört sich verrückt an, dieser Ausdruck »Kollaps der Zivilisation«, aber genau den verwendet Mark Lynas in seinem Buch 6 *Grad mehr*.[1] Fünf bis sechs Grad Celsius durchschnittliche Erwärmung – das hält unser Ökosystem nicht aus, da bricht es zusammen. Überleben für den Menschen ist dann unmöglich. Fünf bis sechs Grad Celsius, das ist viel. Und sicher noch lange hin, oder?

Ich lese weiter. Wenn wir weitermachen wie bisher, also nichts reduzieren, weiter konsumieren, weiter Kohle und Erdöl verbrennen, dann haben wir 2100 ein Plus von 3,7 Grad Erwärmung erreicht. Das ist ganz schön nah dran an den fünf Grad, zu denen es dann nur noch ein Katzensprung ist. Dann werden die Kippelemente eine Kettenreaktion auslösen, die wir nicht nur nicht aufhalten, sondern auch nicht umkehren können. Versuch mal den Regenwald aufzuforsten, inklusive Ökosystem und ausgestorbenen Tierarten, oder Gletscher in die Arktis zu packen, den Permafrost in Sibirien wieder einzufrieren – *you get the point*.

Mark Lynas ist kein Verschwörungstheoretiker oder Schwarzmaler. Und der Experte für Klimawandel ist nicht der einsame Rufer in der Wüste. Der Intergovernmental Panel on Climate Change (IPCC) warnt ebenfalls in seinem 2022er-Bericht vor der gefährlichen Lage, in der sich die Welt befindet. Nicht mehr nur arme und verletzliche Communitys werden stark betroffen sein, auch hier bei uns, im Globalen Norden, werden die Klima-folgen deutlich spürbar sein. Der Bericht widmet sich zudem der Klimaanpassung, also der Anpassung an die Klimaschäden: Dem Thema müsse mehr Priorität eingeräumt werden. Dieser Bereich sei vernachlässigt worden und unterfinanziert. Diese Anpassung sei keine Alternative zur Emissionssenkung, sondern eine wichtige Ergänzung, die uns als Menschheit ermöglichen soll, mit den kommenden Klimaschäden zu leben.

Ein Plus von 3,7 Grad im Jahr 2100. Ich werde das eher nicht erleben. Aber 2090 vielleicht, da wäre ich hundert. Das könnte klappen. Und mein Sohn, mein kleiner, frecher, ein Meter großer Mini-Dino, wäre erst 72. Wo und wie wird er dann leben? Diese Frage stelle ich mir, seit ich mit ihm schwanger war. Leben in Zeiten der Klimakrise, auf einer sich wahnsinnig schnell erwär-menden Erde. So schnell, dass es alle Prognosen übertrifft.

Das Jahr 2035 hingegen, das werde ich locker erleben. Da werde ich knackige 45 Jahre alt sein und vermutlich gerade in die Midlife-Crisis schlittern. In der Klimakrise werde ich da schon lange stecken. Wenn die Regierungen dieser Welt weiter nur reden und nicht radikal handeln, dann wird die Welt bereits 2030 die durchschnittliche 1,5-Grad-Erwärmung[2] erreicht haben. Dann werden durch den Anstieg des Meeresspiegels um durchschnittlich 48 Zentimeter bereits erste Teile Hamburgs und große Teile Bremens unter Wasser stehen. Das Risiko für Starkregenereignisse wie im Sommer 2021 wird um 50 Prozent zunehmen, auch ihre Heftigkeit. Dürren werden doppelt so häu-fig auftreten, die Lebensmittelpreise steigen. Die Schere zwi-schen Arm und Reich wird immer größer werden, wenn nicht aktiv gegengesteuert wird, um die Schwächsten in unserem System zu schützen. Immer mehr Menschen werden an Hitze-schocks in zu heißen Sommern sterben, durch Brände oder durch Extremwetterereignisse. Jedes Hundertstel Grad mehr

Erwärmung kostet Menschenleben.[3] Meine Vierziger habe ich mir anders vorgestellt. Höchste Zeit also, sich vorzubereiten.

Was genau die Klimakrise macht, steht schon in vielen Büchern. Gefühlt ist die Bestsellersachbuchliste voll davon. Ob Peter Maffay oder Frank Schätzing – ein Klimabuch gehört inzwischen zum guten Ton. Das Thema ist bei den Autor*innen angekommen und bei den Leser*innen. Nur eben bei den politischen Entscheider*innen noch nicht. Ich hoffe, dass dieses Buch den einen oder die andere ins Aktivwerden, ins Suchen und Finden einer Gemeinschaft führen wird. Denn wenn wir nur den Hauch einer Chance haben wollen, in dieser neuen Welt zu überleben, werden wir uns zusammentun müssen. Über unseren Schatten springen müssen, die Klimaangst wahrnehmen und trotzdem nicht erstarren, sondern rausgehen müssen und Projekte anschieben oder uns bestehenden anschließen – und dabei immer wieder der Politik in den Hintern treten, sich zu beeilen mit dem Klimaschutz und der Klimaanpassung. Aus dieser Motivation heraus entstand in Kooperation mit dem *Good Impact Magazin* und der Produktionsfirma Strandgutmedia der Podcast »Über Leben in der Klimakrise«, in dem ich mit unterschiedlichen Expert*innen zum Thema Klimaanpassung ins Gespräch kam. Aber statt zufrieden aus den Gesprächen rauszugehen, tauchten neue Fragen auf. Diese habe ich versucht, in diesem Buch zu beantworten. Es soll aber auch Lust auf Engagement machen, aufrütteln und zeigen, dass man nicht allein ist mit den Fragen und Gedanken rund um die Klimakrise und den großen Fragen des Lebens. Wir können nur gemeinsam eine Antwort finden.

TEIL I
WARUM KLIMASCHUTZ
ALLEIN NICHT MEHR
AUSREICHT

Kapitel 1

WIR SIND ALLE BETROFFEN

»Alles wird sich ändern, wenn wir groß sind
Alles wird sich ändern, wird sich ändern.«
– Echt, Alles wird sich ändern.

Wo wollen wir leben?

Ich schaue mir die Dürrekarte Deutschlands an – der Harz ist stark betroffen. Meine Eltern, die da regelmäßig wandern gehen, schickten mir Fotos von vertrockneten Kiefern und Fichten und vielen frisch gerodeten Flächen, in denen zuvor der Borkenkäfer gewütet hatte. Und von Teichen und Seen, deren Wasserspiegel im Vergleich zu früheren Fotos deutlich zurückgegangen war.

Dürreperioden sind eine Folge des Klimawandels, steigende Meeresspiegel und Überflutungen eine andere. Auf der Website coastal.climatecentral.org kann ich nachschauen, welche Gebiete im Jahr 2050 unter Wasser stehen oder regelmäßig überflutet werden. Das Haus meiner Schwester in Bremen wäre davon betroffen. Im Harz wird man keine nassen Füße bekommen, aber von der Klimakrise ist er schon heute betroffen. »Manche Flächen [in Deutschland] sollten aufgrund des Klimawandels und der akuten Bedrohung durch Unwetterkatastrophen und Flutkatastrophen nicht wiederbesiedelt werden«, sagte Ralph Tiesler, Präsident des Bundesamtes für Bevölkerungsschutz und Katastrophenhilfe (BBK) im Sommer 2022. Er plädierte für ein neues Krisenbewusstsein in der Bevölkerung und meinte, Extremsituationen würden auch hierzulande fortan zum Alltag der Menschen gehören.[1]

Dann also ab nach Sibirien? Dort erblickte ich 1990, in einem Krankenhaus in Surgut, das Licht der Welt. Meine Eltern hatten Glück, denn mit mir als Nachzüglerin hatten sie endlich einen Anspruch auf eine Wohnung in einem Mehrfamilienhaus. Eine richtige Wohnung statt einer einfachen Hütte, mit mehreren Zimmern, geblümten Tapeten und freundlichen Nachbarn. In Surgut wurde Erdgas gewonnen, da gab es Jobs, und der Wohlstand ließ nicht lange auf sich warten. Nur die Winter waren hart. Meine Eltern gewöhnten sich daran, das Haus mit dickem Pelzmantel, Mütze und Vaseline im Gesicht zu verlassen. Draußen schlüpften sie in ihre Schneeschuhe. Mir dagegen bekam die Kälte nicht, ich war ständig krank. Deshalb zogen wir später auch nach Moldawien und dann, als ich fünf Jahre alt war, nach Deutschland. Wir waren sogenannte Kontingentflüchtlinge. Russland und auch Moldawien sind für Jüd*innen nicht unbedingt sicher, und daher durften Russ*innen mit jüdischen Wurzeln nach Deutschland einwandern. Dafür bin ich heute noch dankbar.

Könnte ich mir eine Rückkehr vorstellen? Nein. Denn der Gedanke beginnt und endet mit Putin und der russischen Politik. Und klimakrisentechnisch ist es in Sibirien auch nicht ungefährlich. Durch die Erwärmung tauen die Permafrostböden, wodurch Kohlendioxid und Unmengen Methan freigesetzt werden, die den Klimawandel weiter anheizen. Ein Rückkopplungseffekt. Methan ist dabei weit schlimmer als CO_2: Seine Wirkung, auf zwanzig Jahre gerechnet, liegt um das 84- bis 86-Fache höher als die von Kohlendioxid.[2] Außerdem gelangen Umweltgifte wie Quecksilber und auch unbekannte Viren und Bakterien nach oben. Der Boden sackt ab, Gewässer versickern, es gibt Brände wie nie zuvor. Klingt jetzt alles nicht so reizvoll.

Also auf in ein skandinavisches Land? Nach Schweden vielleicht? Auch Schweden leidet unter Dürren und Bränden, aber (noch) nicht in diesem Ausmaß. Und Schweden ist lang, es erstreckt sich weit hinauf in den Norden – genau dahin fahren die Schweden im Sommer mit ihren Wohnmobilen, in die unberührte Natur mit endlosen Sommernächten und Polarlichtern. Ich weiß noch, wie stark mich der Roman *Die Geschichte des Wassers* der norwegischen Autorin Maja Lunde bewegt hat. Ein Satz traf mich besonders: »›In die Wasserländer, David‹, hatte Anna immer zu mir gesagt, ›da müssen wir hin.‹«[3] Die Wasserländer, das sind Großbritannien und vor allem Skandinavien. Dort, wo es in der Klimakrise im Jahr 2041 noch Wasser gibt, genug zum Leben – so Maja Lunde in ihrem Buch.

Die Folgen der Klimakrise sind heute allseits bekannt. Seit Jahrzehnten warnt die Wissenschaft. Fast jährlich haut der IPCC neue Prognosen raus, die sich übertreffen und schneller eintreten als gedacht. Die Klimakrise ist real, ihre Folgen sind real, im Hier und Jetzt. Wir müssen uns der Tatsache heute stellen und damit beginnen, uns mit dem Thema Klimaanpassung zu beschäftigen. Wir müssen die Welt umbauen und anpassen an das, was nicht nur kommen wird, sondern schon da ist. Und das können wir nur, wenn wir uns unserer Klimaangst stellen und aktiv werden.

Bei mir ist diese Angst gerade mal wieder sehr präsent. Die aktuelle Berichterstattung triggert mich. Ich kann mich nicht konzentrieren, bin seit Tagen abwesend, teilnahmslos und kämpfe mehrmals am Tag mit Heulkrämpfen. Ich bin nicht ich selbst. Vielleicht ist es die Erinnerung an die Flucht meiner Familie, vielleicht auch das Generationentrauma. Vielleicht ist das mein Glück und meine Pein zugleich: zu wissen, dass das

Schlimmstmögliche möglich ist – meine Vorfahren haben die Schoah erlebt und überlebt.

Für meine und die nachfolgenden Generationen ist das Schlimmstmögliche neben Krieg die Frage des Überlebens angesichts des Klimawandels. Die Vorstellung von verheerenden Unwettern, Hochwasser und Tornados, von Dürren und Hungersnöten macht Angst. Aber: »Es hat lange gedauert, bis ich akzeptieren konnte, dass es besser ist, diese vermeintliche, trügerische Sicherheit zu verlieren, wenn ich dafür die Chance gewinne, für all das zu kämpfen, was wir an planetarer und damit gesellschaftlicher und individueller Stabilität noch immer bewahren können«, wie Sara Schurmann in ihrem Buch *Klartext Klima!* schreibt.[4]

So begründet die Angst ist – die Klimakrise ist schließlich real und ihre Folgen erlebt der Globale Süden, der auch noch am wenigsten dafür kann, schon viel länger und schlimmer als wir hier im Norden –, so irrational ist der Gedanke, dass ich in Skandinavien oder sonst irgendwo sicher wäre. Die Klima- und die Biodiversitätskrise treffen jedes Land, wenn auch in unterschiedlichem Ausmaß. Die Abschwächung des Jetstreams kann noch schneller irreparable Folgen haben, als wir jetzt noch denken – dann wird auch das Leben in Schweden keinen Spaß mehr machen. Aber Schweden hat es mir nun mal angetan, und deshalb haben wir nun zwei Wohnsitze. Vielleicht ist es der Wunsch nach Landleben, nach Idylle, nach heiler Welt. Ein Rückzug ins Ruhige, Natürliche, Überschau- und Kontrollierbare. Doch eine endgültige Antwort darauf, wo wir leben werden, habe ich noch nicht. Wer weiß, vielleicht bringt mich die intensive thematische Auseinandersetzung für dieses Buch einen Schritt weiter.

Was grüner Konsum nicht kann

Es ist die 267. Anfrage zum Thema »nachhaltiger leben«. Ich solle doch bitte fünf Tipps geben, die dabei helfen, Plastik zu sparen, die eigene CO_2-Bilanz zu senken oder anderweitig in fünf kleinen Schritten die Welt zu retten. Vielleicht ist es eine Frauenzeitschrift oder ein Instagram-Themenkanal. Ich weiß es nicht mehr so genau. Das tue ich seit 2014 – fünf kleine Tipps hier, sieben kleine Empfehlungen da. Zwei Bücher habe ich geschrieben. Meine Karriere und mein Laden Original Unverpackt, den ich bis 2022 geführt habe, alles folgt diesem einen grünen Faden. Mit den Jahren tauchte ich tiefer in die Materie ein und lernte immer mehr dazu. Wie sehr es eilt, wie die kleinen Schritte schnell ganz groß werden müssen, damit wir irgendein 2- oder 3-Grad-Ziel einhalten. Das 1,5-Grad-Ziel habe ich innerlich bereits abgeschrieben. Das kriegen wir einfach nicht hin. Deutschland hat sich zwar mit anderen Staaten auf die Einhaltung dieses Ziels verständigt, aber keines dieser Länder tut auch nur annähernd genug, um es wirklich zu erreichen. Mit den aktuell von der Bundesregierung beschlossenen Maßnahmen würden wir, selbst wenn wir sie vollständig einhielten, was ja auch alles andere als leicht wäre, das 1,5-Grad-Ziel verfehlen. Die Beschlüsse reichen nicht aus. Und dann ist da ja noch das Problem, dass selbst die ambitioniertesten Maßnahmen eines Landes wie Deutschland nicht genügen, um das Weltklima entscheidend zu beeinflussen. Alle müssten mitmachen.

Ich sage die Anfrage ab. Ich mag mich nicht länger wiederholen und die immer gleichen Tipps geben. Ich habe dieses Privileg, gefragt und gehört zu werden – aber ich bin müde. Es braucht eine Pause und Ruhe in meinem Kalender und meinem Kopf, ein selbst auferlegtes Vortragszölibat, um mich wieder äußern zu wollen. Ich verstumme und ärgere mich zugleich.

Play, rewind, immer wieder. Manchmal habe ich in solchen Fällen eine*n andere*n Autor*in, Aktivist*in oder Blogger*in empfohlen. Aber diesmal fühlt sich auch das nicht richtig an.

Wenig später kommt eine neue Anfrage rein, via Instagram. Ich bin im Garten und baue mal wieder ein Hochbeet auf, als das Handy in der Po-Tasche meiner Jeans vibriert. Die Hochbeete hat mir der Nachbar geschenkt. Sie sind sehr schwer, und mal klemme ich mir 'nen Nerv dabei ein, mal belaste ich den Rücken falsch, irgendwas tut immer weh. Es ist so anstrengend, aber ich liebe es. Ich fische mein Handy aus der Jeans, meine Gartenhandschuhe unter dem Arm eingeklemmt. Verschwitzt und geerdet durch die Arbeit draußen traue ich mich, mal was anderes auf die Anfrage zu antworten: »Klar, mach ich, aber es werden nicht die Standard-Tipps sein.« Der anfragende Account freut sich, und ich schreibe meine drei Tipps:

1. Informiert euch und seid die Unangenehmen, die nachfragen und diskutieren. Haltet es aus.
2. Startet Petitionen, Volksbegehren, nutzt die Möglichkeiten der Demokratie. Wartet nicht einfach die vier Jahre bis zur nächsten Wahl ab. Die Zeit haben wir nicht. Geht natürlich wählen, wenn ihr könnt, oder besser noch: Werdet Politiker*innen, lasst euch wählen!
3. Geht auf die Straße, demonstriert, begeht zivilen Ungehorsam – tut das, was notwendig ist. Auch Aktivismus ist Teil einer Demokratie.

Meine Tipps sind unangenehm. Sie sind unpraktisch. Sie passen nicht so gut in die Handtasche wie der Jutebeutel oder der Mehrwergkaffeebecher und bewirken nicht, dass man abends beim gemütlichen Drink mit dem Glasstrohhalm denkt: wieder alles richtig gemacht. Aber sie wirken.

Bei der nächsten Anfrage für einen Vortrag antworte ich:

»Klar, aber ich spreche über Klimaanpassung und was jetzt wirklich passieren sollte. Über das, was auf uns zukommt.« Sie sind einverstanden.

Es ist nicht so, dass drei kleine Tipps hier, fünf kleine Schritte da gar nichts bringen. Sie sind ein Einstieg in das Thema. Nicht jede*r wird als Klimagerechtigkeitsaktivist*in geboren oder ist in einem reflektierten, umweltbewussten Haushalt aufgewachsen. Die wenigsten von uns fangen mit der Systemkritik an und werden dann so ein bisschen Öko. Die meisten von uns haben vielleicht in der Schule das erste Mal von Umweltproblemen oder Recycling gehört, von der weit entfernten Klimakrise dann am Rande in der Ausbildung oder an der Uni. Vielleicht mal eine Doku gesehen oder einen Insta-Post zu Plastik im Meer, einen Podcast zur Biodiversitätskrise gehört oder einfach auch nur in den Nachrichten die Leute von Fridays for Future gesehen und sich dann gefragt, was dahintersteckt. Oft braucht es viele kleine Anstöße, bis man sich das erste Mal die Frage stellt: Was kann *ich* eigentlich tun?

Dann fangen wir an, uns zu informieren, und googeln Artikel zum CO_2-Fußabdruck bei Privatpersonen. Da steht, die größten Verursacher seien das Fliegen und Kinderkriegen. Alles klar. Der nächste Suchauftrag findet dann auf Ecosia statt, Google ist abgeschrieben. Es gibt ja eine umweltfreundliche Alternative. Und so geht es weiter, Stück für Stück nähert man sich dem vermeintlich perfekten Öko-Leben an. Manchmal über Monate, manchmal über Jahre. Bis man an einem Punkt merkt: Das perfekte Öko-Leben kann es in einer auf Maßlosigkeit und Wachstum beruhenden Welt nicht geben. Es gibt kein richtiges Konsumieren im Kapitalismus, der darauf aus ist, Ressourcen und Menschen auszubeuten. Es ist frustrierend. Es war für mich frustrierend. Mein Bestes zu geben und rauszufinden, dass das nicht annähernd genug ist. Mein perfektes Bilderbuch-Öko-

Leben, auf den geringsten CO_2-Austoß und die größtmöglichen Wirksamkeiten hin optimiert – und es reichte doch nicht aus.

Trotzdem hörte ich nicht auf, zu lesen und mich zu informieren. Bis ich auf eine Aussage stieß, die mich stutzen ließ: Den Ausdruck »CO_2-Fußabdruck« hat die Ölindustrie groß gemacht. British Petroleum hat 2004 die PR-Firma Ogilvy & Mather beauftragt, eine Kampagne zu kreieren,[5] dass nicht die Ölgiganten und insbesondere BP für die Klimakrise verantwortlich seien, sondern jede*r Einzelne. Weil also jede*r Einzelne etwas dagegen tun könne, wurde der CO_2-Fußabdruck-Rechner geschaffen, damit man im Alltag seinen persönlichen CO_2-Fußabdruck messen und ihn durch das eigene Verhalten stetig verbessern kann. So wurde die perfekte Werbeillusion ins Leben gerufen, nämlich die, dass wir Konsument*innen die Auswirkungen der Klimakrise in der Hand hätten. Wenn unsere privaten Entscheidungen nur ein bisschen weniger CO_2 verursachen würden, könnten wir alle zusammen den CO_2-Ausstoß senken und die Welt retten. Alles Held*innen. Und die Industrie fein raus.

Ich stockte. PR und Marketing, das ist mein Feld. Das ist das, worin ich eine Ausbildung habe, was ich eine Zeit lang studiert habe. PR und Werbung waren die Branche, in der ich bis zu meiner Firmengründung zu Hause war. Ich habe mir jahrelang Werbekampagnen ausgedacht, ich weiß genau, wie das funktioniert. Der Coup von BP war genial. Nicht nur die Konsument*innen, sondern auch viele Institutionen, Unternehmen und NGOs dazu anzuregen, ihren eigenen CO_2-Fußabdruck zu messen. Das Clevere daran: Wer sich auf sein persönliches, individuelles Verhalten fokussiert, verliert die großen Player und das System aus dem Blick. Selbst wenn jeder Mensch seinen persönlichen CO_2-Fußabdruck auf die 2,3 Tonnen pro Jahr reduzieren würde, die notwendig wären, um das 1,5-Grad-Ziel zu erreichen, wären da immer noch die Industrie und der Staat.

Insofern stimmt der bekannte Spruch von Robert Marc Lehmann, dass der Einkaufszettel ein Stimmzettel für oder gegen die Erde sei, nur in Teilen. Politik und Wirtschaft machen es sich ganz schön einfach, wenn sie den Druck und die Verantwortung auf Privatpersonen abwälzen. Klar, auch wir stehen in der Verantwortung – aber eben nur in Teilen. Der größte Teil des CO_2-Ausstoßes geht nun mal auf das Konto der Industrie, die Öl und Kohle verbrennt, auf das der heutigen Landwirtschaft mit Massentierhaltung oder auch des Baugewerbes. Klar können Lieschen Müller und Lars Müller brav nicht mehr zu H&M gehen als Zeichen gegen das Konzept von Fast Fashion, alles brav aufessen und nichts wegschmeißen, kein Auto fahren und ihre Handys mit Solarstrom laden. Aber das reicht nicht für das 1,5-Grad-Ziel. Wir leben in einer hoch technisierten, stark vernetzten Welt. Wir können und wollen nicht in den Wald ziehen und Selbstversorger*innen werden. Und selbst dann wäre die Klimakrise nicht aufgehalten.

Was grüner Konsum bewirken kann

Also bringt aller grüner Konsum nichts? Nein, so auch wieder nicht. Ökologischer und sozialer Konsum allein kann die Klimakrise nicht aufhalten. Aber er kann in einem kleinen Maß etwas verändern. Er kann bessere Lebens- und Arbeitsbedingungen schaffen. Denn wir leben nun mal jetzt, und wir müssen schauen, dass wir trotz aller Vorbeugung und Anpassung auch im Heute bleiben. Jonathan Franzen sagt, wir müssten uns aussuchen, was für uns wertvoll ist, und versuchen, das zu schützen und zu bewahren.[6] Mir zum Beispiel ist es wichtig, dass die Menschen, die bei mir arbeiten, hoffentlich eine gute Zeit haben. Wir verbringen etwa acht Stunden am Tag schlafend und sechs bis acht

Stunden, manche noch mehr, pro Werktag arbeitend. Das ist mehr Zeit, als wir mit Partner*innen, Familie und Freunden verbringen. Wir geben einen Großteil unserer Lebenszeit für ein Unternehmen, manchmal auch eine NGO oder den Staat. Wenn schon nicht alles davon sinnstiftend ist, sollten wenigstens die Arbeitsbedingungen stimmen.

Ich bin ja eigentlich Unternehmerin aus Zufall. Mit 22 gründete ich Original Unverpackt, den Pionier der Unverpackt-Läden-Bewegung in Berlin. Mit 25, zusammen mit meinem guten Freund Jan Lenarz, kam dann »Ein guter Plan« dazu, der EGP Verlag und noch später andere Projekte wie das Naturkosmetiklabel »Fabel Make-Up«. Meine Karriere verlief rasant: von der Azubine über die Werkstudierende zur Chefin. Ich war bis zu meiner Selbstständigkeit immer das unterste Glied der Kette. Daher war mir vielleicht die Unternehmenskultur so wichtig. Ich wollte eine gute Arbeitgeberin sein, empathisch, sozial, fair.

Und jetzt kommen wir zum Thema grüner Konsum zurück. Wenn Lars Müller und Lieschen Müller bei mir im Laden die veganen, fairen Kondome von einhorn kauften oder anderes aus dem Warenangebot, hatte das Folgen. Ich konnte mit dem Geld Waren von fairen ökologischen Herstellern beziehen. Ich konnte Arbeitsplätze schaffen und meine Angestellten bezahlen. Wir beschäftigten eine faire Raumpflegefirma für den Laden. Wir bezogen Ökostrom und unterstützten damit die Energiewende. Wir bezahlten die Einhörner für ihre Kondome. Die bezahlten wiederum ihre Mitarbeitenden in der Skalitzerstraße in Berlin-Kreuzberg und auf den Biolatex-Plantagen in Thailand und Malaysia; dort finanzieren sie regenerative Landwirtschaft und unterstützen mit ihren Gewinnen zum Beispiel das Centre for Feminist Foreign Policy.

Die Einhörner kamen dann mittags vorbei und kauften vielleicht ihre Reinigungsmittel bei uns. Wie meine Friseurin im

Bergmannkiez, die feministische Kunst an den Wänden hängen hat. Der Fahrradladen-Besitzer ein paar Häuser weiter holte regelmäßig einen kleinen Snack bei uns. Ich kaufte dafür mein Fahrrad, meine Helme und Schlösser bei ihm. Meine Kleidung holte ich oft bei dem kleinen fairen Klamotten-Laden Supermarché, unserem direkten Nachbarn. All diese Menschen, von Lars über die Einhörner bis zu meiner Friseurin und den Nachbarbetrieben, haben eins gemeinsam: Sie wählen, wenn möglich, die grünere, lokalere Alternative und schaffen damit heute und unabhängig von der Politik nicht nur ein bisschen Klimaschutz in homöopathischen Dosen, sondern helfen auch dabei, eine sozialere Welt zu gestalten. Klar ist die Wirkung lokal und nicht global. Und sie hält auch nicht die große Klimakrise auf. Aber im Kleinen macht es das Leben einzelner Personen besser.

Wenn also schon so kleine Unternehmen mit ein bisschen Ökoschmöko die Welt verbessern können, dann müssten große Unternehmen ja noch viel mehr erreichen können, wenn sie nur ein bisschen grüner würden. Könnte man meinen. Doch ich bin da sehr skeptisch. Ich erlebe täglich im Alltag, in der Arbeit, beim Einkaufen so viel Greenwashing, dass ich das Wort »Nachhaltigkeit« eigentlich nicht mehr hören und sehen kann. Da gibt es eine große Möbelkette, die Werbung macht für einen »nachhaltigen« Teppich für schlappe 9,99 Euro und das dann »Nachhaltigkeit für das kleine Portemonnaie« nennt. Oder einen Fast-Fashion-Hersteller, der eine Bio-Kollektion mit ein paar Upcyclingfasern im Programm hat, aber kein Wort zu den Herstellungsbedingungen fallen lässt. Früher dachte ich, das seien gute erste Schritte in die richtige Richtung. Denn bei großen Unternehmen ist die Umstellung auf Öko einfach langwierig und kompliziert. Aber wenn schon der Unternehmenszweck auf das Bedienen von Moden, auf Kurzlebigkeit und niedrige Preise aus ist, dann können sie sich noch so oft »Nachhaltigkeit« auf ihre Fahnen schreiben und noch so viel grün gefärbte Kampagnen laufen haben: Es bleibt Greenwashing, denn es geht nicht um echten Wandel.

Die deutsche Klimaschutzaktivistin Luisa Neubauer sagt in dem Buch *Noch haben wir die Wahl:* »Die Konfliktlinien verlaufen zwischen Marketing und Machen.«[7] Und das stimmt. Ganz viel grüner Konsum, der die Welt besser machen soll, das klappt nicht. Man kann die Welt nicht mit etwas reparieren, mit dem man sie kaputt macht. Kapitalismus ist nicht die Lösung.

Sobald diese Erkenntnis einsickert, tut es weh. Die Erkenntnis, wie wenig man doch schaffen kann mit seinem Stimmzettel. Dass grüner Konsum allein nicht ausreicht. Aber es muss doch etwas geben, das hilft? Wir können doch nicht einfach so aufgeben? Das müssen wir auch nicht. Hier kommen die drei Tipps von oben wieder ins Spiel.

Aktivismus ist die Antwort auf die Frage, was wir tun können für mehr Klimaschutz. Und er ist auch nötig, wenn wir uns dem geänderten Klima anpassen wollen.

Kapitel 2

AKTIVISMUS FÜR DEN KLIMASCHUTZ

»Sie kennen die grundlegende Auswahl an Möglichkeiten für individuelle Maßnahmen. Eine Auswahl in aufsteigender Reihenfolge: Fahrrad fahren, wählen, eine Wärmepumpe kaufen, sich organisieren, nicht mehr fliegen, ganz 70er-Jahre-Hippie werden und in einer Jurte leben; wieder zur Schule gehen, einen Abschluss in Jura machen, sich dafür einsetzen, dass ExxonMobil-Chef Darren Woods und/oder Chevron-Chef Michael Wirth in Den Haag auf die Anklagebank gesetzt werden (die vielleicht schon unter Wasser steht, bis Sie das geschafft haben); sich am internationalen Umwelttag auf den Stufen des Obersten Gerichtshofs in Brand setzen.«[1]
– Elizabeth Weil

Sprecht es aus! Die Krise, sie ist hier

Ich fühle mich verarscht. Immer wenn ich lese, wie sie in großen Medienhäusern über die Klimakrise schreiben. Oder besser: wie sie nicht über sie schreiben. Wie nicht jede Schlagzeile lautet: »Sie ist hier, es gibt kein Zurück, wir können jetzt nur noch Schlimmeres verhindern!«

Eine der Forderungen von Extinction Rebellion (kurz: XR) lautet, die Presse möge die Wahrheit (die, über die sich internationale Wissenschaftler*innen einig sind) schreiben. Das tut sie nur in Teilen und meiner Ansicht nach im falschen Ton. Viele Journalist*innen betreiben ein *»false balancing«,* eine falsche Ausgeglichenheit – aber das ist nicht das, was wir momentan brauchen. In Zeiten wie diesen sollte man die Katastrophe beim Namen nennen. Denn wenn wir nicht lernen, über den Ernst und die Dringlichkeit der Lage zu sprechen, dann wird sich auch am Handeln von uns Privatpersonen, der Wirtschaft und, noch viel wichtiger, der Politik wenig ändern. Politik ist daran gewöhnt, erst dann zu handeln, wenn es schon zu spät ist, die zweite oder gar dritte Mahnung abzuwarten und erst zu zahlen, wenn der Gerichtsvollzieher schon vor der Tür steht. Aber die Klimakrise wird nicht einfach verschwinden. Auch dann nicht, wenn wir die zwar richtigen Maßnahmen ergreifen und den Systemwandel einleiten, dies aber viel zu spät tun.

Eine Person, mit der ich sofort klickte, ist Sara Schurmann. Ich las ihr Buch *Klartext Klima!* und dachte: *Hell, yeah.* Und dann trafen wir uns zufällig auf dem Festival für digitale Gesellschaft, der re:publica in Berlin, und es machte wieder sofort klick. Wir saßen in der hintersten Reihe und redeten. Schnell, viel und ständig das Thema wechselnd. Sara macht viele Sachen sehr gut, aber eine ganz besonders. Sie legt den Finger in die Wunde der Medienschaffenden. Immer und immer wieder. Ich treffe selten Menschen, mit denen man so offen darüber sprechen kann, dass das 1,5-Grad-Ziel nicht zu erreichen ist. »Zumindest auf dem Papier wird mehrfach bekräftigt, das 1,5-Grad-Limit einhalten zu wollen. Doch das Bekenntnis allein ist nicht viel wert. Denn das Zeitfenster, in dem es möglich ist, diese Grenze vielleicht noch zu halten, schließt sich rapide«,[2] schreibt sie in ihrem Buch. Wir reden hier nicht von Klimaneutralität bis 2035 oder gar 2050. Das Zeitfenster schließt sich in den kommenden drei bis vier Jahren! Und diese Dringlichkeit, diese Panik, die uns angesichts dessen erfassen sollte, fehlt in der Klimakrisenkommunikation. Klar, die Presse und die Medien informieren die Öffentlichkeit. Aber sie rütteln nicht auf.

Bei Corona waren es die Bilder von Bologna, den Särgen, den Militärfahrzeugen, die uns dazu brachten, das Virus ernst zu nehmen, und die Politik dazu, aus den Fehlern anderer Länder zu lernen. Sara Schurmann schreibt dazu: »Es gab damals einen zentralen Moment, in dem vielen Regierungen und Medien weltweit klar wurde, wie ernst und gefährlich dieses Virus ist, und dass SARS-CoV-2 keine regional beschränkte Pandemie bleiben würde. Das war, als die Bilder aus dem italienischen Bologna um die Welt gingen. Bilder von überfüllten Intensivstationen und leeren Straßen [...].«[3]

Warum passiert Vergleichbares nicht bei der Klimakrise? Haben wir uns an orange Himmel, jährliche Jahrhundert-Überflutungen und -Stürme schon so sehr gewöhnt? Oder liegt das Problem vielleicht auch darin, dass uns bei Hitzewellen Bilder aus dem Freibad gezeigt werden, anstatt Rentner*innen, die in abgedunkelten Wohnungen kollabieren, oder vertrocknete Nutzpflanzen auf dem Acker?

Ja, es ist viel passiert in den letzten Jahren, was Klimajournalismus angeht. Danke FFF, danke allen Aktivist*innen, die seit Jahrzehnten unermüdlich dran sind und nicht aufhören zu erklären und aufzuklären. Danke allen Journalist*innen, die diese Inhalte weitertragen, die das Vertrauen der Aktivist*innen genießen, sie bei semilegalen Protestformen begleiten und so für mehr Aufklärung und Verständnis sorgen. Doch es fehlt noch immer so viel. Zum Beispiel zu erklären, wie sich die Folgen von plus 1,5, 2 oder 3 Grad voneinander unterscheiden – oder was 4 oder gar 5 Grad Erwärmung bedeuten würden. Welches Tempo die Erwärmung tatsächlich hat und wie unumkehrbar Prozesse wie das Schmelzen der Gletscher sind. Was Kipppunkte bedeuten und wie wenig wir Menschen noch ausrichten können,

wenn sie erst einmal erreicht sind. Und dass auch unsere Anpassung an den Klimawandel Grenzen hat.

Fürchten sich die Medien vor dem Vorwurf des Alarmismus?
Vor fallenden Auflagen, Klickzahlen, Einschaltquoten? Oder
fehlt es in der Breite einfach an gut in diesem Thema geschulten
Medienschaffenden? Der britische *Guardian* hatte als Erstes ein
eigenes Klimaressort, sehr aktuell und gut aufbereitet. Auch der
Spiegel zieht langsam nach, mit einem Ticker auf der Startseite,
allerdings ganz weit unten versteckt, der nicht nur News zeigt,
sondern einige Klimafakten auf den Punkt bringt: zum Beispiel 1,2-Grad-Erwärmung weltweit im Vergleich zur vorindus-
triellen Zeit, 88 Prozent Dürre in Deutschland aktuell oder dass
unser globales CO_2-Budget noch 7,02 Jahre bis zur 1,5-Grad-
Grenze reicht. Leider muss man lange scrollen, um diesen Ticker
zu erreichen.

Ich wünschte, es würde mehr Tacheles geredet. Ich wünschte,
die Leute würden auf der Straße schreiend im Kreis laufen und
»*the end is near*« rufen. Aber es passiert nicht. Und selbst wenn
es passiert, heißt das noch lange nicht, dass sich etwas ändert.
Wir Menschen sind nun mal Gewohnheitstiere, auch angesichts
der Katastrophe fällt es uns schwer, unsere Weltsicht und unser
Verhalten zu ändern. Mich macht das oft einfach nur wütend.
Die Klimawut ist eine dicke Faust in meinem Magen, sie kriecht
die Speiseröhre hoch, und mir wird übel. Sie steigt bis in meinen Kopf, und ich sehe dann nur noch ein düsteres Bild der
Zukunft. In dem ein Kipppunkt nach dem anderen erreicht
wird, alle Vorhersagen des IPCC und der Wissenschaft eintreten.

Was muss eigentlich passieren, dass wir uns bewegen? Gute
Frage. Selbst als Covid um den Globus raste und die Welt für
Wochen und Monate stillstand, ging es am Ende doch darum,
so schnell wie möglich zur Vorpandemie-Welt zurückzukehren.

Gut, ein Teil unseres Lebens hat sich ins Digitale verlagert, aber sonst so? *Business as usual.* Irgendwas Nachhaltiges? Kaum. Der kurze Boom in Sachen gesunde Lebensmittel ist von der Inflation ausgebremst worden, es wird wieder gereist und geflogen, und das Auto hat durch die Pandemie eher noch einen Schub bekommen. Genau wie der Internethandel. Wir leben, um zu konsumieren, wir konsumieren, um zu leben.

»*See yourself as a citizen – not as a consumer*« lautet die Überschrift eines Kapitels aus dem Buch *The Future We Choose* von Christiana Figueres und Tom Rivett-Carnac. Die beiden sind ausgewiesene Klimaexpert*innen und gelten als die Architekt*innen des Pariser Klimaabkommens.[4] Ich habe die letzten Jahre damit verbracht, Menschen zu erklären, welche Folgen ihr Konsumverhalten haben kann. Aber welche Möglichkeiten sie als Bürger*innen, als Aktivist*innen haben, ist vielen nicht annähernd bewusst.

Klimamilitanz – ist das schon ein Ding?, frage ich mich. In dem Thriller CO_2 – *Welt ohne Morgen* von Tom Roth werden Jugendliche aus der ganzen Welt entführt, um die Weltgemeinschaft zu erpressen: Wenn sie nicht endlich vernünftige Klimaziele beschließt, wird Woche für Woche ein Kind umgebracht. Ich habe den Eindruck, das Genre Thriller, Krimi und Sci-Fi mit in der nahen und von der Klimakrise geprägten Zukunft angesiedelten Geschichten legt gerade erst richtig los. Es wäre nicht das erste Mal, dass die Fiktion die Zukunft vorhersagt, wie bei *1984* oder *Schöne neue Welt*.

Ihr fragt euch jetzt vielleicht, warum ich in einem Buch über Klimaanpassung immer wieder mit Klimaschutz und Aktivismus ankomme. Weil wir nicht vergessen dürfen, dass wir für beides kämpfen müssen. Bei der globalen Erwärmung zählt jede Stelle hinter dem Komma. Es macht einen Riesenunterschied, ob wir den Anstieg eingrenzen oder stoppen können oder – wie in einigen Szenarien des IPCC-Berichts – auf ein Plus von bis zu 4,4 Grad[5] zusteuern. Und Aktivismus brauchen wir für beides. Für Klimaschutz und die Anpassung an die Folgen. »Die Kraft des Aktivismus kommt aus der Zusammenarbeit. Erst wenn wir merken, dass wir mit einem Anliegen nicht allein sind, kommt die Hoffnung, tatsächlich etwas bewegen zu können. Erst wenn wir immer mehr werden, wird aus der Hoffnung die Überzeugung, die Ziele zu erreichen«,[6] schreiben der Aktivist Raúl Krauthausen und der Journalist Benjamin Schwarz in ihrem tollen Buch *Wie kann ich was bewegen?*, das viele Beispiele für Aktivismus enthält.

Diese Kraft brauchen wir jetzt wie nie zuvor. Sich *nicht* engagieren zu müssen ist ein Privileg, das wir bereits verloren haben. Manche wissen es bloß noch nicht. Ich rede nicht von Menschen, die einen vollen Kopf und Kalender haben, weil sie Angehörige pflegen, Kinder alleine versorgen, nicht wissen, wie sie die nächste Miete zahlen sollen, also von Leuten, deren Belastungslimit schon erreicht oder überschritten ist. Ich rede von dem großen Teil der Bevölkerung, der die finanziellen und zeitlichen Kapazitäten hätte, es aber vorzieht, den Kopf in den Sand zu stecken oder sich abzulenken.

Für die einfachste und wirkungsvollste Form des Aktivismus braucht es übrigens weder viel Kohle noch Zeit: Es geht darum, die Stimme zu erheben, das Gespräch zu suchen und für Aufklärung zu sorgen. Man kann bei der Familienfeier mit dem Onkel, der Fake News glaubt, diskutieren oder Info-Posts und Artikel auf Social Media und in Messengern teilen. Die Klimawissenschaftlerin Katharine Hayhoe sagt, das Wichtigste, das wir machen können, ist es, Menschen zu überzeugen, über die Klimakrise zu reden und damit auch über die Anpassungen, die auf uns zukommen. Gerade wenn die Beziehungen zwischen den Menschen gut und vertrauensvoll sind, wie hoffentlich bei der

Mehrzahl von Familienfeiern, besteht eine Chance, wirklich durchzudringen – auch zu Menschen wie dem Onkel oder anderen, die in verschwörungstheoretische Ecken abgedriftet sind.[7] Am besten gelingt es, wenn wir im Gespräch Gemeinsamkeiten suchen, ähnliche Forderungen, unabhängig vom Standpunkt. Besagter Onkel ist vielleicht stolz auf die deutsche Industrie und wünscht sich, dass Deutschland als Industriestandort führend bleibt. Außerdem will auch er eine sichere, stabile und preiswerte Stromversorgung. Die Entwicklung von Zukunftstechnologien und der ökologische Umbau der Energieversorgung können beides erreichen. Sich von solchen Gemeinsamkeiten zu den kritischeren Punkten vorzuarbeiten ist eine Strategie, die Hayhoe immer wieder anbringt.

Engagement im Kleinen

Reden und Aufklären sind die ersten und einfachsten Schritte im Aktivismus. Aber es gibt noch mehr. Zum Beispiel den klassischen Aktivismus – das Beitreten zu einer Jugend- oder Naturschutzorganisation, das Teilnehmen an lokalen Aktivitäten und Nachbarschaftsaktionen – und das Engagement im Kleinen. Bei Letzterem bin ich gespalten. Wenn sich Leute zum Müllsammeln im Park oder Plogging (Müllsammeln beim Joggen) verabreden, dann ist das auf den ersten Blick super. Auf den zweiten Blick aber wird klar: Hier werden strukturelle Probleme von Privatpersonen gelöst – und das ist nicht nachhaltig. Wenn in einem Park besonders viel Müll rumliegt, um bei diesem Beispiel zu bleiben, kann es daran liegen, dass es zu wenig Mülleimer gibt oder diese zu selten geleert werden. Oder daran, dass die Aufräumkommandos der örtlichen Müllabfuhr zu selten unterwegs sind. Das Problem müsste also entsprechend von der Stadt gelöst und mit dem Entsorgungsunternehmen geklärt werden. Wir brauchen mehr Bewusstsein dafür, dass viele Probleme strukturell angegangen werden müssen.

Auf der anderen Seite können kleinere Aktionen für den*die Einzelne*n und die Umgebung durchaus positive Effekte haben. Nehmen wir das Beispiel Blühwiesen pflanzen: Eine schöne Idee, macht Spaß, man lernt andere engagierte Menschen kennen, setzt dem örtlichen Artensterben etwas entgegen und verschönert die Gegend. Wenig genutzte Flächen wie Brachland, Verkehrsinseln oder auch ehemalige Parkplätze bekommen einen neuen, sinnvolleren Zweck. Man kommt mit Gleichgesinnten ins Gespräch, mit Anwohner*innen, Passant*innen. Und man erfährt ein Gefühl von Selbstwirksamkeit. Gerade mit Blick auf Klimaangst (dazu im nächsten Kapitel mehr) und die oft damit einhergehende Lähmung kann das hilfreich sein. Ein solches Engagement im Kleinen kann aber vor allem auch ein wichtiger Schritt in der persönlichen aktivistischen Entwicklung sein. Niemand wird als Fahnen schwingende*r Aktivist*in geboren (außer vielleicht mein Sohn, der sich schon in meinem Bauch auf allen möglichen Demos rumtreiben musste). Die meisten von uns haben eine langsame, aber stete Entwicklung durchgemacht und mit ersten kleinen Schritten das aktivistische Laufen gelernt. Ich erinnere mich noch an meine allererste Aktion mit der Grünen Jugend in Hannover. Wir standen am Lindener Marktplatz und machten mit Passant*innen eine Blindverkostung von fairer und nicht fairer Schokolade, um den Ruf auszuräumen, faire Schoki würde nicht schmecken. Das war damals insofern etwas Besonderes, als sich faire Produkte noch nicht so durchgesetzt hatten wie heute.

Gleichzeitig kann diese Art von Aktivismus aber auch sinnloser Aktionismus sein oder einfach ablenken von den großen, systematischen Kämpfen, die wirklich was bewegen. Raúl

Krauthausen und Benjamin Schwarz fassen das Dilemma in ihrem Buch so zusammen: »Machthabende kommen ab und an vorbei, um sich mit den Spielenden fotografieren zu lassen oder ihnen eine Auszeichnung zu verleihen. Hoch lebe das politische Ehrenamt, denn es tut mir nichts!«[8] Diese Erkenntnis tut weh, sickert früher oder später aber bei den meisten Aktivist*innen ein. Sie ist letztlich ein Teil der Entwicklung und führt am Ende zu mehr und einer anderen Art von Aktivismus.

Warum Petitionen nicht reichen, aber ein guter Anfang sind

Inklusive Einloggen dauerte es keine Minute: Mit einem Klick auf »Petition unterzeichnen« unterschrieb ich die Petition 91015 vom 9. Februar 2019 zur »Besteuerung von Periodenprodukte mit dem ermäßigten Mehrwertsteuersatz von 7 Prozent«. Damit war ich eine von 81 425 Unterzeichnenden. Die Petition wurde im Bundestag besprochen und der Steuersatz 2020 tatsächlich gesenkt. Tampons und Binden fielen nicht länger in die Kategorie »Luxusartikel«, die mit 19 Prozent besteuert werden. Es war ein wahnsinniger Erfolg, der sich nicht nur den Petitionsstarter*innen *Neon* und einhorn verdankt, sondern jahrelangem Aktivismus von unterschiedlichen feministischen Gruppen. Die Petition »Die Periode ist kein Luxus – senken Sie die Tamponsteuer!« etwa, die die beiden Hamburger Aktivistinnen Nanna-Josephine Roloff und Yasemin Korta initiiert haben, kam sogar auf mehr als 187 000 Unterzeichner*innen. Verschiedene Kampagnen packten das Thema immer wieder auf die Agenda, und der große Durchbruch kam 2019 mit der offiziellen Petition des deutschen Bundestages. Und einer kleinen Kondomfirma aus Kreuzberg.

Für mich ist das nicht irgendeine Kondomfirma – einhorn und seine Produkte begleiten mich seit Jahren. 2014 haben wir parallel gegründet. Ich machte meinen kleinen Unverpackt-Laden in Kreuzberg auf, und Philip Siefer, Waldemar Zeiler und ihr Team starteten zwei Häuserblocks weiter mit ihren veganen und fairen Kondomen. Knapp ein Jahr nach der Eröffnung lösten wir unser erstes Büro auf und wurden Untermieter der Einhörner. Wir, das waren damals Jan Lenarz, mein »Ein Guter Plan«-Mitgründer, eine Praktikantin und ich. Das war's. Drei Leute, zwei Tische und viel Bier, Limos, rumfliegende Dildos und Nerf-Guns. Es waren gute Zeiten und schlechte Zeiten. Während es bei OU immer turbulent war, wirkte es auf mich, als hätte einhorn den Dreh raus. Das Team arbeitete hart, aber auch kreativ, und das Geschäft lief. Mit der Zeit, die sie sich frei kämpften, durften die Mitarbeitenden und die beiden Gründer auch andere sinnvolle Dinge machen – die dem Geschäftszweck mal näher und mal ferner waren. Bloß fair und nachhaltig sollte alles sein. Das Gefühl der Selbstwirksamkeit des Teams nach der erfolgreichen Tampon-Petition 91015 war gigantisch, und so starteten sie Olympia2020. Es sollte das größte erfolgreiche Crowdfunding, nicht nur in Deutschland, sondern in Europa werden. Das Crowdfunding selber diente der Ticket-Vorbestellung. Der eigentliche Plan war es, 90 000 Besucher*innen ins Olympiastadion zu bekommen, um dort gemeinsam viele unterschiedliche Petitionen durchzuklicken und ihnen so zum jeweiligen Mindestquorum von 50 000 Unterschriften zu verhelfen. Wahnsinnig? Absolut! Genial? Ich finde schon. Das Crowdfunding für die Tickets, die die Betriebskosten des Stadions decken sollten, ging durch die Decke. Und dann kam Corona. So viele Mitarbeitende von einhorn und unzählige Ehrenamtliche hatten monatelang an diesem Projekt gearbeitet und Unglaubliches bewegt. Es war bitter.

So gut diese Geschichte auch ist – die Klimakrise werden wir mit Petitionen nicht aufhalten können. Es gab die Petition Nr. 94357 »Ausrufung eines Klimanotstandes innerhalb der nächsten drei Monate zum Erreichen einer effektiven Klimapolitik« oder die Petition Nr. 116046 »Einberufung von einem bundesweiten Bürgerrat zur Klimapolitik«. Sie haben das Quorum von 50 000 Unterzeichnenden erreicht – aber die Klimakrise gibt's noch immer. Okay, man muss den Petitionen zugutehalten, dass sie noch in Bearbeitung sind. Die Mühlen der Demokratie mahlen eben langsam. Das kennen wir ja schon. Aber mich lässt das Gefühl nicht los, dass eine Petition nur dann klappt und durchgeht, wenn die Politik Zugeständnisse machen kann, die nicht wirklich wehtun – so wie im Falle der Tamponsteuer.

Beim Klima braucht es viel mehr Schritte, um zum Ziel zu kommen, und einige davon werden wehtun; vor allem aber braucht es viel mehr Menschen. Dazu sagt die Bestsellerautorin und Netzaktivistin Kübra Gümüşay im Podcast von Luisa Neubauer: »Die größte Wirkmacht, die wir Menschen haben, ist, dass wir sind. Also wir konstituieren diese Gesellschaft. Wir können anders handeln im Jetzt. Es ist natürlich ein wichtiger Hebel in der Politik, Überzeugungsarbeit zu leisten. Wichtig ist aber auch zu begreifen, dass, wenn wir in Massen anfangen anders zu leben, wir damit eine Realität kreieren, auf die andere reagieren müssen.«[9] Sie bringt das Beispiel der geschlechtergerechten Sprache. Und sie hat recht damit. Vor zehn Jahren war ich eine Exotin, die in der Uni und im Blog genderte. Ich habe es damals einfach gemacht, weil ich mich in der männlichen Form nicht angesprochen und repräsentiert fühlte. Weil ein Feuerwehrmann, der das brennende Haus löscht, stets ein Mann war – und keine Feuerwehrfrau in Sicht. »Wäre dies passiert, hätten wir eine Petition gestartet? Nein. Wäre dies passiert, hätten wir um Erlaubnis gefragt? Nein. Warum ist es passiert? Weil Menschen angefangen haben, so zu sprechen. Zuerst, in kleinen Subgruppen, haben sie ganz selbstverständlich eine Realität geschaffen, und dann wuchsen diese Gruppen. Sie wurden mehr und mehr. […] Wir müssen uns von dieser Idee lösen, dass gesamtgesellschaftlicher Wandel gleichzeitig stattfinden wird, wenn alle sich verändern, schreibt Erin Wright.«[10]

Aber auch Aktivismus hat seine Grenzen: »Ein großer Teil der Welt ist für den Aktivismus weitgehend tabu, insbesondere für den globalen Aktivismus, für den die Klimabewegung ein Beispiel ist.«[11] Und das gilt vor allem, wenn es um fossile Strukturen geht. Je tiefer ich in das Thema einsteige, desto radikaler werde ich. Ähnlich erging es Sara Schurmann, die schreibt: »Dinge, die ich bisher für radikal hielt: Kapitalismuskritik, Veganismus, Ende Gelände, nicht genehmigte Bauverfahren wegen einer Fledermausart, Waldbesetzungen. Was ich für radikal halte, seit mir die planetaren Krisen bewusst sind: einfach so weitermachen.«[12]

Der nächste logische Schritt wäre also, den Menschen, die an der Klimakrise verdienen, die mit der Zerstörung der Grundlage unserer Zivilisation ihr Geld machen, das Geschäft zu ruinieren. Ihnen das Handwerk zu legen oder zumindest in die Suppe zu spucken. Deshalb erzähle ich euch in diesem Kapitel auch von einigen Aktivist*innen, die ich kennengelernt habe, von denen ich lernen durfte, die ich bewundere. Die mir immer wieder aufzeigen, dass Grenzen da sind, um sie zu hinterfragen und zu verschieben, und was eigentlich alles möglich ist.

Clara klagt an

Clara Mayer und ich treffen uns an einem Herbsttag in einem Café in der für Kreuzberger Verhältnisse ruhigen Görlitzer Straße. Clara ist Aktivistin bei Fridays for Future, studiert Medizin an der Charité und verklagt gerade VW auf Klimaschutz.

Ich grinse: »Wie kam es dazu? Morgens aufgewacht und die Idee gehabt, VW zu verklagen?«

»Ich habe 2019 eine Rede vor der VW-Aktionärsversammlung gehalten. Da war ich ungefähr 18 und dachte noch, dass die Konzerne vielleicht gar nicht wissen, was sie tun. Dass wir sie nur auf die Klimakrise hinweisen und sie vom Klimaschutz überzeugen müssten. Die haben doch auch Kinder. Ich habe diese Rede gehalten und hatte die starke Hoffnung, dass wir nur mit den Vorständen ins Gespräch kommen müssten und dass letztendlich der Protest auf der Straße ausreichen würde, um auf parlamentarischer Ebene die legislativen Maßnahmen zu erkämpfen, die dann die Unternehmen in die planetaren Schranken weisen. Aber das ist nicht passiert.

Ich habe mich dann gefragt: Welche Wege brauchen wir in der Gesellschaft? Welche Stellschrauben gibt es denn, die noch relativ unangetastet sind? Und dann haben wir als Klimabewegung ja diese wundervolle Verfassungsklage. Sie spricht uns nicht nur Klimaschutz als Recht zu, sondern räumt auch zukünftigen Generationen ein Recht auf einen lebenswerten Planeten ein. Letztlich bedeutet das Gesetz, dass die jetzigen Generationen bei den CO_2-Emissionen die künftigen Generationen mit berücksichtigen müssen. Basierend darauf haben dann Greenpeace, Roda Verheyen, Ulf Allhoff-Cramer und ich diese Klage in Gang gesetzt. Verheyen ist eine unglaublich starke und beeindruckende Frau.

Jetzt fragen sich bestimmt viele Menschen: Warum Volkswagen? Die machen doch schön so viel. Auf der IAA stellen die doch nur Hybride und Elektroautos aus. Fakt ist, dieses Unternehmen hat sich tatsächlich in den letzten Jahren immer weiter auf die E-Mobilität fokussiert, aber in keiner Weise mit Nachhaltigkeit auseinandergesetzt. Dieses Unternehmen hat immense finanzielle und intellektuelle Ressourcen, nutzt sie aber nicht, um so schnell wie möglich Klimaneutralität zu erreichen. Gleichzeitig inszeniert es sich auf öffentlichen Messen wie der IAA immer wieder als fortschrittliches Unternehmen. Aber wie sieht diese Zukunft aus? VW plant, dass 2025 jedes zweite Auto, das vom Band fährt, ein SUV ist. Und wenn man dann mit ihnen redet, sagen sie: Ja, aber Elektro-SUVs. Ich glaube, ich muss keinem erklären, dass Elektro-SUVs nicht die Lösung für unser Mobilitätsproblem sind. Unter anderem deswegen verklage ich diesen Konzern auf Klimaschutz«, erzählt Clara. Sie redet schnell. Als ich meinen Mitschnitt von unserem Gespräch anhöre, frage ich mich, ob ich die Geschwindigkeit versehentlich um 20 Prozent erhöht habe. Aber nein. Es ist ihre Geschwindigkeit, und ich mag es sehr.

»Abgesehen davon, dass ihr vielleicht gewinnt: Welche Folgen, welche Wirkung hat so eine Klage noch?«, möchte ich verstehen.

»Ich würde die Klage als weiteren Arm im Kampf für Klimagerechtigkeit sehen. Als eine weitere Aktionsform. Wir brauchen Protest auf der Straße. Wir brauchen mutige Menschen, die die Kohleinfrastruktur blockieren. Wir brauchen Menschen, die sich mit Politiker*innen auseinandersetzen und anstrengende, nervenaufreibende Gespräche führen. Wir brauchen Menschen, die sich vor große Banken kleben. Und wir brauchen Menschen, die den Weg vor Gericht gehen. Der ist noch nicht voll ausgeschöpft. Auch weil der Gedanke, dass das möglich ist, so fern liegt. Es gab immer wieder kleinere Klima-

klagen, aber dass wir tatsächlich einen juristischen Weg be-
schreiten können, wenn die Politiker*innen mit den legislativen
Maßnahmen hinterherhinken, das ist ein Gedanke, den viele
Menschen gar nicht hatten, den ich aber total spannend finde.
Auch wenn VW jetzt anfängt, nur noch Elektroautos zu produzieren, ist das keine Mobilitätswende. Dafür brauchen wir
öffentlichen, staatlich bereitgestellten Nah- und Fernverkehr,
der für alle nutzbar ist.«

»Und eine autofreie Zone, eine autofreie Stadt?«, wage ich
zu träumen.

»Genau. Individualmobilität – also *one person, one car* – ist
kein Zukunftskonzept. Autos wird es trotzdem immer geben,
also zum Beispiel Krankenwagen, Feuerwehrautos oder in ganz
abgelegenen Dörfern. Da können wir gerne über Elektroautos
sprechen. Aber das ist nicht das Zukunftsmodell, auf das wir
setzen müssen. Dementsprechend sehe ich die Klage als einen
Baustein. Was wir brauchen, ist eine feministische Mobilitätswende.«

Ich hatte den Begriff »feministische Mobilitätswende« bis
dahin noch nie gehört, aber er trifft es genau. Denn, wie Clara
erklärt: »Frauen bewegen sich im öffentlichen Nahverkehr anders, sind auf andere Weise benachteiligt und erleben Gewalt.
Barrierefreiheit ist nicht vorhanden. Wir brauchen zugänglichen
öffentlichen Nahverkehr für alle Menschen. Ich möchte einen
öffentlichen Nahverkehr, in dem mal meine Kinder und meine
Neffen mit sechs oder sieben Jahren alleine fahren können, um
zur Schule zu kommen.«

Dann kommen wir wieder auf die Klage zurück. Clara erzählt, wie spannend es sei, dass momentan ziemlich viele Menschen den juristischen Weg einschlagen würden. »Es gibt eine
Reihe von Klagen, deren Potenzial man gar nicht richtig ein-
schätzen kann. Was ich an der gegen VW so krass finde, ist, dass

das tatsächlich global wirken würde. Sie würden nicht nur VW als Marke in Deutschland betreffen, sondern den ganzen Volkswagenkonzern betreffen, mit allen Tochterunternehmen.«

»Die Volkswagen AG«, unterbreche ich sie.

»Genau. Das heißt, wenn wir Erfolg haben, müsste Volkswagen auch seine Produktion in Südamerika verändern. Manche Stimmen kritisieren, dass die Unternehmen eben ins Ausland gehen würden, wenn sie hier verklagt werden. Dazu erst einmal: Volkswagen ist so verwoben mit Deutschland, der deutschen Industrie, der deutschen Wirtschaft, der deutschen Politik. Dieses Unternehmen wird nicht aus Deutschland verschwinden. Der Hauptsitz bleibt in Deutschland, egal wie viele Produktionsstätten ins Ausland verlegt werden. Die Klage erstreckt sich also auch ins Ausland, es würde daher nichts mehr bringen, Standorte zu wechseln, um sich der Klage zu entziehen. Für mich persönlich ist die Klage auch auf anderer Ebene spannend, weil sie mir die Möglichkeit gibt, das fortzuführen, was ich 2019 mit der Rede vor der Aktionärsversammlung begonnen habe. Ich habe sie kritisiert und Forderungen gestellt und wurde mit verbalen Umarmungen abgespeist. Jetzt verklage ich diesen Konzern eben auf Klimaschutz. Das ist für mich der nächste logische Schritt. Und einfach ein krasses Empowerment.«

Ziviler Ungehorsam

»Irgendwann, vielleicht ist es schon so weit, können wir die Probleme nicht mehr rückgängig machen, sie laufen uns davon«, sagt Dr. Gail Bradbrook in ihrem inzwischen legendären You-Tube-Video.[13] Sie hat in Molekularer Biophysik promoviert und hält ziemlich unaufgeregt einen Vortrag über das Ende der Welt, darüber, wie die Klimakrise funktioniert, und über die Trauer, die einen dabei erfassen kann. Ich weiß noch genau, wie ich 2019 gebannt ihren Worten lauschte und dachte: Oh krass. Da sagt endlich mal jemand klar und deutlich, wie ernst es mit der Klimakrise ist. Aber sie erklärt auch, was man dagegen tun kann. Ihre Lösung: ziviler Ungehorsam. Dr. Gail Bradbrook ist Co-Gründerin der Initiative »RiseUp!« aus Großbritannien, aus der Extinction Rebellion hervorging.

Das Video inspirierte mich so, dass ich mich der Truppe anschloss, erst mal nur digital im Hintergrund. Später besuchte ich auch einen der Trainingstage und nahm an einer der ersten Aktionen in Deutschland teil – der Besetzung der Marschallbrücke im Berliner Regierungsviertel. Damals war die Devise: Die Polizist*innen sind unsere Freunde (haha, *White Privilege at its best*), und so verhielt ich mich. Es entstand zufällig ein Foto, das in der *BZ* landete. Auf dem Bild sieht man, wie zwei Polizisten mich wegtragen. Der eine Polizist beugte sich runter und meinte: »Ich werde Sie jetzt wegtragen müssen.« Und ich sagte so was wie: »Wir tun hier beide nur unseren Job.« Der Polizist links und ich in der Mitte grinsen auf dem Bild um die Wette. So macht Revolution Spaß.

Das änderte sich wenige Monate später bei weiteren Aktionen von XR und anderen. Zuletzt tauchten immer mehr Videos auf, in denen Polizist*innen unnötigerweise den Schmerzgriff nutzten oder androhten und zum Beispiel die Aktivist*innen der Letzten Generation, die sich nicht wehrten, nur absolut friedlich festgeklebt dasaßen, unter Schmerzen wegzerrten.

Aber lasst uns noch mal kurz einen Schritt zurückgehen. Was hat mich damals überzeugt, dass ziviler Ungehorsam der Weg ist? »*Hope dies, action begins*« lautet das Motto von XR. »Es geht um die Notwendigkeit des zivilen Ungehorsams, der sich zu einer Rebellion und einem Aufstand ausweitet«, erklärt Dr. Bradbrook in ihrem Vortrag. Es brauche nicht viele Menschen, die sich daran beteiligen. Nach der Theorie von der amerikanischen Politikwissenschaftlerin Erica Chenoweth[14] müssen nur 1 bis 3,5 Prozent der Bevölkerung an den gewaltfreien Aktionen teilnehmen, um einen Wandel zu erzeugen. XR ziehen zahlreiche Belege aus der Geschichte heran, wie die Suffragetten, Gandhis Salzmarsch, Martin Luther King und die amerikanische Bürgerrechtsbewegung und viele mehr. Bradbrook betont immer wieder, wie wichtig Gewaltfreiheit ist – auch, um als »die Guten« wahrgenommen zu werden, von der Bevölkerung, der Allgemeinheit, der Geschichte.

Aus dieser Tradition heraus entstand auch die Letzte Generation in Deutschland. Die erste Aktion war ein Hungerstreik von mehreren Menschen vor dem Reichstag, dem sich noch mehr Menschen aus Solidarität von zu Hause aus anschlossen. Einer der letzten Streikenden, *the last man standing* sozusagen, war Henning Jeschke. Gemeinsam mit anderen schaffte er es, mit On- und Offline-Vorträgen Aktivist*innen in ganz Deutschland zu begeistern. Seitdem nervt die Letzte Generation das Land. Und zwar massiv. Ähnlich wie die Leute der britischen Gruppe »Just Stop Oil« beschmieren sie bekannte Kunstwerke (die hinter Glas sind, also nicht tatsächlich beschädigt werden) und blockieren in unglaublicher Regelmäßigkeit und über längere Zeiträume wichtige Verkehrsadern, indem sie sich mit Sekundenkleber an die Straße kleben. Sie sind inzwischen immer mehr Polizeigewalt und Selbstjustiz, also verbotener Gewalt von Autofahrer*innen und Passant*innen, ausgesetzt und können im Polizeistaat Bayern mittlerweile auch ohne Anklage dreißig Tage lang im Gefängnis landen, in sogenannter Präventivhaft.

Warum sie sich trotzdem immer wieder in diese Situationen begeben? Weil sie die Routinen stören, das *business as usual* durchbrechen wollen. Ihre Message: »Wir sind mitten im Klimanotfall und brauchen einen umfassenden Wandel. Wir können nicht weitermachen wie bisher.« Bei ihren Aktionen geht es auch nicht darum, die Bevölkerung über die Klimakrise aufzuklären oder Sympathien zu sammeln. Mit Sympathien allein macht man keinen Wandel. Und laut Umfragen sieht die Mehrheit der deutschen Bevölkerung, insbesondere die jüngere Generation, die Klimakrise als eine der größten aktuellen Bedrohungen.[15] Was soll man da noch aufklären? Nein, die Aktivist*innen wollen nerven. Sie wollen missfallen. Sie wollen durch ihre Aktionen Aufmerksamkeit erregen – und schaffen das.

Die Letzte Generation geht sogar noch einen Schritt weiter: Allein bis November 2022 wurden deutschlandweit dreißig Pipelines sabotiert, was nach eigenen Angaben eine große logistische Herausforderung war. Klar, dass solche illegalen Aktionen mit tatsächlicher Gewalt gegen Dinge nicht mal eben mit ein bisschen Sekundenkleber gemacht sind. Aber trotz des Aufwandes und des Schadens war die Berichterstattung eher mau bis nicht vorhanden.[16] Was bleibt denn dann noch übrig, wenn Petitionen, Demonstrationen und selbst ziviler Ungehorsam nur wenig bringen?

Das letzte Mittel

Der Aktivist und »Ende Gelände«-Mitgründer Tadzio Müller, der sich selbst als »klimadepressiv« bezeichnet, warnt in einem *Spiegel*-Interview, dass ein Teil der Ökobewegung militanter werden, in den Untergrund gehen und eine grüne RAF entstehen könnte, wenn weiterhin effektiver Klimaschutz verhindert werde. »Wir werden sehr wahrscheinlich eine dreifache Radikalisierung erleben. Eine Radikalisierung der Klimakrise. Eine Radikalisierung der Ignoranz, um die kognitive Dissonanz zu verarbeiten. Und dann, als Reaktion, eine Radikalisierung der Klimaproteste«, sagt er voraus.[17]

Ich kann diese Gedanken nachvollziehen. Besonders die Dissonanz zwischen dem Hoch, wenn man zu Hunderttausenden auf der Straße steht, bei einem globalen Klimastreik, mit unfassbarer Stimmung und dem Gefühl, wir könnten die Welt verändern. Und dem Tief wenig später, wenn so lächerliche Klimapakete beschlossen werden, dass wir uns nur in den Armen liegen und weinen, anstatt zu tanzen und zu jubeln. So war es 2019. Was ist das für ein Adultismus, dass Hunderttausende junge Menschen (inzwischen unterschiedlichen Alters) auf die Straße gehen und ignoriert werden, und ein paar rechte Querdenker mit ein paar Westen, die nicht annähernd an die Zahl der Fridays-for-Future-Demonstrierenden rankommen, ständig in der Presse zu sehen waren und sind?

FFF verlieren an Relevanz. Ob jetzt die Medien, sie selbst, die Bevölkerung oder wer auch immer schuld daran sind: Es frustriert. Ich frage mich, was muss passieren, damit die Politik mal radikaler wird? »Es geht längst um Notwehr. Notwehr ist die straffreie Verteidigung gegen einen Angriff, bei dem einem Angreifer Schaden zugefügt wird«, sagt Müller.[18] Ja, Notwehr. Verzweiflung. Frust. Trauer. All die Klimagefühle und am Ende Notwehr. Also Militanz als letztes Mittel?

Ab wann ist Gewalt (gegen Dinge, gegen Menschen ist sie es nie) legitim? Ab wann gilt Klimaaktivismus als Notwehr? Ich bin keine Philosophin, auch wirklich kein Gewalt-Fan. Ich kann sie ganz und gar nicht ertragen. In meinen zwölf Jahren in Berlin habe ich mehr Gewalt gesehen, als mir lieb ist, bin öfter in gewaltvolle Situationen geraten, als man meinen mag. In der Straßenbahn, an der U-Bahn-Station, auf offener Straße. Ich bin oft freiwillig dazwischengegangen, weil ich das nicht aushalte, weil es oft eine erste Person braucht, die sich zwischen die Leute stellt oder auch nur fragt, ob alles in Ordnung ist. Eine kleine, aber laute unbeteiligte Frau kann Wunder wirken, wenn sie ihre

Privilegien nutzt (weiß und fließend Deutsch sprechend). Dann kommen oft andere dazu, oder ich spreche sie aktiv an und bitte um Mithilfe. Ich rief die Polizei oder den Rettungsdienst schon öfter, als ich Finger an meinen Händen habe. Und trotzdem bin ich keine Pazifistin. Als ich im Fernsehen sah, wie die Menschen während des arabischen Frühlings oder jetzt im Iran für ihre Rechte kämpften, dachte ich nicht, oh doof, dass da was brennt. Ich sah, dass sie keinen anderen Weg fanden, dass sich auf freundliches Nachfragen nichts getan hat. Wenn ich von einem Autohaus in Frankfurt lese, in dem Luxuswagen in Brand gesetzt wurden: Ist doof, illegal, ohne Frage, auch unnötiges CO_2 und Verschwendung von Ressourcen – aber ein Weg, gehört zu werden. Klimaneutrale Militanz. Das wäre eine Idee.

Ich frage mich, ob wir uns irgendwann an diese Zeiten erinnern werden, in denen man die Klimakrise noch leichter hätte eindämmen können, und ob wir uns dann nicht wünschen werden, wir hätten alles versucht. Wer sagt denn, was erlaubt ist, außer das Gesetz? Aber warum lässt es uns dann in das Höllenfeuer der kommenden Sommer rennen?

Auf ein Glas Wein mit Andreas Malm

Sabotage – das fordert auch Andreas Malm. Eines seiner bekannteren Bücher brachte Luisa Neubauer einen Shitstorm ein, als sie den Titel zitierte: *Wie man eine Pipeline in die Luft jagt.* Ich habe das Buch auch verschlungen. Andreas Malm erklärt darin, welche zahlreichen Missverständnisse es in Bezug auf zivilen Ungehorsam gibt und warum dieser nicht ausreicht.

Auf einem meiner vielen Wege per Zug in mein schwedisches Zuhause treffe ich Andreas Malm zum ersten Mal. In Malmö, an der Statue auf dem Marktplatz Möllevångstorget. Ich mag das Viertel, es hat was von den Berliner Kiezen Neukölln und Kreuzberg, aber es gibt hier weniger Menschen und definitiv mehr Zimtschnecken. Malm lehrt an der Universität Lund, im Bereich Humanökologie, und forscht zu sozialen Bewegungen mit dem Fokus Klimakrise. Sein letztes Buch brachte ganz schön Schwung in die Klimabewegung. Anders als der Titel nahelegt, ist es keine Anleitung zur Sprengung einer Pipeline, eher die wissenschaftliche Herleitung, warum es eine solche bräuchte. Früher war Malm Journalist und bis zum COP 15 im Jahre 2009 in Kopenhagen auch Aktivist und widmete sich dann seiner Doktorarbeit. Er war Teil einer Gruppe, die in Schweden SUVs die Luft aus den Reifen ließ. Sie hinterlegten brav einen Zettel und wiesen die Fahrer*in auf den Platten hin, damit niemand losfuhr und sich verletzte. Verantwortungsbewusste, friedliche Sabotage. Sie wurden gehasst und angefeindet. Nach einiger Zeit gab es weniger Gruppen. Doch seit Erscheinen seines Buches ist wieder viel passiert: Die Tyre Extinguishers zum Beispiel haben sich verabredet, in ein und derselben Nacht in neun verschiedenen Ländern Luft aus den Reifen von rund 600 SUVs zu lassen. Auf die Frage, ob er selbst wieder gerne losziehen würde, antwortet er: Würde er etwas planen, würde er es nicht öffentlich bekannt geben. Und das muss er auch nicht. Manchmal reicht es, der zu sein, der etwas anstößt. Einen Gedankengang. Eine Bewegung.

»Das Leben wird härter und teurer, wir büßen immer mehr Freiheiten ein aufgrund der Krisen. Warum gehen nicht alle betroffenen Menschen auf die Straße? Gegen die Erhöhung der Strom- und Heizungskosten, gegen den Kapitalismus? Warum rennen sie nicht schreiend im Kreis angesichts dessen, was uns noch bevorsteht in der Klimakrise?«, frage ich ihn.

Malm nimmt einen Schluck Weißwein, bevor er antwortet.

Wir sitzen mittlerweile in einer Bar im Folkets Park. Mein Handymikro nimmt das Gespräch auf, ich mag die entspannte Atmosphäre. Ich bin keine Journalistin und denke mir auch nicht, dass ich irgendwelchen Neutralitäts- oder Nüchternheitsgrundsätzen folgen muss. »Die Menschen haben eine erstaunliche Fähigkeit, in Verleugnung zu leben. Sie finden sich ab, tun so, als ob nichts passiere, leben ganz normal weiter. Das ist die eigentliche Herausforderung. Wir müssen diese Verleugnung durchbrechen«, sagt er. »Ein Aspekt davon ist, dass die Menschen sich machtlos fühlen. Fossile Brennstoffe und Technologien seien unser Schicksal, unsere Bestimmung, wir könnten nichts dagegen tun. Und das löst Lähmung aus. Als sei es ein Naturgesetz, gegen das wir nichts machen können. Die sozialen Strukturen werden fast wie der Mond oder die Sonne wahrgenommen, als etwas, das man nicht beeinflussen kann. Aber das können wir.

Eine der Ideen, die hinter dem militanten Klimaaktivismus stehen, ist die Erforschung des Gefühls der Lähmung. Es gab in der Geschichte Momente, in denen wir eine ähnliche Lähmung, eine ähnliche Resignation erlebten. Ein Beispiel aus den vergangenen Jahren ist der Aufstand nach der Ermordung George Floyds. Es gab immer schon Proteste und Unruhen, aber Menschen hatten sich daran gewöhnt, dass die systematische Ermordung von Afroamerikaner*innen durch die Polizei zum Alltag in den USA gehört. Doch nach der Ermordung von George Floyd kam es zu diesen massiven Unruhen. Als Erstes in Minneapolis. Drei Tage lang gab es Unruhen, die damit endeten, dass die Polizeistation, in der der Täter Derek Chauvin und seine Kollegen arbeiteten, erobert und niedergebrannt wurde. Das löste dann diese Massenbewegung aus, die die größte in der Geschichte der USA war, wenn man die Zahl der Menschen nimmt, die auf der Straße waren und die Lähmung durchbrachen. Zumindest für einen beträchtlichen Zeitraum. Die Menschen erkannten, dass die Infrastruktur der Gewalt etwas ist, das wir möglicherweise sogar zerstören können. Dass dies nicht unser Schicksal ist. Wir können etwas dagegen tun.«

Wenn man sich mit einem Uniprofessor trifft, dann wird doziert, und die Antwort kann schon mal was länger ausfallen. Aber es ist ja auch interessant. Malm ist Marxist. Der Button an seiner Jacke – weißer Hammer und weiße Sichel auf rotem Grund – verrät ihn. Und natürlich seine Einstellung. Malm ist radikal.

Ich erzähle ihm von meiner Klimaangst, wie sie anfing und 2018 besonders schlimm wurde. Ihm ging es damals ähnlich. »Etwa in diese Zeit fällt die Idee zum Pipelinebuch. Im Frühjahr 2018 arbeitete ich an einem großen Buchprojekt, für das ich mich intensiv mit der Exodus-Geschichte und dem alten Ägypten beschäftigt habe. Das ist eine weitere Obsession von mir …«

Ich unterbreche ihn: »Ich weiß – es ist die Geschichte meines Volkes.«

Wir lachen. Er darf weitermachen: »Aber als der Sommer anfing, als wir diese extreme Dürre hatten, die Waldbrände, die es in Schweden so noch nie gegeben hat, da bin ich ausgeflippt. Ich habe meinem Verleger gesagt, dass ich an dem Exodus-Buch nicht weiterarbeiten kann. Es war zu irrelevant angesichts dessen, was gerade passierte. Und ich fand, dass es jetzt eine Klimabewegung gab, die dem Ausmaß des Problems endlich ansatzweise gerecht wurde. Also habe ich ihm gesagt, dass ich stattdessen über die Notwendigkeit eines militanten Aktivismus schreiben möchte. Dieser Sommer war verstörend. Auch Greta Thunberg flippte aus und setzte sich im August desselben Jahres vor den schwedischen Reichstag. Ende des Jahres hatten wir dann das unglaubliche Wachstum der Klimabewegung. Das Buch ist zum Großteil ein Produkt dessen, was 2019 mit Fridays for Future und Extinction Rebellion passiert ist.«

Diese Gedanken kenne ich. Neben der Klimakrise kann alles überwältigend und irrelevant zugleich wirken. Angst kann uns aber nicht nur lähmen, sondern uns auch beflügeln und motivieren, aktivistisch tätig zu werden. In meinem Falle: Bücher zu schreiben oder einen Podcast zu machen. Oder beides. Bei mir waren es auch meine Angst und meine vielen Fragen, die mich erst zu diesem Buch hier führten.

Ich frage Malm nach aktuellen Beispielen für Sabotage. Klar, das Grundprinzip ist: Kein Mensch darf verletzt werden. Aber wie sieht eine solche Sabotage dann aus? Malm erzählt von einer Aktion in Kanada. »Meiner Meinung nach hat die Klimabewegung im Globalen Norden 2022 begonnen, mit etwas zu experimentieren – wenn auch noch nicht in großem Maßstab. Ende Februar gab es da eine sehr aufsehenerregende Sachbeschädigungsaktion in British Columbia. Etwa zwanzig Aktivist*innen stürmten den Ort, an dem die Coastal-GasLink-Pipeline unter einem Fluss hindurch verlegt werden sollte. Diese Pipeline ist seit Jahren ein wichtiger Diskussionspunkt in Kanada. Sie führt durch ein Gebiet der First Nation und soll nach der Fertigstellung Fracking-Gas für den asiatischen Markt zur Küste transportieren. Die Aktivist*innen stürmten die Baustelle, verjagten das Sicherheitspersonal und nutzten die Bulldozer und Lastwagen, um alles zu zertrümmern und die gesamte Ausrüstung zu zerstören. Als die Polizei kam, waren sie schon wieder verschwunden. Soweit ich weiß, wurde keiner dieser Leute verhaftet. Es war wahrscheinlich die spektakulärste Aktion des Jahres. Weil sie einen besonderen Kontext hat. Es ist ein Kampf, der von der indigenen Bevölkerung schon lange geführt wird und dem sich die Klimaaktivist*innen angeschlossen haben.«

Es braucht Aktivismus auf allen Ebenen. Es müssen Menschenleben geschützt werden, das ist sowohl Grund für den Aktivismus sowie das Prinzip seiner Aktionen. Aber es braucht ein Spektrum, das an den Rändern auch radikal ist. Es braucht mehr, als bisher da war. »Ende der 1950er schien Martin Luther King noch radikal, und nicht anders war es mit Extinction Rebellion 2019. Mit der Herausbildung einer Flanke verschieben sich die Positionen«, schreibt Malm in seinem Buch.[19]

Wir sprechen noch lange weiter an diesem Abend, und es wird nicht das letzte Mal gewesen sein.

Klimafatalismus:
Warum Aufgeben keine Option ist

»Wir Aktivist*innen versuchen die Klimakrise in die Machtzentren zu tragen. Daher führen wir auch viele Gespräche mit Staats- und Regierungschefs und anderen Leuten, die eine große operative Verantwortung tragen. Aber es wird immer schwerer zu akzeptieren, was uns in diesen Gesprächen abseits der Kamera gesagt wird. Es sind nicht mal mehr Ausreden, es ist fast schon Resignation, aber offensiv vorgetragen«,[20] schreibt Luisa Neubauer in *Noch haben wir die Wahl*.

Resignation. Die erfasst auch Leute, die sich der Schwere der Krise bewusst sind. Klimafatalist*innen. Sie können die aktuelle ppm-Zahl (wie viel Treibhausgase sich in der Atmosphäre befinden) genau benennen und wollen erst gar nicht anfangen zu kämpfen oder haben längst aufgegeben. Der Autor Jonathan Franzen zum Beispiel ist ein bisschen stolz drauf, ein Öko zu sein, der aus der Rolle fällt, der Fleisch isst und fliegt. Ganz nach dem Motto: Ist eh alles verloren, wir kriegen die Wende sowieso nicht hin, warum es also nicht einfach sein lassen und ein bisschen Spaß haben auf den letzten Metern? Ein privilegierter und arroganter Hedonismus.

Privilegiert, weil sich nur reiche, alte Menschen des Globalen Nordens diese Einstellung leisten können. Menschen des Globalen Südens erleben die Folgen der Klimakrise heute schon im Extremen. Gegen die Flut im Sommer 2022 in Pakistan oder die Hitzewelle in Indien sind unsere derzeitigen Hitzeproblemchen ein Witz. Ich glaube, viele dieser Klimafatalist*innen kennen selbst keinen Mangel und können sich die Folgen der Krise nicht vorstellen. Sie denken, dann wird es halt schlimm, blenden aber aus, wie das in der Realität aussehen wird. Oder sagen sich: Was interessiert's mich, da bin ich längst tot. Mein Sohn und auch ich, Jahrgang 1990, werden hoffentlich noch einige Jahre auf diesem Planeten verbringen, ich kann und will mir diesen Fatalismus nicht leisten.

Arrogant, weil jeder Fortschritt irgendwann von jemandem erkämpft werden musste. »Unser Alltag ist voll mit Elementen, für die Menschen hart gekämpft haben: Fünf-Tage-Woche, Gleichberechtigung, Mindestlohn. Für all diese Dinge sind Menschen vor uns eingetreten, weil sie überzeugt waren, dass sie etwas verändern können. Mir käme es all diesen Menschen gegenüber fast verräterisch vor, mir einzureden, dass ich nichts bewirken kann, weil ohnehin alles zu spät ist«, erklärt Luisa Neubauer in einem Interview.[21]

Ja, Aufgeben ist eine Beleidigung für alle Menschen, die gerade für eine Enkel*innen-taugliche Zukunft kämpfen. Und ja, die Klimakrise ist ein großes, komplexes Problem, ein sogenanntes *wicked problem,* das nicht mal eben durch eine Person oder eine Maßnahme gelöst werden kann. Es ist einfach, zu sagen: »Wird eh alles nix.« Dann also lieber brav zu Hause bleiben und das Ende der Welt erwarten, statt aktiv zu werden, ob friedlich oder militant?

Nein, das kann es nicht sein.

Beispiele wie das Wahlrecht für Frauen oder die Black-Lives-Matter-Bewegung, die nach dem Tod von George Floyd strukturellen Rassismus auf die Agenda brachte, zeigen, wie ein »schneller Wertewandel nach einem Desaster dazu führen kann, dass großer [gesellschaftlicher und politischer] Wandel möglich ist. Und so vielleicht auch das Erreichen des Zwei-Gad-Ziels«, sagt Katharine Hayhoe.[22]

Der Film

Wenige Wochen nach dem ersten Gespräch habe ich das Vergnügen, Andreas Malm wiederzusehen. Der gleichnamige Film zu seinem Buch *How to Blow Up a Pipeline* feiert Europa-Premiere beim Filmfest Hamburg. Wenige Tage zuvor waren die Lecks in den Pipelines Nordstream 1 und 2 entdeckt worden. Ganz Twitter ist voll von Witzen, dass das doch gute PR für den Film sei und ob jemand Andreas Malm kürzlich gesehen hätte. Kurz vor der Vorführung treffe ich ihn und den Regisseur Daniel Goldhaber an der Hotelbar. Wir diskutieren, tauschen Theorien aus. Ich vermute die Russen als Täter, Daniel die Amis, niemand vermutet Linke oder Ökos. Das wäre einfach zu destruktiv. Und auch technisch viel zu schwer. Kein echter Öko, der oder die die Klimakrise aufhalten will, würde all das Methan in die Atmosphäre entweichen lassen. Jeder Milliliter zählt und jede Stelle hinter dem Komma. Die Lecks sind bitter. Dahinter steckt jemand, dem die Welt egal ist. *Someone who wants to see the world burn.*

Der Film begeistert mich. Es ist ein Spielfilm, ein Thriller. Ein unglaublicher Look, gute Schauspieler*innen, aber vor allem die Story hat es mir angetan. Die vielen Ebenen, die diversen Charaktere und ihre Hintergründe. Klasse, Sexualität und so viele andere Themen werden behandelt, ohne dass es *cringe* ist. Sie sind einfach Teil des Films. Im Zentrum steht aber die Frage nach der Gewalt. Muss sie sein? Diskreditiert Gewalt nicht die jahrzehntelange Arbeit der Umweltbewegung? Wo ist die Grenze? Wer ist bereit, welchen Einsatz und welche Opfer zu bringen? Gewalt gegen Menschen ist tabu, um sie zu verhindern, werden Risiken eingegangen. Auch Malm führt das in seinem Buch immer wieder aus. Bei Militanz und Sabotage geht es stets um Dinge, Systeme, Symbole – niemals um Menschenleben.

Und dann gibt der Film tatsächlich noch die Antwort auf die Frage: Wie sprengt man eine Pipeline? Man sieht den Prozess, die Inhaltsstoffe, die Vorbereitungen. Das Filmteam beraten hat ein Ex-Militär, der anonym bleiben möchte. Also ist die Anleitung wohl realistisch. Es ist nicht unmöglich, und mein Gedanke ist: Das könnte ich auch. Ich würde es nie machen, aber ich könnte, wenn ich wollte. Ein empowernder Gedanke. Einer, der mir Mut macht. Dass man dieses System, in dem wir leben und kämpfen, vielleicht doch irgendwie beeinflussen kann. »I want to fight with you«, sagt eine Person in einer Szene des Films. Das will ich auch. Ich will kämpfen. Mit Worten, mit diesem Buch, mit Anregungen, mit Gleichgesinnten, mit euch.

Das Gedicht

Sabine Magnet schrieb mir ein Gedicht. Sie hat ein Format namens *Poetry to go:* Schütte ihr deine Seele aus, und sie fasst es auf ihrer Schreibmaschine in Worte. Das Ergebnis kann man dann mitnehmen. Das tat sie auch für mich und schrieb folgende Zeilen, die jetzt eingerahmt in meinem Zimmer hängen, über dem Schreibtisch, sodass ich sie sehe, wenn ich mich in Gedanken verliere.

Ein Lied von der Zukunft
Der Untergang der Welt
Ist laut, ich höre ihn,
Wo ich auch bin,
Was ich auch tue.
Ich drehe den Wasserhahn auf
Und frage mich,
Wann es das letzte Mal sein wird.
Ich liege im Schatten einer Buche
Und fürchte die Sommer,
die kommen werden.
So pflanze ich und atme,
Spiele und rede mir
Die Zukunftsvisionen
Von der Seele wie einen Erdrutsch.
Und wenn das Hintergrundrauschen
Zu laut wird,
Singe ich Lieder
Von den mutigen Menschen
Und den guten Ideen
Und der Liebe
Deren Kraft
Wir noch lange nicht
ausgeschöpft haben.

Kapitel 3

KLIMAGEFÜHLE – EIN KLEINER EXKURS

»Ich bin entsetzt über das, was wir diesen Sommer erleben, und über das Wissen, wie schnell es schlimmer wird, und darüber, dass es keine wirkliche Obergrenze gibt, wie schlimm es werden kann, und dass fast jeder immer noch so tut, als ob alles wie gewohnt weitergehen kann. Diejenigen, die keine Angst haben, haben nicht die geringste Ahnung.«[1] – Peter Kalmus

Vor fünf Jahren

Ich kann nicht mehr schlafen. Jede Nacht wache ich auf. Meistens weckt mich das Baby, es weint, will Milch trinken. Es bekommt die Brust, schläft sofort wieder ein, und ich liege da, denke über Gott und die Welt und die Klimakrise nach und frage mich, wie ich es wagen konnte, dieses Kind in diese Welt zu setzen. Das ist keine Wochenbettdepression. Es ist nur die übliche Klimaangst.

Im Dunkeln liege ich da, mein Kopf rattert, meine Augen sind weit aufgerissen, ich starre an die Decke, und obwohl ich todmüde bin, gelingt es mir nicht, einzuschlafen. Ich versuche zu meditieren. Spätestens eine Stunde später stehe ich auf und mache mir einen Tee. Jede Nacht ist das so. Das ging schon vor der Geburt los. Mein Baby kann nichts dafür, es ist nicht der Auslöser.

Was ich tagsüber in seriösen Quellen lese, die Klimawissen-schaftler*innen veröffentlicht haben, raubt mir nachts den Schlaf. Vielleicht sollte ich mit dem Lesen aufhören? Aber es ist zu spät. Zu viele Artikel und Bücher dazu habe ich schon ge-lesen. Langsam drehe ich durch. Letzten Sommer traute ich mich, in einem Gespräch mit Freund*innen die Klimaangst zu erwähnen. Sie sind auch Ökos, und ich habe sie gefragt: Ist es wirklich so schlimm? Habt ihr auch Angst? Bin ich verrückt? Nein, sagten sie, sie fühlten wie ich. Diese Info hat mir gereicht, um wieder aufatmen zu können. Aber die Schlafprobleme gin-gen nicht weg. Vielleicht hat die kognitive Dissonanz, weiter-zumachen wie bisher und gleichzeitig zu begreifen, dass die Welt, wie wir sie kennen, untergeht, meine Schlaflosigkeit sogar noch verschlimmert.

Heute – im Jahr 2023

Mittlerweile habe ich gelernt, mit meiner Angst zu leben. Gegen die Klimaangst hilft nämlich keine Therapie – weil sie keine Angststörung ist, denn die Bedrohung ist real. Inzwischen be-gleiten mich neben dieser Angst noch Klimawut, Klimatrauer und Klimamut. Diese Gefühle sind weder schlecht noch gut. Sie sind nur Ausdruck dessen, was in unseren Köpfen und Körpern vorgeht.

Spätestens seit der Corona-Pandemie, der russischen Invasion in der Ukraine und den wirtschaftlichen Folgen der Klimakrise wissen wir auch hier in Deutschland, dass die fetten Jahre end-gültig vorbei sind. Und dass die Zeiten, die auf uns zukommen, noch herausfordernder sein werden. Um besser damit klarzu-kommen, müssen wir auch lernen, unsere Gefühlswelt resilien-ter zu machen.

Die amerikanische Psychiaterin Lise van Susteren, die viele Menschen behandelt hat, die an einer posttraumatischen Belastungsstörung litten, stellte im Laufe ihrer jahrzehntelangen Praxis fest, dass auch Menschen, die Angst *vor* einem traumatischen Ereignis haben, unter vergleichbaren Symptomen leiden. Die prätraumatische Belastungsstörung beschreibt diesen psychischen Stress. Auslöser dafür können auch die Angst und Verzweiflung vor den Folgen der Klimakrise sein – nicht nur für einen selbst, sondern auch für die kommenden Generationen. Heute beschreibt van Susteren diese Diagnose weniger als psychische Störung denn als Zustand. Denn auch hier gilt: Die Klimakrise ist eine reale Bedrohung und damit keine Störung. Wenn wir also ständig von allen Seiten mit Nachrichten konfrontiert werden, wie schlecht es um unsere Umwelt bestellt ist, welche Stürme, Brände, Dürren und Hitzewellen gerade durch die Länder ziehen, dann kann diese intensive Beschäftigung zu einem prätraumatischen Belastungszustand führen.

Ich war erleichtert, als ich den Begriff zum ersten Mal hörte. Wahnsinn, das, worunter ich leide, hat einen Namen. Es ist keine Einbildung. Ich fühle mich beschissen, ohne dass ich durch die Klimakrise schon ein handfestes Trauma erlitten hätte. Ich fühle wie der Klimaaktivist und Globalisierungsgegner Tadzio Müller, der in seinem Newsletter geschrieben hat: »Manchmal fühle ich mich wie ein Soldat mit PTSD, der nach einem Krieg nach Hause kommt und nicht verstehen kann, wie die Menschen um ihn herum einfach so weitermachen, als würde nichts passieren, als würde nicht die Welt um sie herum kollabieren.«[2]

Die Vernetzung mit Gleichgesinnten, der Austausch oder auch nur das Lesen solcher Newsletter, Artikel, Tweets und Posts tut gut, bestätigt mich aber auch wieder in meiner Wahrnehmung, dass die Erde brennt und alles hoffnungslos erscheint. Wir müssen uns den Negativitätsbias von Nachrichten bewusst machen und lernen, sie achtsamer und effektiver – gesünder – zu konsumieren.

Schreckliche Szenarien und Geschichten in den Medien bringen Klicks, wecken Emotionen und werden fleißig geteilt. So funktioniert es online, und solch breite Aufmerksamkeit erzielen auch provokante Schlagzeilen in Printmedien. Für unsere psychische Gesundheit ist es eine gefährliche Droge. Wer regelmäßig angeschrien wird, dass die Welt vor die Hunde geht, dass alle böse und gemein sind, der glaubt das irgendwann.

So erging es mir 2021, das war kein gutes Jahr für meine mentale Gesundheit. Irgendwann entschied ich mich dazu, aufmerksamer Nachrichten zu konsumieren. Dazu löschte ich die Twitter-App vom Handy, meldete mich bei allen Insta-Nachrichtenformaten ab und las keine Schlagzeilen mehr. Knapp ein Jahr später fand ich genau diese Tipps in dem Buch *Wie wir die Welt sehen* von Ronja von Wurmb-Seibel.[3] Ich habe also instinktiv richtig gehandelt, mir ging es besser, und ich fühlte mich trotz der Reduzierung meines Konsums nicht ignorant.

Ich darf mir erlauben, zu leben und glücklich zu sein, auch wenn die Welt untergeht. Ich liebe die letzte Szene des Netflix-Films *Don't look up;* dieser Film ist eine ziemlich klare Metapher für die Klimakrise. Ein Meteorit rast auf die Erde zu, es ist noch Zeit, ihn abzuschießen und ihn aus seiner Bahn zu werfen. Achtung Spoiler!

Doch der Kapitalismus setzt sich durch und besiegelt das Schicksal der Menschheit. Die Wissenschaftler*innen, die den Meteoriten entdeckt haben, kommen zusammen, kochen und essen gemeinsam und verbringen einen letzten schönen Abend miteinander. Das letzte Abendmahl. In Gemeinschaft will ich mein Leben leben. So und nicht anders. Spoiler Ende.

Bleibt eines noch zu erwähnen: Menschen, die von extremen Klimagefühlen betroffen sind, können zu Gedankenspiralen neigen und depressiv werden. Bis hin zu Unwohlsein und Panik-attacken. Wenn man sich im Alltag so sehr eingeschränkt fühlt, ist es an der Zeit, professionelle Hilfe in Anspruch zu nehmen. Eine Diagnose und eine gute Behandlung können Wunder be-wirken. Dafür empfehle ich die Ärztekammer unter https://www. kbv.de/html/arztsuche.php bzw. die Telefonnummer 116117 für eine erste Terminvereinbarung mit einer*m Therapeut*in. »Die Psychologists for Future bieten zudem die Möglichkeit einer kostenlosen Erstberatung (bis zu drei Sitzungen), in der mit pro-fessioneller und klimasensibler Hilfe die individuelle Situation etwas genauer beleuchtet werden kann«, schreiben Lea Dohm und Mareike Schulze, Mitbegründerinnen der Psychologists for Future, in ihrem Buch *Klimagefühle*.[4]

TEIL II
KLIMAANPASSUNG

Kapitel 4

ÜBERLEBEN IN ZEITEN
DER KLIMAKRISE

»Klimaschutz bleibt Handarbeit.«
»Tomorrow is too late.«
»Klima ist wie Bier – zu warm ist scheiße.«
»Wer wenn nicht wir?«
– Schilder auf einer Fridays-For-Future-Protestaktion

Maßnahmen für die Welt von morgen

Eine Freundin fragte mich letztens, wie ich es emotional aushalte, ein Buch über Klimaanpassung zu schreiben. Also mich
täglich viele Stunden damit zu beschäftigen, wie schwer es bald
für uns sein wird, auf einem erhitzten Planeten mit ständigen
Extremwettern zu leben. Damit, wie schwer es bereits ist und
was wir tun müssen, um uns der Realität dieser neuen Welt anzupassen. Ich antwortete, dass ich es aushielte, weil

1. ich begonnen habe, zu akzeptieren und mich damit abzu-
   finden, dass wir in einer um weitaus mehr als 2 Grad erhitzten Welt leben werden;
2. ich sehe, welche Maßnahmen nötig sind, und weiß, dass es
   sich dabei nicht um eine kaum zu bewältigende Raketen-
   wissenschaft handelt,
3. meine Antidepressiva ihren Job machen.

Aber auf Anfang. Was ist Klimaanpassung? Klimaanpassung ist das, was wir heute tun müssen, um unsere Privilegien und unseren Wohlstand von gestern auch morgen noch wahren zu können. Oder auch nur einen Hauch von ihnen. In Teil I habe ich bereits grob skizziert, was in etwa auf uns zukommt: mehr Klimakrise als befürchtet, dafür aber schneller. Neben Klimaschutz, also der Reduzierung unseres CO_2-Austoßes und dem Kampf um jede Kommastelle hinter der 1, der 2 oder der 3, müssen wir uns jetzt auch schon darum kümmern, uns an die Folgen der Klimakrise anzupassen. Denn die Klimakrise ist bereits hier und wird nicht mehr verschwinden. Und die Anpassung an ihre Folgen betrifft alle Bereiche unseres Lebens. Wirklich alle.

Wohnort: Wie gut ist meine Gegend vorbereitet auf die Folgen, und von welchen wird sie betroffen sein?

Arbeit: Gibt es meinen Job morgen noch, und wer braucht ihn – wer kauft dieses Produkt oder jene Dienstleistung, wenn alles teurer wird, weil die Klimakrise Auswirkung auf jeden Wirtschaftsbereich hat?

Serien gucken: Klar, aber woher kommt der Strom? Wo stehen die Streaming-Server, und wie resilient sind sie in heißen oder sehr nassen Zeiten?

Sport: Kann bei 35 °C im Sommer lebensgefährlich sein.

Sex: Heiße Körper, die voller Leidenschaft schwitzend … getrennt im Bett liegen, weil es einfach zu heiß ist für jegliche Nähe oder gar erotische Betätigungen.

Die Liste ließe sich fortsetzen. Diese wenigen, eher privaten Aspekte sollen veranschaulichen, dass wir uns früher oder später anpassen müssen. Und lieber früher als später, denn: je später wir anfangen, desto teurer und schwieriger wird es.

Noch mal, um das ganz deutlich zu machen: Klimaanpassung ist nicht die Lösung der Klimakrise. Sie ist »nur« unsere Reaktion auf die vom Klimawandel bereits ausgelösten Veränderungen. Und je nachdem, was wir in Sachen Klimaschutz und Anpassung machen, wird sich zeigen, ob wir überleben werden. Oder nicht.

Das klingt so absurd – überleben, Ende der Zivilisation, der Menschheit, wie wir sie kennen. Es sind nicht meine schwarzmalenden Worte, sondern die der führenden internationalen Klimawissenschaftler*innen, die den IPCC auffordern, auch extreme Werte wie eine Drei-Grad-Erwärmung oder die Wirkung der Kipppunkte stärker zu beachten. »Kann der von Menschen verursachte Klimawandel zu einem weltweiten Zusammenbruch der Gesellschaften oder sogar zum Aussterben der Menschheit führen?«, fragen sie.[1] Tatsächlich steuern wir bis 2100 auf eine deutlich stärker erwärmte Welt zu. Beim *Representative Concentration Pathway* 8.5 (RCP 8.5), dem Szenario, bei dem wir mit unserem CO_2-Ausstoß so weitermachen wie bisher, sind es circa 4,3 Grad Erwärmung bis Ende des Jahrhunderts. Das wäre das Ende der Zivilisation.

Ich frage mich, worauf eigentlich gewartet wird? Auf die Schlagzeile »Das Ende des Lebens, wie wir es kennen, ist nah«? Diese Schlagzeile würde nicht nur wegen Panikmache kritisiert werden, sie wäre nicht mal mehr aktuell. Das Leben, wie wir es kannten, *ist* bereits vorbei. Wir leben längst in der neuen Welt, in der um 1,3 Grad erwärmten Welt mit all ihren Folgen. 2019 veröffentlichte Sascha Lobo sein Buch *Realitätsschock* und beschrieb diese zukünftige neue Welt, in der wir jetzt stecken. Ja, den Realitätsschock erlitten einige – aber noch lange nicht alle.

Klimaanpassung strukturell und privat

Der Bund, die Länder und die Kommunen versuchen, Strategien zu finden, um die bereits bekannten gegenwärtigen und kommenden Probleme anzugehen. 2021 wurde das Zentrum Klima-Anpassung des Bundes gegründet, das Kommunen und soziale Einrichtungen in Sachen Initiativen und Maßnahmen zur Klimaanpassung unterstützen soll. Ein wichtiger erster Schritt, denn noch immer fehlt aufseiten der Kommunen (und Teilen der Bevölkerung) das Verständnis für die Problematik. Besonders dafür, wie stark die globale Erwärmung die Ungleichheit zwischen den Menschen verstärken wird.

Der aktuelle Bericht des IPCC kommt zu dem Schluss, dass die momentanen Anpassungsmaßnahmen nicht reichen werden, um die Risiken abzumildern oder abzuwenden. Viele Fragen sind noch unbeantwortet: »Eine Firma macht Insolvenz, aber wie funktioniert das Schließen eines Dorfes, eines Strandhotels, eines Bauernhofs aus Erderwärmungsgründen?« Oder, kurz gesagt: »Wer weicht, wer deicht?«, wie es der bekannte Klimaforscher und Bestsellerautor Hans Joachim Schellnhuber in seinem Buch *Selbstverbrennung* formuliert.[2] Was ich mich in diesem Zusammenhang frage: Ab wie viel Grad Erwärmung muss man sich von den heutigen Küsten zurückziehen, wenn keine magische Innovation vom Himmel fällt oder die Forschung den Deus ex Machina mimt?

Die Herausforderung der Klimaanpassung ist, dass es schnell gehen muss. Wir wissen nicht, wann und wie rasant die Klimafolgen eintreten werden. Uns bleibt sehr wenig Zeit für sehr große Schritte. In Anbetracht dessen, wie lang der Klimaschutz schleifen gelassen wurde und sogar heute noch bestimmte Industrien (*looking at you*, fossile Industrien) unbeeindruckt weiter fröhlich Emissionen produzieren, ist die Frage, ob wir das überhaupt noch irgendwie hinkriegen. Fertig werden wir damit sowieso nie. Wir werden uns den sich wandelnden Umständen immer wieder von Neuem anpassen müssen. Wobei diese Anpassungen in einigen Gebieten schneller an ihre Grenzen kommen werden, als uns lieb ist. Kein Grund, gar nicht erst loszulegen: Ähnlich wie beim Klimaschutz, wo jede Kommastelle zählt, kann jede Anpassungsmaßnahme konkret Leben retten.

Vorsorge ist nervig, höre ich immer wieder. Lasst uns das ändern. Ich glaube, ich habe noch nie etwas so Spießiges geschrieben, aber ich meine es von ganzem Herzen. Wir müssen weiterhin das Klima schützen, aber auch jetzt beginnen, uns auf die kommenden Änderungen vorzubereiten. Los geht es.

Kapitel 5

WASSERVERSORGUNG

»Erst wenn der letzte Fluss ausgetrocknet, der tiefste Brunnen versiegt ist, wenn nur noch Staub aus dem Wasserhahn kommt und kein Ackerbau mehr möglich ist, werden wir merken, dass billiger Kohlestrom und das tägliche XXL-Nackensteak doch nicht unsere größten Freiheiten waren.« – @kaffeecup auf Twitter

Ein blauer Planet

Die Nachbarsbienen schwirren um die Schale mit Wasser. Drin liegt ein Stein, damit die Bienen sicher trinken können. Es surrt. Zwanzig, dreißig Bienen surren um mich herum. Die Bienen meines schwedischen Nachbarn Bengt. Ich habe keine Angst, sie tun mir nichts, solange ich ihnen nichts tue. Ich fülle nach. Fünf Stunden später ist die Schale leer. Fleißige Bienen, durstige Bienen. Es sind 34 Grad im Schatten – um 13 Uhr. Und das im nördlichen Südschweden.

In Schweden fiel der Sommer dieses Jahr auf einen Donnerstag – so meinte Kurt Tucholsky. Ein deutscher Witz, der schlecht gealtert ist. Ich kenne den Sommer in Schweden nur mit heißen Tagen und nicht anders.

»Das ist der kühlste Sommer für den Rest deines Lebens« – las ich gestern immer wieder auf Instagram und als Nachrichtenschlagzeile. Es ist die zweite unfassbare Hitzewelle, die im Sommer 2022 über uns hinwegrollt. In London hatte es zum ersten Mal 40 Grad, die erste Hitzewarnung überhaupt lief in Großbritannien über den Ticker. Vor einigen Wochen habe ich bereits die erste Welle mit 37 Grad in Eberswalde bei Berlin erlebt.

Nachdem die Bienen versorgt sind, verabschiede ich mich für ein paar Tage von Schweden und meiner Familie und mache mich mit dem Auto zum Bahnhof auf. Dann geht's weiter mit dem Zug. In Kopenhagen will ich herausfinden, wie wir in Zukunft die Versorgung mit Trinkwasser sicherstellen können, und mir dazu in der dänischen Hauptstadt ein klimaresilientes Viertel anschauen.

Nicht nur im Sommer, sondern auch im Winter kann das Wasser knapp werden, wie wir bei unseren Nachbarn in Frankreich im Januar 2023 sahen. Für diesen Zustand wurde gar ein neues Wort erfunden: die Winter-Dürre. Auch der deutsche Städte- und Gemeindebund warnt angesichts der Trockenheit vor Wasserknappheit in einigen Regionen. »Die Wasserentnahmeverbote der Kommunen sind keine präventiven Maßnahmen mehr, sondern ein eindeutiges Alarmsignal. Sie zeigen, dass eine normale Wassernutzung während intensiver Trocken- und Hitzeperioden nicht mehr stattfinden kann«, sagt Michael Hölze, Hydrologe an der Universität Freiburg gegenüber dem RedaktionsNetzwerk Deutschland. Bei hohen Temperaturen steige der Wasserbedarf von privaten Haushalten um 40 bis 60 Prozent. Verständlich, wer mag sich nicht unter einer kalten Dusche oder im Pool erfrischen oder den Rasen sprengen für ein saftiges Grün?

Ich blicke aus dem Zugfenster. Die aktuelle globale Erhitzung von 1,3 Grad hat bereits jetzt enorme Auswirkungen auf unser Leben. Wer weiß, vielleicht war der Sommer 2022 der kühlste unseres restlichen Lebens. Es ist so verdammt trocken, selbst hier in Südschweden. Die Bäume werfen teilweise schon ihre Blätter ab. Die Wiesen sind gelb statt saftig grün. Es ist das vierte oder fünfte (wer zählt eigentlich noch?) Dürrejahr in Folge mit zu wenig Niederschlag und sinkendem Grundwasserspiegel. Es ist vor allem das Jahr der Schlagzeilen, der Erkenntnis, dass es doch knapp werden könnte mit dem Wasser. Auch in Deutschland, auch in Berlin. Wir haben hierzulande bereits eine Wasserkrise,[1] heißt es in Expert*innenkreisen, denn wir können Wasser nicht mehr nachhaltig entnehmen. Das bedeutet: Wir entnehmen mehr Wasser, als sich neues Grundwasser bildet. Nach langen Dürresommern bzw. -jahren braucht es Zeit – und vor allem Niederschläge! –, bis sich die Grundwasserspeicher regeneriert haben. Das gilt nicht nur für Deutschland: Schon im Juli 2019 veröffentlichte ein Kreis von Wissenschaftler*innen einen Artikel, dem zufolge wir eine weltweite Wasserkrise haben. Die gesamte Menge an Wasser, die Menschen jedes Jahr nutzten, übersteige die Menge an Grundwasser, die nachgebildet werde. Sie entspreche nicht weniger als der Hälfte allen Wassers, das vom Land in die Meere fließt.[2]

Aber wir leben doch auf einem blauen Planeten, einem Planeten voller Wasser. Wie können wir da eine Wasserkrise haben? Ich schaue nach. Das Wasser auf dem Planeten Erde besteht zu 97,4 Prozent aus Salzwasser und zu 2,6 Prozent aus Süßwasser – wobei von diesem nur 0,3 Prozent verfügbar sind. Der größte Teil des Süßwassers findet sich nämlich an den Polen und in Gebirgen in Form von Gletschern und Eis. Nur eine kleine Menge ist im Grundwasser und in Oberflächengewässern wie Flüssen, Seen oder Teichen verfügbar.

Das Trinkwasser in Deutschland wird zu 74 Prozent aus Grundwasser, zu 13 Prozent aus See-, Talsperren- und Flusswasser, zu 5 Prozent aus Uferfiltrat (Wasser, das aus Brunnen in der Nähe von Flüssen oder Seen gewonnen wird) und zu 6 Prozent aus künstlich angereichertem Grundwasser (Oberflächenwasser, das geplant durch eine Sandschicht versickert und so das Grundwasser anreichert) gewonnen; der Rest stammt aus sonstigen Ressourcen wie Quellen.[3] Je nach Herkunft hat unser Wasser unterschiedliche Eigenschaften. In Berlin ist es stark kalkhaltig. In anderen Gegenden ist es voller Bläschen. An anderen Orten ist es weich. Es schmeckt je nach Gegend ganz unterschiedlich, je nachdem, welche Mineralien drinstecken. Was das Wasser, das aus den Leitungen in Deutschland kommt, gemeinsam hat: Es ist trinkbar und hat fast überall eine ausgezeichnete Qualität. Das liegt an den strengen Prüfmechanismen, den Gesetzen, der Trinkwasserverordnung und den modernen Anlagen, die das Trinkwasser in Deutschland aufbereiten. Trinkwasser wird an verschiedenen Entnahmestationen täglich kontrolliert und unterliegt strengeren Auflagen als abgefülltes Mineralwasser. Eine bessere Ökobilanz hat es sowieso. In Ländern, die Probleme mit sauberem Trinkwasser haben, macht es eher Sinn, Wasser in Flaschen nach Hause zu schleppen. Aber hier in Deutschland habe ich das nie verstanden. Es kommt doch zu einem sehr günstigen Preis und mit bester Qualität aus dem Wasserhahn. Und wer Sprudel mag, holt sich den eben aus einem Sprudelgerät. So schwer ist das ja nicht.

Was mir manchmal Angst macht, ist die Selbstverständlichkeit, mit der wir über Wasser verfügen. Wasser, Trinkwasser aus dem Hahn, ist das Wertvollste, das wir haben. Wasser ist zwar ein Menschenrecht, wird aber trotzdem oft nicht garantiert. Wir sollten das Privileg, sauberes und sicheres Wasser einfach zur Verfügung zu haben, auch als solches wahrnehmen. Es ist ein kostbares Privileg, das wir nicht genug wertschätzen. Wir nutzen unser Trinkwasser für die Klospülung, waschen das Auto, sprengen den Rasen und wässern unsere Felder damit, die das bisschen Wasser dringend brauchen, doch aufgrund der Dürre kaum aufnehmen können. Wir lesen von der Bedrohung, die Wassermangel bedeutet, aber noch nehmen wir sie in unserem Alltag kaum wahr. Die Gefahr ist in unseren Wohnungen nicht sichtbar. Nur wenn wir uns raustrauen, regelmäßig in die Natur gehen, beobachten und vergleichen, sehen wir, dass sich was tut. Die sinkenden Wasserstände bei Flüssen und Seen. Die dauerleeren Regentonnen, die ausgetrockneten Pflanzen, die tiefen Risse in der Erde. Wenn wir genau hinschauen, sehen wir die Anzeichen auch in der Stadt. Ich meine damit nicht nur die steppenhaften Parks und verbrannten »Grünflächen«. Vor allem wenn ich die durstigen, sterbenden Bäume im Straßenbild sehe, schnürt es mir die Brust zu. Ich verdränge den Gedanken an die Gefahr, atme die aufsteigende Angst weg, suche nach gesunden Bäumen mit vollem grünen Blätterdach und zähle. Eins – ein Baum, zwei – mit dicken Ästen, drei – und grünen Blättern, vier – und starken Wurzeln, fünf – mit Ameisen dran … Eine Übung aus der Verhaltenstherapie, die hilft, eine Panikattacke zu vermeiden. Man zählt auf, was man sieht. Bei drei komme ich meistens runter. Mein Kopf und mein Körper sind wieder ruhig, mein Herz tut immer noch weh. Denn wir sind dabei, das Wertvollste, das wir haben, zu verlieren. Wasser ist unser wichtigstes Gut, wir brauchen es zum Leben und Überleben. Aber die Sicherheit der Wasserversorgung ist bedroht.

Trinkwasser kommt doch aus dem Hahn!

Ich will der Sache auf den Grund gehen und verstehen, woran es liegt, dass der Grundwasserspiegel in den vergangenen Jahren immer weiter sank. Das Jahr 2021 ist uns als wasserreiches Jahr in Erinnerung geblieben. Nicht nur wegen der Ahrtal-Flut, sondern auch, weil es endlich mal wieder regelmäßiger ordentlich regnete. Das Problem ist nur: Durch die aufeinanderfolgenden Dürrejahre seit 2018 war der Grundwasserspiegel bereits so niedrig, dass sich die Reservoire 2021 trotzdem nicht genügend füllten.

Wie konnte es so weit kommen? Wir haben durch die Klimakrise mehr extreme Wetterereignisse als früher, mehr Niederschlag, der auf einmal runterkommt, vor allem in den Wintermonaten. Mit der Klimakrise ändern sich Verteilung, Menge und Intensität von Niederschlägen. Die Winter werden feuchter, die Sommer trockener. Weil die Böden dadurch so ausgetrocknet sind, kann Regen nur noch schwer versickern. Man würde ja denken: Super, ein trockener Boden oder Acker freut sich über Regen. Das Problem ist aber, dass die ausgetrocknete Erde so verdichtet ist, dass das Wasser nicht in die tieferen Schichten gelangen kann. Es bleibt an der Oberfläche, sammelt sich in Pfützen und kleinen Teichen, verdunstet oder fließt über Kanäle ab.

Ein weiteres Problem, das in Zeiten der Klimakrise zur Falle für uns wird, ist die Bebauung in den Städten. Durch Häuser, Parkplätze und asphaltierte Straßen hat das Regenwasser weniger Möglichkeiten zu versickern und in das Grundwasser zu gelangen. Bei starken Regenereignissen werden Unterführungen und tiefer gelegene Straßen überflutet – wie z. B. vor meiner Haustür in Eberswalde. Das Wasser dringt in die Häuser ein, Wände saugen sich voll, Schimmelbildung droht. Es fließt in die Kanalisation, wo es in die Klärwerke gelangt, aber eben nicht direkt ins Grundwasser. Die Kanalisation kann die gewaltigen Wassermengen bei Starkregenereignissen stellenweise nicht aufnehmen, sodass die Gullys mit unglaublich dreckigem, fäkalbakterienreichem Wasser überlaufen. Lecker. Und gleich das nächste Problem: In Kläranlagen aufbereitetes Wasser geht als Klarwasser in Oberflächengewässer, die dann meist abfließen ins Meer. Viele Klärwerke haben nur drei Reinigungsstufen, bei denen Spurenstoffe im Wasser zurückbleiben. Also Rückstände von Medikamenten, Drogen, Kosmetika, Reinigungsmitteln, kurz: allem, was durch unseren Konsum und unsere Ausscheidungen ins Wasser gelangt. Mittlerweile gibt es Technik, um sie aus dem Wasser zu bekommen, aber Stufe 4 ist noch nicht flächendeckend verbaut.

In Brandenburg kommt das Trinkwasser zu 95 Prozent aus dem Grundwasser. Dass dessen Spiegel sinkt, hängt auch mit den örtlichen Seen zusammen, deren Pegel ebenfalls immer niedriger werden. Wasser wird knapper, nicht nur wegen der letzten Dürrejahre, sondern auch, weil bei steigenden Temperaturen mehr Wasser verdunstet, die Vegetationsperiode länger ist und Pflanzen deshalb mehr Wasser ziehen. Genau wie manche Privathaushalte im Sommer fast doppelt so viel Wasser verbrauchen wie im Winter. Aber die größten Wassersauger kommen aus der Industrie: vor allem Braunkohletagebau,[4] Auto- und Chemiefabriken. Wenn man sich vor Augen führt, was gerade der Tagebau so treibt, kann einem als verantwortungsvolle*r Konsument*in schon die Galle hochkommen. Haltet euch gut fest, ich bin fast vom Stuhl gefallen. Wir leben in Zeiten der Klimakrise, wo das Wasser knapp wird und durch die Inflation alles teurer. Nur eine Sache nicht: Das Wasser für den Tagebau – das bleibt weiterhin umsonst.

Bitte, was?!

»Die Förderunternehmen sind auch weitgehend von den sogenannten Wasserentnahmeentgelten befreit. Sie saugen im Schnitt für etwa 17 bis 20 Millionen Euro Wasser aus dem Kreislauf, gratis.« Und weil sie so gerne etwas zurückgeben wollen, hinterlassen Tagebaue auch direkt was: »Ins Grundwasser entlässt der Tagebau Sulfat und Chlorid, ins Oberflächenwasser Eisen, was die Flüsse ›verockert‹ und, so das Umweltbundesamt,

›aquatische Lebensgemeinschaften‹ stört.«[5] Ganz konkret findet das im Kohletagebau Welzow-Süd statt. Da darf der Betreiber LEAG das mit Sulfat angereicherte Grundwasser in die Spree pumpen.[6] »RWE nutzt für seine Braunkohle-Tagebaue knapp 500 Millionen Kubikmeter Wasser pro Jahr, das entspricht 500 Milliarden Liter Wasser – so viel wie rund zehn Millionen Bürgerinnen und Bürger jährlich. Und noch dazu zahlt RWE dafür deutlich weniger als die üblichen Preise, nämlich nur höchstens 5 Cent pro Kubikmeter [das Entnahmeentgelt für Grundwasser unterscheidet sich je nach Bundesland]. Der immense Verbrauch ist in den vergangenen Jahren nicht gesunken. ›Die größte Wassersparmaßnahme ist der Kohleausstieg‹, räumt RWE selbst ein.«[7] Das berichtet das investigative Online-Portal *CORRECTIV*, das immer tief in die Recherche geht und auch hier wieder wahre Fundstücke hervorgezaubert hat. Gegen den Weiterbetrieb des Tagebaus Jänschwalde klagten Deutsche Umwelthilfe und Grüne Liga immerhin erfolgreich: Der Betreiber LEAG hatte sich ermächtigt, 114,06 Millionen Kubikmeter Wasser zu pumpen – genehmigt waren für 2020 »nur« 42 Millionen Kubikmeter.[8]

Ich bin ja an sich schon kein großer Fan von Kohleabbau und -kraftwerken, der enorme Wasserverbrauch und der gewissenlose Umgang mit unserem wertvollsten Gut – noch dazu gratis – rauben mir dann aber doch den Atem. Die deutschen Energieversorger sind laut Umweltbundesamt Nutznießer von 52,9 Prozent des deutschen Wassers. Mehr als die Hälfte unseres Trinkwassers geht also für Kraftwerke aller Art drauf – das muss man sich auf der Zunge zergehen lassen. Als wäre das nicht schon schlimm genug, sorgt die Klimakrise dafür, dass die Wasserpegel sinken und es heißer wird. Und dann wird die Industrie noch mehr Wasser benötigen, um ihre Anlagen zu kühlen. Und wenn sie es dann verwendet hat, darf sie heißes

Wasser nicht einfach zurückführen, sondern muss es in die Kanalisation abführen. Das fehlt dann zusätzlich im Kreislauf.

Zu den Kraftwerken kommen zum Beispiel noch die Chemie-, die Auto- und natürlich die Getränkekonzerne, die Wasser abpumpen. In einer wirklich umfassenden Recherche haben *CORRECTIV*-Journalist*innen Behörden in allen Bundesländern angeschrieben; sie wollten wissen: Wer darf wie lange wie viel Trinkwasser abpumpen? Die Antworten überraschen einen insofern, als manche Unternehmen – etwa Mercedes-Benz in Bremen – offenbar unbefristete Entnahmerechte für Brunnenwasser besitzen und bei anderen die schiere abgepumpte Menge unvorstellbar hoch ist.

Die Verteilungskämpfe vor Gericht sind bereits in vollem Gange, denn in Deutschland ist die Hierarchie[9] bei der Wasserverwendung bisher nicht eindeutig geregelt. Die Sache mit der Priorität ist ein immer größer werdendes Problem. Der Bund sagt, es soll lokal gelöst werden, und so kann jeder Rechtsstreit anders ausgehen. Eine klare Ordnung, die der Trinkwasserversorgung der Bürger*innen Vorrang einräumt und regelt, wer danach in welcher Reihenfolge kommt, gibt es noch nicht. Mit dem Aktionsprogramm zur nationalen Wasserstrategie, das im März 2023 beschlossen wurde, wurde erstmals eine bundesweite Leitlinie zu Wassernutzungshierarchien verabschiedet.

Eine weitere Gefahr: Wird in Dürrejahren zu viel Grundwasser abgepumpt, kann salziges Wasser aus tiefer gelegenen Schichten aufsteigen und so das restliche Grundwasser versalzen. Auch der Anstieg des Meeresspiegels ist ein Problem. Im Juli 2022 war in Italien aufgrund der Dürre der Pegelstand des Flusses Po so niedrig, dass der Meeresspiegel höher lag. Das Salzwasser drang bis zu zehn Kilometer ins Landesinnere vor und sickerte dort ins Grundwasser ein. So einen Vorfall gab es bereits im Jahr 2006. Damals floss in einigen Gemeinden Salzwasser aus den Wasserhähnen.[10] Ein Albtraum. 2022 wurden die Felder in der Po-Ebene zur Wüste, das Wasser musste nachts abgestellt werden. Im niedersächsischen Lauenau war es 2020 kurz vor knapp. Die Feuerwehr stellte Brauchwasser in Tankwagen an öffentlichen Abgabestellen bereit, Trinkwasser sollten die Einwohner*innen sich im Supermarkt besorgen.[11] Ein Grund für die Knappheit: die gestiegene Zahl von Pools in privaten Gärten wegen der Corona-Pandemie.

Wo sind Seen und Flüsse hin?

Nach der Kita gehen wir schwimmen, sage ich zu meinem Sohn und hoffe, dass ich mein Versprechen halten kann. Vor ein paar Tagen hat es auf der NINA-App und KATWARN eine Warnmeldung gegeben: »Landkreise Uckermark und Barnim empfehlen, Kontakt mit Wasser aus der Oder und aus der HoFriWa [Hohensaaten-Friedrichsthaler Wasserstraße] zu vermeiden.« Tote Fische schwammen über Kilometer im Wasser, eine Szene wie aus einem dystopischen Zukunftsthriller. Es war ausnahmsweise mal nicht die Klimakrise, die das Fischsterben verursachte, sondern »nur« eine Umweltkatastrophe. Vermutlich liege die Schuld bei der Industrie, hieß es. Ein viel zu hoher Gehalt an Quecksilber war festgestellt worden. So hoch, dass die Messskala der normalen Geräte überschritten wurde.

Wir sind örtlich ziemlich nah dran an der Katastrophe. Ich hatte mich als Freiwillige beim lokalen Bürgerservice gemeldet und um Rückruf gebeten, weil mir die Bilder mit den toten Fischen nicht mehr aus dem Kopf gingen. Aber niemand hat bisher zurückgerufen. Also gehen wir baden.

Die Oder wäre eh nicht unsere erste Wahl gewesen. Aber die Auswahl wird immer kleiner. Freunde von uns können nicht mehr an den Helenensee. Ein künstlicher See, ein ehemaliger Tagebau, der geflutet wurde. Nun herrscht hier ein Risiko für Erd- und Hangrutsche. Der Parsteiner See: 20 Zentimeter niedriger als zu Beginn der Pegelmessung 1968.[12] Es klingt nicht nach viel, aber wenn man bedenkt, dass das der drittgrößte natürliche See Brandenburgs ist, mit einer Fläche von über 10 Quadratkilometern, kommt da eine Menge zusammen. Wie wäre es mal wieder mit dem Schwärzesee? Der ist nur sieben Kilometer von der Eberswalder Innenstadt weg. Zur Sicherheit prüfe ich, ob die Oder in irgendeiner Weise mit dem See verbunden ist. Der Schwärzesee bezieht sein Wasser aus verschiedenen Quellen – keine davon ist die Oder. Vom See ausgehend fließt die Schwärze durch Eberswalde. Über eine kleine Brücke gelangt man zu einem Pfad. Man kommt vorbei an Brennnesseln, Farnen, Pilzen, muss über Holzbretter klettern und kann das Werk der Biber an alten Bäumen erkennen, bis man endlich zu dieser kleinen Stelle gelangt. Der Lagune. Halbschattig gelegen und im Sommer mit flachem Wasser, ein Paradies für kleine Kinder. Im Frühjahr dagegen führt die Schwärze immer mehr Wasser und stellt eine Hochwassergefahr für die Innenstadt von Eberswalde dar; regelmäßig werden Keller geflutet.

Ich kann froh sein, dass wir überhaupt noch Badestellen haben. Der Sommer 2022 bringt unzählige Horrorszenarien hervor. An der Loire in Frankreich zum Beispiel: Die Bilder des ausgetrockneten Flussbetts mit einzelnen Wasserlachen, die daran erinnern, was da mal war, gehen um die Welt. Die riesige Brücke, die das sandige Bett überspannt wie ein surreales Mahnmal. Dann ist da noch der Rhein. Einer der größten deutschen Flüsse ist stellenweise zu flach für die Binnenschifffahrt, die auch auf der Weser bei Höxter eingestellt ist. Es fließen nur noch 6 Kubikmeter Wasser pro Sekunde aus dem Ederstausee in die Weser – früher waren es 30. Die Ahr versickert noch vor der

Rheinmündung im Kiesbett. Genau die Ahr, die 2021 durch Starkregen ein Hochwasser verursachte. Irgendwie steht die Welt kopf. Und Niedrigwasser wirkt dabei fast wie das kleinere Übel im Vergleich zu Meeresspiegelanstieg, Hochwasser und Flut. Jahrhundertealte Hungersteine sind im Rhein und in der Elbe zu sehen. Ihre Aufschrift: »Wenn du mich siehst, dann weine.«[13] Ganz schön dramatisch, denke ich. Die Anwohner*innen markierten früher in besonders trockenen Zeiten Steine mit Jahreszahlen als Warnung. Ein trockener Fluss berichtet von Dürre, von Ernteausfällen. Auch die kommen dieses Jahr auf uns zu, was wieder steigende Lebensmittelpreise bedeutet – das Ende der Inflation ist noch nicht in Sicht.

Nach der Kita hole ich den Kleinen ab. Wir fahren nach Hause und gehen zu Fuß zur Lagune. Ich komm nicht drum herum, mich zu fragen, wie lange wir uns hier im Sommer noch abkühlen können. Wobei wir auf das Planschen im Fluss oder See notfalls verzichten können. Die eigentliche Katastrophe ist aber, dass ja alles zusammenhängt. Der Regen, der Grundwasserspiegel, der von Flüssen und Seen, unsere Trinkwasserversorgung. Es ist krass, wie schnell das eng werden könnte mit unser aller wichtigsten Ressource. Und wie die wenigsten, auch Entscheider*innen, das auf dem Schirm haben. Eigentlich ist es erschütternd. Die Berliner Wasserbetriebe fordern inzwischen immerhin zu einer sparsamen Nutzung auf. Aber reicht das, um dem Wasserproblem zu begegnen? Ganz sicher nicht. Es wird Zeit, dass wir uns über Anpassung unterhalten.

Anpassungsmaßnahmen

Wer schon mal die Situation erlebt hat, dass kein oder nur trübes Wasser aus dem Hahn kam, wird das so schnell nicht wieder vergessen und – je nach Typ – Vorkehrungen treffen. Ich für meinen Teil mag es nicht, die Kontrolle zu verlieren. Klar, da gibt es Achterbahnfahren, Hüpfburgen oder auch Sex, aber das ist etwas anderes. Die paar Momente, in denen in meinem privilegierten weißen Mittelstandsleben im Globalen Norden eine Form von Knappheit einsetzte, führten dazu, dass ich vorsorgen wollte. Die Kontrolle behalten eben.

Die Ursache für das Ausbleiben von Leitungswasser kann etwas ganz Banales sein. Ein kaputtes Rohr oder unangekündigte Wartungsarbeiten. Wer darauf nicht vorbereitet ist, steht doof da. Zum Trinken, Zähneputzen, Klospülen, Händewaschen, Duschen, Kaffeemachen, Kochen … braucht man Wasser. Einen Vormittag ohne kann man durchaus überstehen. Schwieriger wird es, wenn es länger dauert. Ich hatte das Pech oder auch das Glück, dass uns das früher in Kreuzberg öfter passiert ist. Glück, weil ich dadurch gelernt habe, etwas so Selbstverständliches nicht für selbstverständlich zu nehmen und mich vorzubereiten. Als Leitungswassertrinker schleppen wir keine Mineralwasserflaschen ins Haus, auch Säfte sind bei uns eher selten. Bier und Wein stehen zwar bereit, aber eignen sich weniger, wenn das Kind morgens durstig ist oder die Zähne nachspülen soll. Klar, man könnte einfach schnell in den Supermarkt flitzen und Wasser in Flaschen kaufen. Aber das kostet Zeit und Geld, und sonntags hat eh alles zu. Wenn dann auch noch die ganze Nachbarschaft betroffen ist, wegen eines Rohrbruchs zum Beispiel, ist das abgefüllte Wasser auch vielleicht schneller weg, als man ahnt. Daher habe ich einen 20-Liter-Camping-Kanister angeschafft und befülle ihn regelmäßig mit Leitungswasser und Aufbereitungstabletten, sodass es sich mindestens ein halbes Jahr hält. Das Ganze verwahre ich dann kühl und dunkel auf und bin so für ein wahrscheinliches Szenario, wie dass das Wasser ein paar Stunden lang nicht fließt, vorbereitet. Sollte das Wasser irgendwann einmal aus

Gründen der Klimakrise nicht mehr fließen, reicht ein 20-Liter-Kanister natürlich längst nicht aus. Um dem vorzubeugen, um sich den neuen Entwicklungen anzupassen und vorzusorgen, muss sich einiges ändern. Auf persönlicher und struktureller Ebene. Beginnen wir mit diesen strukturellen und gesellschaftlichen Maßnahmen, die notwendig sind. Danach gibt es Wasserspartipps für den Haushalt und wie man als Privatperson vorsorgen kann.

Strukturelle Anpassungen

Die ehemalige Bundesumweltministerin Svenja Schulze hat in ihren vier Jahren im Amt neben dem aktionistisch wirkenden Plastikstrohhalmverbot immerhin eine Sache geschafft: den Grundstein für eine nationale Wasserstrategie[14] zu legen. Das Konzept wurde über drei Jahre mit Expert*innen aus Wasserwirtschaft, Wissenschaft, Landwirtschaft und Forschung sowie verschiedenen Interessenvertretungen und zufällig ausgewählten Bürger*innen erarbeitet und ging der Frage nach, in welchen Bereichen sich etwas ändern muss. Unter der Überschrift »Das ist zu tun« werden zehn strategische Themenfelder auf dem Weg zu einer nachhaltigen Wasserwirtschaft skizziert.[15] Einige, die ich persönlich sehr spannend finde, habe ich hier für euch zusammengefasst.

Nutzungshierarchien

»Den naturnahen Wasserhaushalt wiederherstellen und managen – Zielkonflikten vorbeugen«, heißt eines der Ziele des Konzepts. Genau diese Konflikte werden uns noch viel Kopfweh bereiten. Es gibt sie bereits, wie die oben erwähnte Recherche von CORRECTIV zeigt. 2021 haben sich die Rechtsstreitigkeiten um Wasserrechte im Vergleich zum Vorjahr verdoppelt. Nutzungshierarchien müssen also eiligst beschlossen werden.

In meinem Podcast »Über Leben in der Klimakrise«, interviewte ich Corinna Baumgarten vom Umweltbundesamt. Im Gespräch wies sie auf etwas Wichtiges hin: »Wir dürfen als ›Wassernutzer‹ die Ökosysteme nicht vergessen. Auch die Natur hat einen Wasserbedarf, der in dieser Wasserbetrachtung unbedingt mitgedacht werden muss. Wir können nicht alles Wasser, das wir in einer Region haben, unter uns Menschen und menschlicher Nutzung aufteilen, wir müssen sehr darauf achten, dass die Ökosysteme auch ausreichend Wasser bekommen.«[16]

Preisanpassungen

Außerdem wird in der nationalen Wasserstrategie eine Preisanpassung für Konzerne gefordert: Wasserrechte sollen nur noch für wenige Jahre vergeben werden, um sie schneller an geänderte Gegebenheiten anpassen zu können. Einwohner*innen und die Umwelt sollten stets den Vorzug haben – was nur geht, wenn die Rechte nicht über Jahrzehnte bereits unwiederbringlich vergeben wurden. Das *CORRECTIV*-Netzwerk fand heraus, dass Bundesländer wie NRW sogar in Betracht ziehen, erteilte Wasserrechte einzuschränken oder zurückzunehmen. Damit sind sie noch eher die Ausnahme.[17]

Reinigung

Eine weitere Forderung, der ich mich nur anschließen kann: Verschmutzer von Grundwasser, die es z. B. mit Nitrat belasten, sollen für die Aufbereitung zahlen. Oft sind das Landwirt*innen der konventionellen Landwirtschaft. Klar, die Kosten wären eine zusätzliche Belastung, zumal viele dieser Betriebe bereits an finanzielle Grenzen stoßen (über die Gründe mehr im Kapitel Landwirtschaft). Und natürlich würde so die Produktion von konventionellen Lebensmitteln teurer werden, das würde dann aber ihren wahren Preis zeigen: den Preis, den diese Art der

Landwirtschaft die Natur und uns kostet. Um diese Preissteigerung abzufedern, gibt es verschiedene Konzepte, denen wir uns im Kapitel zur Wirtschaft annähern.

Naturbasierte Lösungen

Immer wieder werden naturbasierte Lösungen als Erstes genannt, wenn es um Klimaanpassung geht. Zu Recht. Wie der Name verspricht, liegt die Lösung oft in bereits bekannten Wegen der Natur. Wenn wir wissen wollen, wie wir mit Hochwasser, Meeresspiegelanstieg (dazu mehr im nächsten Kapitel) und eben auch der Sicherung von Trinkwasser umgehen sollen, lohnt es sich diese von der Natur inspirierten und unterstützten Lösungen anzuschauen: Renaturierung ist das Stichwort. Dazu gehe ich im nächsten Kapitel in die Tiefe und erkläre, wie die Wiedervernässung von Mooren und die Revitalisierung von Flüssen sich auch auf das Grundwasser auswirken.

Das Konzept der wassersensiblen Stadt, auch Schwammstadt genannt, fällt ebenfalls in die Kategorie der naturbasierten Lösungen. Und genau das schau ich mir jetzt endlich an, denn mein Zug ist gerade in Kopenhagen angekommen.

Klimaresiliente Stadt

Wie viel Glück kann man haben? Ich steige an der Metrohaltestelle Poul Henningsens Plads aus, und es schüttet wie aus Eimern. »It's raining cats and dogs.« Ich liebe diese Phrase seit dem Englischunterricht vor zwanzig Jahren. Dabei dürfte ich wirklich nicht überrascht sein. In Kopenhagen regnet es durchschnittlich 14,2 Tage pro Monat. Das erklärt nur umso mehr, warum Kopenhagen auf dem Weg zur Schwammstadt schon so viel weiter ist als andere Städte. Eine Schwammstadt nimmt Wasser auf wie ein Schwamm, besonders bei Starkregen, und gibt es in trockenen Phasen wieder ab. Gleichzeitig soll sie dabei helfen, dass wertvolles Regenwasser ins Grundwasser gelangen kann und nicht einfach in Kanäle abgeleitet wird. So viel zur Theorie.

Die Kapuze tief über die Stirn gezogen und den Regenschirm schützend über mir, wage ich mich raus ins nasse Kopenhagen. Ich bin hier, um das klimaresiliente Viertel Østerbro anzuschauen. In diesem Quartier gibt es schon seit 2014 Elemente der Sponge City. Seit den unglaublichen schweren Regenfällen des Jahres 2011 ist Kopenhagen dabei, sich anzupassen. Über 300 Maßnahmen wurden für die Stadt beschlossen, jährlich kommen neue dazu. Die Regenfälle, bei denen um den 2. Juli 2011 mehr als 150 Millimeter pro Quadratmeter Wasser an einem Tag runterkamen (1 Liter pro Quadratmeter entspricht 1 Millimeter, ergo kamen an dem Tag 150 Liter pro Quadratmeter runter – ab mindestens 35 Liter pro Quadratmeter innerhalb von sechs Stunden spricht man von Starkregen), kosteten die Menschen mehr als eine Milliarde Euro. Es war eine Warnung, was dieser Stadt in den nächsten Jahren bevorstehen würde. Statt Schulterzucken und *business as usual* gaben sich die Kopenhagener 2012 einen Plan, der auch auf naturbasierte Anpassungen setzte, statt einfach nur mehr Kanäle oder Rohrleitungen zu bauen.

In Østerbro finden sich gleich mehrere Elemente der Schwammstadt, manche davon sind unsichtbar, wie etwa die riesigen Rückhaltebecken unter der Erde. Pro Wasserspeicher können rund 8000 Kubikmeter Regenwasser aufgenommen werden, so viel wie in 54 Schwimmbecken passt. Von diesen Rückhaltebecken haben sie 33 Stück, damit die Kanalisation nicht überläuft. Andere Maßnahmen springen einem sofort ins Auge, wie auf dem Tåsinge Plads. Der Platz ist umgeben von fünfstöckigen Mehrfamilienhäusern, hat eine spitz zulaufende dreieckige Form, und nur an einer der beiden langen Seiten führt eine Autostraße vorbei. Von außen wirkt er wie ein kleiner wilder Park mit verschiedenen Ebenen und einer bunten Pflanzenauswahl. An der Spitze des Dreiecks befindet sich ein sogenanntes Retentionsbecken mit Stufen aus Stein, die nach unten führen und auf denen man im Sommer sicher wunderbar schattig sitzen kann. Über das Becken, in dem Regenwasser gesammelt und dann langsam abgeleitet wird, führt eine kleine Brücke. Unten stehen Bäume auf offener Erde, und überall auf dem Platz findet man Wildkräuter und diverse andere Pflanzen. Er ist abwechslungsreich gestaltet, hier mal ein Weg, da eine kleine Brücke, dort ein Hügel. Alles ist so angelegt, dass das Wasser versickern und abfließen kann. Oben auf dem Hügel ist ein kleiner Camping-Holztisch aufgestellt, an dem man entspannt sitzen und die Aussicht genießen kann. Der ganze Platz ist nicht nur sinnvoll, sondern lädt auch zum Verweilen ein, mit verschiedenen Rückzugsorten, einem Wasserspielplatz, Bänken und vielem mehr. Ein schöner Platz. Lebensqualität pur – so gut das eben geht in einer Stadt.

Zwei Schilder erklären auf Englisch und Dänisch die Funktionsweise der Schwammstadtelemente. Ich bin zur richtigen Zeit am richtigen Ort. Während es schüttet, beobachte ich fasziniert, wie das Wasser von der Straße, die mit leichter Schräge auf den Platz führt, abfließt. Am Fahrbahnrand sehe ich alle paar Meter kleine Buchten mit heimischen Pflanzen wie Frauenmantel, Schafgarbe, Luzerne und Eisenhut. Der Boden saugt das Regenwasser auf. Ein Schwamm in seinem Element. Die kleinen Inseln und das Rückhaltebecken sind wie kleine Agroforste: voll mit Büschen, Kräutern, Blumen, Bäumen. Im Sommer spenden sie Schatten, bei schweren Regenfällen stabilisieren ihre Wurzeln den Boden und schützen ihn vor Erosion. Ich entdecke Vogelbeeren, Weiden, Mädesüß, Haselnussbäume, Hagebutten, Königskerzen und vieles mehr.

Nach einer halben Stunde ist der Spuk vorbei. Ich habe mich inzwischen in ein Café geflüchtet und blicke durch das Fenster nach draußen. Die Sonne kommt raus, blauer Himmel. Eine Reisegruppe mit Reiseführer, den obligatorischen Schirm hochgehalten, betritt den Platz und erhält eine Erklärung auf Dänisch. Die Vögel zwitschern wieder, höchste Zeit für mich, meinen Erkundungsgang fortzusetzen.

Schon nach ein paar Hundert Metern entdecke ich das nächste Schwammelement in diesem Viertel: den Sankt Kjelds Plads. Eigentlich nur ein Kreisverkehr, aber ein ziemlich grüner, mit ganz schön vielen Pflanzen. Zwischen dem Asphalt jede Menge grüne Inseln, die aussehen, als habe man nur die Zweige, die den Auto- und Fahrradfahrer*innen im Weg sein könnten, weggeschnitten. Ein Stückchen heimischer Wald. An den Ecken der Straßen sind Miniparks, die wie kleine Wäldchen wirken. Sehr wild, mit je einem Weg, um durchzuspazieren, und einer Bank, um die Natur zu genießen. Vogelhäuschen, Gruben und Senken in verschiedenen Tiefen. Manche sehen aus, als könnten sich da zu anderen Jahreszeiten sogar kleine Teiche bilden. Der Platz hat etwas Magisches. Wenn man im Sommer oder – wie ich jetzt – im Frühherbst darauf blickt, egal von welcher Seite, sieht man immer einen Haufen Bäume und Büsche, alles grün, bis auf die Straße, die zum Kreisverkehr führt. Dahinter, weit entfernt und fast vollständig von den Bäumen verdeckt, sind Häuserspitzen zu erkennen. Es ist schön hier.

An einer der Ecken des Platzes ist noch eine weitere Kopenhagener Berühmtheit versteckt. Eine weitere Klimaanpassungsmaßnahme, von der ich schon viel gehört habe, die man aber von unten gar nicht sehen kann. Über den Dächern Kopenhagens versteckt sich das ØsterGro, eine solidarische Landwirtschaft und das dazugehörige und mehrfach ausgezeichnete Restaurant »Gro Spiserie«. Über eine Metall-Wendeltreppe begibt man sich ins dritte Stockwerk und steht plötzlich in einem wunderschönen Gemüsegarten. Die Reihen sind links und rechts ordentlich zu kleinen Beeten eingefasst. Ein Weg führt durch die Mitte zu einem Gewächshaus mit Tischen. Das Restaurant. Ich gehe vorbei an Doppelreihen von Grünkohl, Lauch, Erdbeeren, Kräutern, Bohnen, Palmkohl, Salaten. Sonnenblumen schmücken den Rand des Dachgartens. Ringelblumen und Kapuzinerkresse wachsen hier und da. Ich entdecke in allen Gemüsereihen eine Tropfbewässerung und wenig Beikraut. Alles top gepflegt. Links hinter dem Gewächshaus, am Ende des Daches, findet sich ein Kompost und direkt dahinter ein Hühnerstall. Ein wirklich großer Stall samt Außenbereich mit Draht zum Schutz der Hühner.

Das alles ist *Next-level*-Dachbegrünung. Ich gehe an den Rand des Gartens und blicke über die anderen Dächer. Kein bunter Gemüsegarten, keine Dachbegrünung. Nur tristes Grau. Als ich die Stufen zur Straße wieder runtersteige, frage ich mich, warum nicht alle Dächer dieser Welt so aussehen wie das von ØsterGro. Klar, nicht allen ist eine Begrünung wichtig, nicht alle Dächer sind dafür geeignet, weil sie schräg sind oder so ein Gewicht nicht aushalten. Außerdem muss sich ein Konzept wie dieses erst mal finanzieren lassen und rentabel sein. Aus eigener Erfahrung weiß ich ja: Man kann der Pionier und bekannteste bunte Vogel in seiner Branche sein – aber das ist noch keine Garantie für wirtschaftlichen Erfolg.

Wieder unten auf der Straße, kann ich weitere Dachbegrünungen natürlich nicht erkennen, und auch keine einzige Fassadenbegrünung begegnete mir bisher – ein weiteres typisches Element der Schwammstadt. Die Kopenhagener Plätze sind schön, sinnvoll und beispielhaft, aber eben nur das. Leuchtturmprojekte wie das Plastikstrohhalmverbot der »Zero Waste«-Bewegung. Sie machen noch nicht den Wandel. Im Gegenteil, oft wird so ein Projekt ja dafür herangezogen, um zu zeigen: Wir machen ja schon, wir sind dran. Aber eben zu wenig. Und zu langsam. Wir brauchen mehr sichtbare Beispiele für das, was möglich ist. Viele der 300 Maßnahmen sind zwar schon umgesetzt, aber nicht flächendeckend, und vieles davon ist unsichtbar. Was wir nicht sehen, rutscht uns vom Schirm.

Und dann ist da natürlich noch die Skalierbarkeit. Wie schnell ließe sich das Prinzip auf die ganze Stadt anwenden? Die Entsiegelung der Flächen, die Parks und Retentionsbecken, die kleinen Dschungel auf den Verkehrsinseln. Ein Anfang ist gemacht, aber können wir der Geschwindigkeit, mit der uns die Folgen der Klimakrise überrollen, überhaupt noch etwas entgegensetzen? Diese Frage treibt mich immer wieder um. Wir haben keine Zeit mehr, wir müssen einfach loslegen, wie die Dänen. Einfach machen. Und die dabei entstehenden Probleme auf dem Weg lösen. Das ist der eine Gedanke. Der andere, der immer wieder hochkommt, ist: Schaffen wir das? Wollen wir das überhaupt schaffen?

Ich habe Verständnis, dass Städte und gerade kleinere Kommunen mit vielen anderen Problemen zu kämpfen haben. Wenn es keine Kita-Plätze, dafür aber löchrige Straßen und marode Brücken gibt, liegen die Prioritäten woanders. Ich schreibe diese Zeilen, während mein Sohn vor dem Fernseher geparkt ist. In seiner Kita gibt es seit Wochen nur Notbetreuung, meine Nerven sind am Anschlag. Verglichen damit sind die paar Überflutungen der Kreuzung vor unserer Haustür pro Jahr in ihrer konkreten Auswirkung für mich weniger schlimm. Genau das ist das Problem: Uns steht das Wasser noch nicht bis zum Hals. Vorsorge und Anpassung, ja, gerne. Aber bitte nicht so, dass wir etwas davon bemerken. Dabei sollte klar sein: Ein klimaresilientes Viertel genügt nicht. Es bräuchte vielmehr ein klimaresilientes Land.

Berliner Wasser

In Berlin spreche ich mit Gesche Grützmacher von den Berliner Wasserbetrieben. In ihrem Büro in Berlin-Mitte stehen ein kleiner Strauß und eine süße Karte auf der Kommode hinter ihr. Ein Gratulationsgruß ihrer Kolleg*innen, denn sie wurde kürzlich zur Leiterin Wasserversorgung befördert und ist nun zuständig für die gesamte Wasserversorgung der Stadt. Ich freue mich mit ihr und besonders auf unser Gespräch. Meine erste Frage lautet auch gleich: »Haben wir bald ein Problem in Berlin?«

»In Berlin sind wir traditionell in einer Region, die recht trocken ist, und somit schon recht robust aufgestellt. Es gibt nicht nur eine Talsperre, wir haben verschiedene Ressourcen, aus denen wir Trinkwasser gewinnen. Berlin versorgt sich zu fast 100 Prozent selbst, das heißt, acht der neun Wasserwerke befinden sich innerhalb der Stadt. Das Grundwasser, das wir dort aus den Brunnen fördern, ist einerseits Oberflächenwasser, das über Spree und Havel kommt, und andererseits Grundwasser, das aber nur zu 30 Prozent. Dieses System haben unsere Altvorderen aufgebaut. Zusätzlich dazu gibt es in einigen Gegenden Grundwasseranreicherungsbecken, über die man dann auch als dritte Variante Oberflächenwasser zur Trinkwassergewinnung infiltrieren kann. Damit sind wir divers aufgestellt. In lang anhaltenden Dürreperioden können wir das geklärte Abwasser über Havel und Spree im System halten, wir machen im Prinzip Wasserrecycling. Die Umweltverwaltung steuert die Staustufen so, dass die Wasserspiegel konstant gehalten werden. Dieses System ist robust gegenüber verringerten Zuflüssen und Niederschlägen, da kein schon vorhandenes Wasser verloren geht. Wir haben Glück, wir können das steuern. Aber wir müssen auch etwas dafür tun, dass die Wasserqualität gut ist. Wenn man von Wasserrecycling spricht, dann landet wirklich alles, was ins Klo und in den Abfluss kommt, in der Kläranlage und muss rausgeholt werden.«

Das klingt alles gut und logisch und sicher. Aber die Zukunft hält ja neben der Klimakrise auch noch andere Überraschungen bereit. Zum Beispiel, dass die Cottbusser Ostsee, ein ehemaliges Kohletagebaugebiet, geflutet werden soll. »Das wird Auswirkungen haben. Es wird in Zukunft weniger Wasser in die Spree abfließen, und dann haben wir in Berlin doch auch Probleme, oder? Haben Sie schon Pläne für diesen Fall?«, frage ich.

»Die Senatsverwaltung hat mit Modellen ausgerechnet, was denn passieren würde, wenn wir in einem Trockenjahr wie 2018 75 Prozent weniger Zuflüsse hätten. Das Ergebnis war, dass selbst in dieser Situation das Wasser in Berlin ausreicht. Man hat dann bloß eine gestiegene Anforderung an die Wasserqualität, weil wir das Wasser im Kreis pumpen müssten«, erklärt Gesche Grützmacher. Sie bezieht sich auf den Masterplan Wasser Berlin. Auch das klingt wieder beruhigend.

»Ah, Sie meinen bestimmt die vierte Klärstufe. Und wie ist da der Stand?«, frage ich weiter.

»Wir bauen gerade einen Standort in Schönerlinde, wo wir bereits heute viel geklärtes Wasser im Oberflächenwasser haben. Dort ist der Kreislaufgedanke schon weit gediehen. 2024 soll der Standort fertig werden. Man muss sich nur im Klaren sein, dass das auch immer eine zusätzliche energetische Stufe bedeutet. Der Energiebedarf verdoppelt sich durch diese eine weitere Klärstufe. Meine Meinung ist: Wir müssen da anders rangehen. Stoffe, die im Wasser persistent, mobil und toxisch sind, die dürfen erst gar nicht reinkommen. Das bedeutet ein Verbot von bestimmten Substanzen. PFAS (die Ewigkeitschemikalien) sind Substanzen, die es in der Natur nicht gibt. Wie Teflon oder Beschichtungen von Wasser abweisenden Jacken. Diese Stoffe werden nicht abgebaut, und man wird sie noch Jahrhunderte später messen können. Man hat festgestellt, dass sie in sehr kleinen Konzentrationen schon toxisch für die aquatische Lebenswelt sind. Da reicht auch eine vierte Klärstufe nicht aus, da müsste man mehrere Aktivkohlestufen machen.«

Scheint ja, als hätten die Berliner Wasserbetriebe das im Griff. Doch zum Abschluss kommt doch noch der Dämpfer.

»Ich möchte keine Entwarnung geben und sagen, dass wir überhaupt kein Problem haben. Es muss uns klar sein, dass wir bestimmte Lebensweisen umstellen müssen. Manchmal gibt es Win-win-Effekte zwischen Klimaschutz und Klimaanpassung. Solche Maßnahmen machen dann einfach am meisten Sinn«, ergänzt Frau Grützmacher.

Berlin belässt es nicht nur bei der Theorie, sondern widmet sich auch konkret dem Thema wassersensible Stadt. Dazu spreche ich mit Darla Nickel – sie ist die Leiterin der Regenwasseragentur, einer Institution an der Schnittstelle zwischen der Stadt Berlin und den Berliner Wasserbetrieben. »Wie ist denn der Stand beim Thema wassersensible Stadt?«, frage ich sehr allgemein und vielleicht auch etwas naiv.

Darla, wir sind schnell beim Du angekommen, geht einen Schritt zurück und erzählt erst mal die Geschichte der Berliner Kanalisation, die vor 150 Jahren begann. Die Herren Virchow und Hobrecht initiierten damals die Kanalisation in Berlin, die auch heute noch besteht. Eine Mischkanalisation für Abwasser und Regenwasser, die sich ungefähr innerhalb des S-Bahn-Rings befindet. Die Tunnel sind zum Teil so groß, dass darin ein Auto fahren könnte. Trotzdem kommen sie bei Starkregen regelmäßig an ihre Grenzen. Dann läuft das Abwasser über und gelangt in die Spree oder den Landwehrkanal. Deswegen baut Berlin seit über zwanzig Jahren an unterirdischen Überlaufbecken – erst vor Kurzem wurden sie fertiggestellt.[18] Sie sollen das überschüssige Abwasser in Regenmomenten auffangen, zwischenlagern und dann langsam in die Kanäle zurücklaufen lassen. Aber müsste nicht auch Regenwasser aufgefangen und zur Bewässerung der Berliner Grünflächen in den Sommermonaten genutzt werden? So einfach ist das natürlich nicht. Das Regenwasser ist, sobald es Berliner Boden berührt, verunreinigt, es muss erst mal gesäubert werden, bevor es weiterverwendet werden kann. Berlin halt. Dieses Problem mit dem Abwasser haben eigentlich alle Großstädte, die wachsen, erzählt Darla.

»Und was ist jetzt mit der wassersensiblen Stadt, der Schwammstadt?«, hake ich nach. Darla erklärt mir ruhig und ausführlich, dass man nicht mal eben die Kanalisation umbauen könne. Das sei in einer so großen Stadt technisch nicht möglich. Deswegen brauche es in unterschiedlichen Berliner Vierteln unterschiedliche Schwammstadtmaßnahmen – eben angepasst an die jeweiligen Anforderungen. Das könnten zum Beispiel begrünte Dächer und Fassaden, Versickerungsmulden, Regenwassernutzung und/oder Entsiegelungen sein. Alle Neubauten in Berlin, allen voran die großen Quartiere, die gerade entstehen, erklärt Darla, wie etwa in Lichterfelde-Süd, Siemensstadt oder Karow, seien wassersensibel geplant. »Neubau ist leicht umzusetzen. Die Herausforderungen liegen darin, den Bestand zu sanieren.« Für diese neuen Quartiere gibt es Schwammstadtführer in Form von Broschüren, mit denen man selbst losziehen und sich die Quartiere anschauen kann.

Was ich vor allem aus diesem Gespräch mitnehme: Regenwasser allein kann nicht Berlins Lösung für das Trinkwasserproblem sein, das auf uns zukommt. Aber Darla ist optimistischer als ich. Die Betroffenheit sei groß und der Wille da. »Wir brauchen den öffentlichen Raum für Kühlung und Grün, damit die Stadt lebenswert bleibt. Dafür muss sich die Mobilität verändern. Einbahnstraßen müssen eingeführt, Parkraum muss reduziert werden, dann schafft man Fläche für Entsiegelung. Dann kann es gelingen«, erklärt sie.

Der Gedanke, dass sich auch Mobilität so stark auf unser

Trinkwasser- und Abwasserproblem auswirken kann, ist mir neu. Dass Entsiegelung gut ist, ist mir klar. Nur die Verbindung hatte mir noch gefehlt. Das Geld sei da, erzählt Darla weiter. Es gebe Förderprogramme, es fehle jedoch oft an Personal, um die Projekte auszuschreiben.

Kleinere Anpassungsmaßnahmen wurden schon auf den Weg gebracht, etwa Trinkwasser im öffentlichen Raum zur Verfügung zu stellen und auf dessen Sauberkeit zu achten.[19] Mehr Brunnen in Gegenden mit viel Obdachlosigkeit, neue Konzepte für die vulnerabelsten Menschen. Der Wasserverband Strausberg-Erkner hingegen hat bereits Maßnahmen veranlasst, die zu dem passen, was Gesche Grützmacher gesagt hat. Dass wir unsere Lebensweise verändern müssen. Seit April 2022 gilt eine Begrenzung auf 105 Liter Trinkwasser pro Tag für zugezogene Personen. Am Ende des Jahres wird abgelesen, und wer mehr verbraucht hat, zahlt Strafe. Ab 2025 gilt diese Regelung für alle. An sich sinnvoll, denn es wird die Menschen über den Geldbeutel endlich dazu bringen, sich mit der Frage zu beschäftigen, wie viel Wasser wir eigentlich verbrauchen und für was. Müssen 20 Liter sauberes, gutes, wertvolles Trinkwasser pro Tag für die Klospülung wirklich sein? Das muss doch auch anders gehen (wie, erzähle ich weiter unten).

Die Fragen, die sich mir trotz all dieser strukturellen Maßnahmen stellen: Wie lange dauert es, eine komplette Stadt umzubauen? Und wie lange ist das Leben in dieser Stadt noch lebenswert? Was passiert nach jahrelangen Dürren und Hitzesommern – ist das Leben in der Stadt dann noch erträglich? Wo bzw. wann sind die Grenzen der Anpassung erreicht? Und wie können wir uns dann noch schützen?

Private Maßnahmen

Bei meinen Recherchen für dieses Buch bin ich immer wieder mit meinen privaten Ängsten, meiner eigenen Klimaangst konfrontiert. Mit Fragen wie: »Was kann ich machen, um meine Familie zu beschützen? Wie passen wir uns an?« Die großen Räder können wir nur in Bewegung setzen, indem wir Handeln einfordern. Durch Demos und Aktivismus. Wir können aktiv werden, uns in der Kommune einbringen, Briefe und E-Mails an Politiker*innen schreiben, an Bürger*innensprechstunden teilnehmen und so weiter. Die kleinen Räder im Privaten können wir selbst in Gang setzen. Hier haben wir zwar nur einen begrenzten Spielraum, aber auch da ist einiges möglich.

Wasser sparen

Auch wenn wir noch nicht jeden Milliliter Trinkwasser zählen müssen: Steter Tropfen höhlt den Stein oder senkt in unserem Fall das Grundwasser. Deswegen sind Wassersparmaßnahmen so essenziell. Aber sobald es um dieses Thema geht, begegnet mir immer wieder der gleiche Einwand: Unsere Rohre in Deutschland und insbesondere in Berlin seien zu groß und müssten mit Frischwasser durchgespült werden, damit sich nichts ablagert. Wozu also sparen? Dieser Einwand ist das Pendant zu: »Ich trenne keinen Müll, weil bei der Müllabfuhr eh alles wieder zusammengeworfen wird.« Also habe ich in meinem Podcast bei Corinna Baumgarten nachgefragt, ob an diesem Einwand etwas dran ist. Ihre Antwort: »Das Problem mit der Infrastruktur ist, dass die Rohrleitungen häufig sehr alt sind. Teilweise gibt es Rohrsysteme, die über achtzig oder hundert Jahre alt sind und viel zu groß. Wenn man das jetzt Stück für Stück saniert, dann bemüht man sich, die Querschnitte zu verkleinern und an den heutigen Bedarf anzupassen. Das passiert bereits, aber das ist eine

Aufgabe über viele Jahre. Ja, es gibt die Fälle, dass Rohrleitungen gespült werden, um Ablagerungen und Geruchsbildung zu verhindern. Die Wasserbetriebe oder der Wasserentsorger in der jeweiligen Region können ganz gezielt die richtigen Stellen spülen. Man kann daraus nicht ableiten, dass alle jetzt mehr Wasser in den Abfluss schicken sollen, um das zu vermeiden. Das ist nicht zielführend. Es ist gut, sorgsam mit Wasser umzugehen.«

Ich komme mir etwas banal vor, hier Tipps zum Wassersparen aufzuführen. Aber was muss, das muss. Denn selbst, wenn über 50 Prozent des Trinkwassers für Energieversorgung draufgeht, gibt es immer noch viel, was wir auf privater Seite machen können – abgesehen davon natürlich, keine neuen privaten Pools mit Wasser zu füllen und generell kein wasserverschwendendes Arschloch zu sein. Also, folgt diesen Tipps und kommt in den Wasserspar-Himmel:

– Gemüse oder Obst nicht unter fließendem Wasser spülen, sondern in einer Schüssel im Waschbecken. Das Wasser kann anschließend zum Pflanzengießen verwendet werden.

– Ein wassersparender Duschkopf und »Wasser aus« beim Einseifen und Zähneputzen sollten Standard sein.

– Dusch- und Badewannenwasser sammeln und mit einem kleinen Eimer als Spülwasser für die Toilette nutzen.

– Das Wasser, das aus der Leitung sprudelt, bis die gewünschte Temperatur erreicht ist, kann man ebenfalls auffangen und anderweitig nutzen.

– Und falls es mal Wassernotstand gibt oder die Rohrleitung im Haus repariert werden muss, kann man in speziellen Beuteln Leitungswasser zum Trinken abfüllen.

– In Krisenzeiten, wenn die Kommune schon Alarm meldet, kann man sich innerhalb seines Zuhauses darauf einigen, nur beim großen Geschäft zu spülen – was in einigen wasserarmen Gegenden dieser Welt bereits üblich ist.

- Tropfende Hähne, undichte Leitungen und permanent rinnende Klospülungen reparieren.
- Eigentlich auch selbstverständlich: nur volle Wasch- und Spülmaschinen und bevorzugt im Öko-Programm laufen lassen.

Die größten Möglichkeiten, selbst vorzusorgen, nicht nur mit Blick auf Wassersparen, sondern auch darauf, wie man an Wasser kommt, wenn es eng wird, ergeben sich im Eigenheim oder wenn ein Garten verfügbar ist. Dann kann man eine Zisterne oder einen IBC-Tank installieren, um Regenwasser aufzufangen, das man zum Gießen oder für die Toilettenspülung verwenden kann. Mit speziellen Anlagen kann man auch Grauwasser aufbereiten und für den Garten nutzen.

Wirklich autark wäre man mit einem Brunnen, der auch manuell, also ohne Elektrik, bedienbar ist. Trockentoiletten, z.B. von Finizio, können gut 20 Liter Wasser pro Tag und Person einsparen. Und natürlich ganz simpel: genügend Wasser vorrätig halten. In der Stadt ist man vielleicht der verrückte Prepper. Auf dem Land ist es ganz normal, größere Mengen zu kaufen, um seltener einkaufen zu müssen. (Mehr zum Thema Vorräte im Kapitel Prepping.)

Schwammstadt im Kleinen

Einige Elemente der Schwammstadt lassen sich auch im Privaten anwenden, an Ein- und Mehrfamilienhäusern. Es braucht kein hippes Stadtrestaurant, um einen Dachgarten anzulegen, wenn die Gegebenheiten da sind. Auch eine Fassadenbegrünung mit Efeu oder wildem Wein lässt sich als Eigenheimbesitzer*in leicht umsetzen. Die Flächen auf dem eigenen Grundstück so gut es geht zu entsiegeln hört sich nach viel Arbeit an, aber hilft nicht nur dabei, Grundwasser versickern zu lassen, sondern vielleicht kann man auch gleich eine Art Mulde oder ein eigenes Retentionsbecken für den Fall von Starkregen anlegen. Auch die Art der Bepflanzung hat einen großen Effekt. Muss es wirklich ein perfekter kurz geschorener englischer Rasen sein, oder geht auch eine leicht verwilderte Wiese, die zwei bis drei Mal jährlich gemäht wird und auf der man auch toben kann? Statt des wasserliebenden Rhododendrons könnte es ein Wildbusch sein, der gut mit Hitze und Trockenheit umgehen kann, z. B. ein Ginkgo. Alternativ machen sich auch ein Eisenholzbaum, die Maulbeere oder Hopfenbuche gut in einem trockener werdenden Garten. Für kleine Gärten sind die Vogelbeere, Zieräpfel oder der Perückenstrauch gut geeignet. Bei der Bewässerung spielen auch Uhrzeit und Art eine wichtige Rolle. In meinem Kleingartenverein ist es bereits seit Längerem verboten, mittags zu wässern. Weil zu dieser Tageszeit bis zu 90 Prozent des Wassers direkt verdampfen,[20] bevor es versickern kann. Eine absolute Verschwendung. Idealerweise wässert man in den frühen Morgenstunden oder am späten Abend. Statt einfach den Rasensprenger anzumachen, lohnt es sich, eine zeitgesteuerte Tröpfchenbewässerung zu installieren oder sich Ollas aus Tontöpfen zu basteln, die man nur alle drei bis vier Tage neu befüllen muss. Der poröse unversiegelte Ton lässt Wasser durch die Gefäßwand sickern. Solche Ollas eignen sich gerade bei Hochbeeten gut.

Virtuellen Wasserfußabdruck prüfen

Darauf machte mich meine Freundin Amira Jehia aufmerksam. Sie ist Geschäftsführerin der NGO »DripbyDrip«, die sich seit 2018 mit dem Wasserverbrauch in der Mode- und Textilindustrie beschäftigt. Sie versuchen mit ihrer Arbeit, den Menschen in jetzt schon stark von der Klimakrise betroffenen Gebieten zu helfen, zum Beispiel in Bangladesch mit einem Flusssäuberungsprojekt in Dhaka. Von ihr hörte ich, dass ein Baumwoll-T-Shirt einen virtuellen Wasserfußabdruck von durchschnittlich

4100 Litern hat. Davon sind knapp 40 Prozent Regenwasser, weitere 42 Prozent künstliche Beregnung, und der Rest wird verwendet für Düngung, Färben und Bleichen.[21] Aber 4000 Liter Wasser sind nicht gleich 4000 Liter Wasser. Man kann die Unterscheidung gut über den Unterschied zwischen Regenfeldbau und Bewässerungsfeldbau erklären. So schrieb mir Dr. Gerhard Rappold, Hydrologe und Landwirtschaftsexperte: »Eine Beispielrechnung: Um ein Brot zu backen, braucht man 1 Kilo Weizen, für den man wiederum etwa 1000 Liter Wasser benötigt (in Ländern wie Saudi-Arabien doppelt so viel). Der größte Teil davon wird für das Pflanzenwachstum benötigt. Es macht einen großen Unterschied, ob diese Menge als Regen vom Himmel fällt oder ob ein Brunnen gebohrt werden und eine Bewässerungsanlage als Produktionsmittel zur Verfügung stehen müssen.« Rappold schrieb mir auch, dass der Begriff »virtuelles Wasser« auf den britischen Geographen Tony Allan zurückgeht. »Der wissenschaftliche Diskurs über ›Virtual Water‹ war ein ziemlicher Gamechanger in der wissenschaftlichen Wasserszene.« Die Wasserszene. Klingt ganz schön hip.

Der virtuelle Wasserfußabdruck zeigt also an, ob bei der Herstellung eines Produkts achtsam oder verschwenderisch mit der wertvollen Ressource Wasser umgegangen wurde. Hier wäre unser Konsumverhalten ein großer Hebel. Das Problem ist nur das gleiche wie bei allen anderen Konsumthemen: Es braucht ein halbes Studium oder wenigstens eine ordentliche Etikettierung, um zu erfahren, ob die Avocado – das Lieblingsbeispiel von Fleischesser*innen, die sich über Vegetarier*innen aufregen – aus einem Regenfeldbaugebiet ist und damit einen besseren Wasserfußabdruck hat, als Kritiker meinen. Hier müssten staatliche Regulierungen und privates Verhalten Hand in Hand gehen, um die Umwelt zu schützen und unseren eigenen Trinkwasserbedarf zu sichern.

Reden, informieren, aufklären

Die letzte und einfachste Maßnahme im Kleinen, die auch der erste Punkt der nationalen Wasserstrategie ist, lautet: »Bewusstsein für die Ressource Wasser stärken«. Redet mit Freund*innen, Nachbar*innen, Kolleg*innen darüber, und vor allem mit Kindern. Es ist an uns, ihnen den umsichtigen Umgang mit Wasser beizubringen. Mein Sohn liebt es von klein auf, mit Wasser zu spielen. Auch da lassen sich Wege finden, dass er lernt, wie kostbar es ist, und gleichzeitig eine gute Zeit damit hat. Als er zum Beispiel als Kleinkind mit Begeisterung das Wasser von einem Becher in den anderen kippte, haben wir alles, was danebenging, in einer kleinen Wanne aufgefangen und es meinen Pflanzen zugutekommen lassen. Wir haben ihn beim Händewaschen und Duschen begleitet und ihm erklärt, warum wir das Wasser beim Einseifen nicht laufen lassen. Das Bewusstsein für die Ressource Wasser fängt mit solchen kleinen Dingen an, die mit der Zeit zu selbstverständlichen Gewohnheiten werden.

Auf der Rückfahrt von Kopenhagen nach Schweden ruft mich meine Mutter an. Ich hatte ihr beim letzten Besuch erzählt, dass ich gerne mehr über ihre Mutter, meine Oma Fenja, erfahren würde. Vor allem eine Frage trieb mich um: Wie hat meine Großmutter erst den großen Hunger in den 1930er-Jahren in der Ukraine und dann noch den Holocaust überlebt?

Als meine Großeltern uns einige Jahre nach uns nach Deutschland folgten, waren sie schon sehr alt und dement, und ich hatte keine Chance, eine Beziehung zu ihnen aufzubauen. Meine Tante wohnte mit ihnen zusammen in einer kleinen Wohnung am Stadtrand von Hannover und pflegte sie. Ich erinnere mich, dass meine Oma klein und zerbrechlich war und feine, dünne, gefleckte und zitternde Hände hatte. »Gib den Kindern was fürs Eis«, sagte sie manchmal, wenn wir sie besuchten, und dann gab meine Tante uns ein paar Mark. Mehr Erinnerungen sind da nicht.

Sie habe da etwas in alten Aufzeichnungen gefunden, sagte meine Mutter am Telefon. Sie würde sie mitbringen, und dann reden wir drüber. Nur eine Sache wolle sie jetzt gleich loswerden: Meine Oma hatte eine Angst, die sie seit ihrer Kindheit begleitet hat. Die Angst, dass sie kein Trinkwasser aus dem Brunnen mehr bekommt.

Kapitel 6

MEERESSPIEGELANSTIEG, HOCHWASSER UND EXTREMWETTER

»Gegen Meeresspiegelerhöhung einfach den Ozeanboden
etwas tiefer ausbaggern, haben wir das schon probiert?«
– El Hotzo am 27. Juli 2022 auf Twitter

Das neue Normal

Weinend fahre ich Auto. Das kann ich inzwischen richtig gut. Nah am Wasser gebaut ist eine Übertreibung. Ich wohne auf einem Hausboot mitten im See. Es braucht manchmal nur Kleinigkeiten. Ein Streit, ein Lied, ein Artikel zu viel. Manchmal kämpfe ich dagegen an, aber meistens lasse ich laufen. Die Musik aufgedreht, fahre ich spontan zu Susanne, wie so oft in diesem Jahr. Raus aufs Land, vorbei an Feldern und Wäldern, bis das Dorfschild kommt und ich brav auf 50 km/h runterbremse. Nach der halben Stunde Fahrt sind die Tränen versiegt, und der Stress ist raus.

Gemeinsam gehen Susanne und ich zu Fuß zum See. Es wird langsam dunkel, am kleinen Dorfstrand sind außer uns nur noch eine Familie – und eine Million Mücken. Früher hätte ich mit dem Ausziehen wahrscheinlich noch gewartet, bis auch diese paar Leute weg sind, doch seitdem ich weniger Yoga-Girls auf Instagram abonniert habe und mehr rausgehe an Badestrände und echte, vielfältige Körper sehe, bin ich gnädiger mit mir. Ich fühle mich in einem belebten Schwimmbad wohler als zu Hause allein vor dem Spiegel. Oberschenkel voller Cellulite, Haut mit Aknenarben ... Mein Badeanzug bedeckt die Kaiserschnittnarbe und überspielt meine Corona-Kilos.

Wir gehen langsam und kichernd ins Wasser. Wir lachen immer viel, Lachen ist Liebe. Es ist zwar Sommer, aber dennoch kühl. Ich hasse kaltes Wasser, doch ich habe mir vorgenommen, öfter meine Komfortzone zu verlassen. Schritt für Schritt gehen wir vorwärts und fluchen über die Mücken. Sie haben Blut geleckt. Ich atme tief und laut aus, ich bibbere. Als Susanne losschwimmt, tauche ich auch ab. Augen zu und runter. Endlich Ruhe. Endlich eins mit dem Wasser.

Früher habe ich nicht so lange gezaudert. Einfach Kopf aus und los. Ein Sprung ins Ungewisse, abtauchen. Als Teenie fuhr ich Skateboard, machte Drop-Ins in vier Meter hohen Bowls mit 90 Grad Steigung. Wie im Rausch. Kontrollierter Kontrollverlust. Jetzt habe ich manchmal das Gefühl des unkontrollierten Kontrollverlusts. Ich brauche Kontrolle. Wissen ist Kontrolle. Zu verstehen, was da kommt, zu sehen, was möglich ist. Grenzen zu akzeptieren. Auch das ist irgendwo Kontrolle. Ich weiß, dass Seen kleiner werden und Bäche verschwinden. Begleitend zum Spielfilm *Bis zum letzten Tropfen* und der dazugehörenden gleichnamigen Doku stellte die ARD eine interaktive Karte auf ihre Website. Dort konnten Menschen aus ganz Deutschland ihre Beobachtungen zu Gewässern, die kein oder zu wenig Wasser führen, teilen. Über 2200 Meldungen, Stand Oktober 2022.[1] Wenn man sich da durchklickt, ergibt sich ein beängstigendes Bild. Teiche, Bäche, Flüsse, die seit Generationen da waren, werden stetig kleiner, fallen trocken. Ursache? Vermutet wird der Klimawandel. Er ist umgekehrt auch verantwortlich für verheerende Überflutungen und den Anstieg des Meeresspiegels.

Ich weiß, dass wir dies nicht rückgängig machen können. Da hilft auch kein Geoengineering. Es gibt keine Deiche gegen meine Angst. Ich tauche auf und atme.

»Wie ist das jetzt mit deiner Schwester und Bremen? Kann sie da wohnen bleiben?«, fragt meine Freundin nach dem Baden. Wir sitzen leicht zitternd und in unsere Handtücher eingemuckelt am Seestrand. Ich habe ihr erzählt, dass nicht nur Sylt und weitere deutsche Inseln, sondern auch Hamburg und Bremen vom Meeresspiegelanstieg und damit von Überflutungen bedroht sind. Und die Karte, auf der ich nachgesehen habe, ist ziemlich eindeutig. Meine Schwester wird wohl eines Tages umziehen müssen.

Seit Jahren wird vor dem Anstieg des Meeresspiegels gewarnt. Aber wie funktioniert der eigentlich? Ich dachte lange, es sei wie folgt: Die schwimmenden Eisberge auf dem Meer schmelzen, also steigt der Meeresspiegel an. Aber das ist falsch. Weil nicht nur ich, sondern ganz viele Leute dieser Annahme aufsitzen, hat einer, der es besser weiß, ein ganzes Buch über das Thema geschrieben: John Englander. Ich werde versuchen, seine Erkenntnisse aus *Moving to Higher Ground* möglichst einfach und kurz zusammenzufassen.[2]

Also: Eis hat eine geringere Dichte als Wasser. Das heißt, eine bestimmte Menge Eis nimmt mehr Raum ein als die gleiche Menge flüssiges Wasser. Weil Eisberge eine geringere Dichte haben, schweben sie auch im Wasser, wobei nur gut 10 Prozent aus der Wasseroberfläche rausragen. Der Nordpol ist Ozean, nicht Land. Insofern trägt das Schmelzen des Nordpols nicht zum Meeresspiegelanstieg bei. »Der wichtigste Beitragende zu höherem Meeresspiegel ist das Schmelzen von Eis auf Land, welches essenziell in zwei Formen existiert: Eisplatten und Gletscher. Die zwei größten Eisplatten Antarktis und Grönland halten ca. 98 Prozent der globalen Eismenge auf Land, was ca. 65 Meter möglichen Meeresspiegelanstiegs repräsentiert«, schreibt Englander.[3]

Der zweite große Beitragende zum Meeresspiegelanstieg ist das Meerwasser selbst. Denn es breitet sich mit zunehmender Wärme aus. Wasser bekommt langsam mehr Volumen, nimmt also mehr Raum ein, wenn es wärmer wird. Die größten Probleme dabei sind laut Englander:

1. Der Meeresspiegelanstieg ist unaufhaltbar – es gibt keine Technologie und sonstige Möglichkeit, das Schmelzen der Gletscher zu stoppen.
2. Die Wissenschaft kann die genaue Geschwindigkeit des Anstiegs nicht vorhersagen.
3. Der Anstieg kann schnell, abrupt und sehr überraschend erfolgen.

Kurz: Es kann alles viel schneller passieren und in stärkerem Ausmaß als gedacht. »Überholt uns die Realität mit dem, was wir berechnet haben?«, fragt denn auch der Klimaanpassungsforscher Matthias Garschagen.[4] Vermutlich ja. Und der Meeresspiegel macht es uns auch auf anderer Ebene nicht leicht: Er steigt nicht überall gleich an, daher ist unklar, wo genau er wie viel steigen wird. Wir erleben die Klimakrise und dass größere Veränderungen immer schneller eintreten. Englanders vorsichtige Voraussage für den Meeresspiegelanstieg bis zum Ende dieses Jahrhunderts beträgt drei Meter. Moin, moin und tschüss, Hamburg und Bremen.

Aber das ist noch nicht alles. Weltuntergang – heute zwei zum Preis von einem: Sturmfluten werden das neue Normal. Die Ursache dafür ist ähnlich wie bei der Zunahme von Starkregenereignissen und Sturzfluten. Warme Luft kann mehr Wasser aufnehmen; dieses Wasser hat viel mehr Energie und Wucht, wenn es runterkommt. Gleichzeitig verschiebt sich der Bereich, in dem

Sturmfluten in Europa vorkommen: nordatlantische Stürme dehnen sich Richtung Osten aus, »was dazu führen könnte, dass das Risiko für Sturmfluten insbesondere in Großbritannien und dem nördlichen Mitteleuropa steigt«, schreibt Jochen Hinkel, Autor des IPCC-Sonderberichts Küste und Meere.[5] »Geht das so weiter, wird eine – heute – schwere Sturmflut Ende des Jahrhunderts fast normal sein. [...] Ein Extremwetter, von dem wir uns heute noch keine Vorstellung machen können.«[6]

»Na, das klingt ja rosig«, lacht meine Freundin auf. Mit mir befreundet zu sein ist kein Ponyhof, es ist eher die Vorhölle. Immer diese schaurigen News. Aber es kann auch ganz schön Spaß machen. Wir packen unsere Sachen und gehen zurück zu Susannes Haus. Wir trinken ein Bier und noch eins und essen Eis. Ich schlafe bei ihr auf der Gästecouch. Betrunken Autofahren ist keine Art des Kontrollverlusts, die ich brauche. Der Kummer ist für heute abgewaschen, ausgeheult und weggetrunken. Morgen ist ein neuer Tag. Die Krise wird immer noch da sein, aber vielleicht habe ich dann mehr Kraft, mich mit ihr auseinanderzusetzen.

Starkregen und Hochwasser

Eine Klimafolge kommt selten allein. Neben den austrocknenden Flüssen und Seen, dem Meeresspiegelanstieg und den Sturmfluten gibt es ja noch den Starkregen. Nicht nur in Berlin haben wir in den letzten Jahren die Erfahrung gemacht, dass Regenwasser in Sturzbächen die Treppen zu U-Bahn-Stationen runtergerauscht ist, Brückenunterführungen und tiefer gelegene Stellen zu Seen wurden. Von Starkregen spricht man, wenn pro Stunde zwischen 15 und 25 Liter pro Quadratmeter oder mehr als 35 Liter innerhalb von sechs Stunden niedergehen. Mehr als

40 Liter pro Quadratmeter in einer Stunde gelten laut Deutschem Wetterdienst als extremes Unwetter.[7] Gemessen wird die Niederschlagsmenge per Radar. Aktuell haben wir im Durchschnitt täglich drei Fälle in Deutschland. »Weil aber die allermeisten Starkregen in den vier Monaten Mai bis August auftreten, sind es in dieser Zeit mehr als zehn Warnmeldungen pro Tag.«[8] Das liegt daran, dass warme Luft Wasser besser aufnehmen kann. Die meisten von uns kennen diesen Effekt aus dem Winter, wenn die Autoscheibe von innen beschlägt. Wir drehen Heizung und Lüftung auf, sodass die Feuchtigkeit auf der Scheibe von der Luft aufgenommen werden kann.

Wenn nun dieser starke Regen runterkommt, ist nicht nur die Menge ein Problem, sondern auch die Kraft, mit der das Wasser auf die Erde trifft. »Wenn 50 Kubikmeter Wasser ungebremst zehn Meter einen Abhang hinunterstürzen, haben sie – energetisch umgerechnet – dieselbe Wirkung wie ein 20 Tonnen schwerer Lastwagen, der mit 80 Stundenkilometern in ein Haus kracht.«[9] So ähnlich kann man sich das vorstellen, was im Ahrtal im Jahr 2021 passierte. In drei Tagen kamen 115,3 Liter pro Quadratmeter runter. Normalerweise sind es im gesamten Monat Juli 69,4 Liter. Dies sorgte für dieses Jahrhundert-, wenn nicht Jahrtausendhochwasser.

Hochwasser gab es schon immer und wird es auch immer geben, sie sind natürliche Ereignisse und nicht durch die Klimakrise ausgelöst. Allerdings nehmen ihre Häufigkeit und ihre Intensität durch die Klimakrise zu. Wenn Flüsse oder Bäche über die Ufer treten, sorgt das nicht nur für Schäden, sondern erfüllt wichtige ökologische Funktionen und schafft Lebensräume für verschiedenste Tierarten. Manche Ökosysteme sind sogar angewiesen auf die Überflutung. Wenn Flüsse regelmäßig Auen überfluten und anschließend wieder in ihr Bett zurückkehren, schafft dieser Wechsel ideale Laich- und Aufwuchsgebiete für viele Fischarten. Der BUND hat gemessen, dass die Zahl und Größe der Fische durch den Wechsel des Wasserstandes steigen.[10]

Auen sind die Flächen entlang von Flüssen und Bächen, die auf natürliche Weise regelmäßig geflutet werden. Die Vegetation, die dort gedeiht – zum Beispiel Weiden, Eichen, Pappeln und Ulmen –, kommt mit der regelmäßigen Flutung, mit Niedrig- und Breitwasser gut zurecht. »Typische Baumarten der dynamischen Au wie Weiden und Pappeln können viele Tage lang im Wasser stehen, ohne Schaden zu nehmen. Der Schlamm bringt wertvolle Nährstoffe und ist bald wieder von einer dichten Vegetationsdecke überwachsen.«[11] Tiere bringen sich in Sicherheit, schwimmen weg, klettern auf Bäume oder Treibgut, bis die Flut vorüber ist. Die Au ist ihr Zuhause, mit und ohne Wasser. Hochwasser ist nur für uns Menschen, unsere Häuser und Infrastruktur ein Problem.

Hochwasser entsteht durch langen Dauerregen, Starkniederschläge und/oder Schneeschmelze. Ein Teil des Niederschlags versickert und wird zu Grundwasser. Ein Teil verdunstet. Der sammelt sich in den Gewässern. Wenn in einem Fluss noch das Wasser aus dem Zulauf von Nebenflüssen und Bächen dazukommt und das Wasser nicht über die Ufer treten und sich in den Auen ausbreiten kann, wenn es keine weiteren Rückhaltemöglichkeiten gibt, entsteht Hochwasser und überschwemmt unsere Umwelt, unsere Häuser, unsere Infrastruktur. Zu nah am Wasser gebaut hat mehr als Tränen zur Folge. Viele dieser Folgen sind von uns gemacht: Flüsse wurden begradigt, um den Weg für Warentransporte zu verkürzen und zu erleichtern. Dämme wurden gebaut, Auen trockengelegt, und drum herum entstanden landwirtschaftliche Flächen und Siedlungen. Durch die Überflutung werden Wasser, Böden, Wohnraum und Gärten durch Keime und schädliche Chemikalien, aber auch durch Öl, Tierkadaver und Fäkalien belastet.

Und wie gehen wir jetzt damit um? Welche Möglichkeiten haben wir, um auf Meeresspiegelanstieg, Fluten und Hochwasser zu reagieren? Wie können wir uns anpassen, und wo liegen die Grenzen des Möglichen?

Anpassungsmaßnahmen

Der kleine orange Twingo rattert in West-Brandenburg über die gepflasterte Straße aus DDR-Zeiten. Ich bin spät dran. Wie immer. Ich habe mich eingeladen zur letzten Bootstour des Jahres mit dem Naturschutzbund durch das größte europäische Flussrenaturierungsprojekt an der Havel. Mit dabei: der Initiator Dr. Rocco Buchta. Punkt 13 Uhr ist Abfahrt, und mein Navi sagt, ich werde um 13.05 Uhr da sein – nach 2,5 Stunden Fahrt. Mein Auto ist in der Werkstatt, der Katalysator wurde gestohlen, wegen der seltenen Erdmetalle, meint Gerhard, der Mechaniker. Da waren wohl Profis am Werk. An der Autoanmietungsstation waren dagegen Laien am Machen, ich konnte das reservierte Auto nicht abholen. Ich bitte meine Follower*innen auf Instagram um Hilfe, und tatsächlich: Eine Familie aus dem Kiez leiht mir ihren kleinen, süßen Twingo. Manchmal liebe ich Social Media sehr. Ja, Autos sind schlecht für die Umwelt. Aber in einem kaputten System ist ein perfektes Leben nicht möglich, und die Fahrt mit Öffis nach Havelberg hätte knapp sieben Stunden gedauert – pro Strecke. Nein, danke.

Mit dem Twingo düse ich einmal quer durch Brandenburg, nebenbei lausche ich einem Podcast[12] über die Geschichte von Seattle um das Jahr 1850. Rund 3,7 Meter unter dem Seattle von heute befindet sich die Unterwelt der Stadt, eine Art Gotham City, nur unbewohnt, mit leeren Läden, unbewohnten Etagen, leeren Straßen. Seattle entwickelte sich aus Dörfern an der Küste, die durch Ebbe und Flut zwei Mal am Tag geflutet wurden. Die Heftigkeit der Flut war so groß, dass sie durch die Toilette hochkommen konnte. Die Einwohner*innen lernten, ihren Toilettengang zeitlich an die Ebbe anzupassen. Oder die Toiletten gleich höher zu bauen. Als 1889 ein großes Feuer ausbrach und ein Großteil der Stadt niederbrannte, wurde zum einen Bauen aus Stein Pflicht, zum anderen plante man, das Stadtlevel anzuheben, um das Problem mit den Gezeiten loszuwerden. Weil das nicht von heute auf morgen zu schaffen war, baute man die alten Läden, Häuser und Straßen aus Stein wieder auf – wissend, dass sie nur wenige Jahre halten müssten. Parallel dazu wurde Stück für Stück die neue Stadt errichtet, 3,7 Meter über der alten. Die neue Ebene war durch Löcher im Boden und Leitern mit der neuen alten Unterwelt verbunden. Stellenweise bestand der Boden sogar aus Glasplatten, sodass Tageslicht in die Unterwelt eindringen konnte. Als das neue Level fertig war, zogen die Leute nach oben, Geschäftsbetreiber nutzten das untere Stockwerk noch als Lager. Eine lustige Geschichte am Rande: Wegen der Jobs auf dem Bau zogen viele Männer nach Seattle. Sexarbeit wurde zum lukrativen Geschäft, und die Betreiberin des größten Bordells der Stadt finanzierte mit ihren Steuern dieses unglaubliche Projekt maßgeblich mit.

Ich liebe diese Geschichte über die Unterwelt von Seattle. Sie zeigt, wie kreativ Menschen auf der Suche nach Lösungen sein können. Und dass es sich manchmal lohnt, das Alte loszulassen und woanders, sei es auch nur 3,7 Meter höher, neu zu beginnen.

Strukturelle Anpassungen

Nach dem Elbehochwasser im Jahr 2002 wurde in Sachsen-Anhalt ein Drei-Säulen-Modell des Hochwasserschutzes entwickelt.[13] Es ist einfach und klar verständlich und sollte dringend wieder aus den Schubladen geholt und angewandt werden. Denn an der Umsetzung hapert es hier und da. Große Teile des Modells sind auch relevant für Gebiete, die vom Meeresspiegelanstieg betroffen sind.

Säule Nummer 1: Der technische Hochwasserschutz

Das sind zum Beispiel Deiche, Mauern, Talsperren, Dünen, mobile Hochwasserschutzwände, Gewässerausbau und Hochwasserrückhaltebecken. Und natürlich die Mulden-Regolen-Systeme. Die was? Das sind Mulden, die parallel zu einer Straße verlaufen und mit Gras und Wildkräutern bewachsen sind. Bei Starkregen kann das Wasser von der Fahrbahn oder dem Bürgersteig dort hinfließen, sich sammeln und langsam versickern. So wie in Kopenhagen.

Beginnen wir mal mit den Deichen. Ein ganzes Land – die Niederlande – sowie Schleswig-Holstein, Mecklenburg-Vorpommern und Hamburg sind bereits von Deichen umgeben. Es heißt, Gott hat die Erde erschaffen, aber der Mensch schuf die Niederlande. Die Hälfte dieses Landes wäre ohne Deiche Teil der Nordsee – schon vor der Klimakrise. Und auch ein Drittel Schleswig-Holsteins würde ohne Deiche unter Wasser stehen. Heutzutage kann man Deiche bauen, die angeblich noch den Sturmfluten in hundert Jahren trotzen werden. Ein sogenannter Klimadeich hat eine Breite von 130 Metern und eine Höhe von 8 bis 9 Metern. Die Deichkrone wird so breit geplant, dass man auch eine weitere Deicherhöhung draufsetzen könnte.[14] Okay, cool, dann mal los. Wir haben 2389 Kilometer Küstenlänge[15] vor uns. Und nicht überall ist landeinwärts genug Platz für einen 130 Meter breiten Deich. Der Neubau hat also so seine Tücken.

Bei den bestehenden Deichen gibt es zum einen das Problem, dass viele marode sind und auch die Höhe von 8 Metern verfehlen. Allein in Bremen müssten gut 52 Kilometer Deich erhöht werden. Zum anderen sind Siedlungen zu nah am Deich gebaut, sodass er nicht verbreitert werden kann. An anderen Stellen sind Deiche und ihre unmittelbare Umgebung mit Bäumen bewachsen, die gerodet werden müssten und für deren Erhalt Bürger*innen kämpfen. In der Netflix-Serie *Hochwasser* gibt es eine großartige Szene, in der die Hydrologin, die Wissenschaftlerin mit der traurigen Hintergrundgeschichte, radikalen Ideen und lautem Mundwerk, und ein Bundeswehrbeauftragter die Deiche besuchen. Er sagt: »Vor ein paar Jahren wurden die Deiche verstärkt.« Sie fragt, was dann die Bäume dort sollen. Er antwortet, die seien ja schon immer hier. Aus der Kriegszeit. Sehe doch viel schöner aus. Daraufhin fordert sie den Militärmann auf, sich neben ihr auf den Boden zu legen, das Ohr am Deich. »Hören Sie die Bewegung?«, fragt sie ihn. Er nickt. »Wenn der Wasserpegel um weitere zwei Meter steigt, werden die Deiche wie eine Sandburg weggespült, wegen Ihrer Bäume«, erklärt sie. Versteht mich nicht falsch: Ich bin die Letzte, die Freude am Fällen alter Bäume hat, das wird euch spätestens nach dem Lesen des Wald-Kapitels klar sein. Aber mir liegt auch die Sicherheit von Menschen am Herzen, und Bäume sind durch ihre starke Wurzelbildung gefährlich für Deiche.

Zurück nach Bremen, den Deichen und meinen Bremer Herzensmenschen. Eine Anpassung der Deiche ist aufwendig, teuer und anstrengend, und es dauert. Viel ist bis jetzt noch nicht passiert. Stellt sich die Frage, ob die Umsiedlung von 86 Prozent der Bremer Bevölkerung – an die 500 000 Menschen – so viel leichter wäre. Die Wahl zwischen Pest und Cholera. Eine Wahl, die vielen Gemeinden und Städten bevorsteht. Bis 2050 sollen die Deiche halten, sofern sie verstärkt werden. Was, wenn Sturmfluten und Hochwasser bereits früher und stärker auftreten als gedacht? Wie so viele andere Folgen der Klimakrise. Egal, welcher Lösung man sich annimmt, es wird teuer werden.

Aber wenn wir nicht jetzt handeln, werden wir uns in nicht allzu ferner Zukunft wünschen, lieber gestern als morgen damit angefangen zu haben.[16]

Neben der Anpassung der Deiche ist da noch eine weitere Herausforderung: Deiche sperren Gewässer aus, die ins Meer gelangen sollten. Damit sie bei Hochwasser abfließen können, gibt es das sogenannte Siel. Ein passives Ventil zur Entwässerung. Man kann sich das so vorstellen: Wenn es einen Druck von der Meerseite gibt, schließt sich das Ventil. Wenn der Druck vom Landesinneren höher ist, öffnet sich das Ventil, und das Gewässer kann abfließen. Dann gibt es da noch Schöpfwerke. Die kenne ich vor allem vom Wasserspielplatz. Man dreht eine Kurbel, und Wasser wird von unten nach oben befördert über eine Kettenpumpe. Für uns sind vor allem Schöpfwerke interessant, die sich an Deichen befinden und bei der Entwässerung helfen. Mit der Klimakrise verändern sich die Gezeiten, und wir werden mehr Flut- und weniger Ebbezeiten haben. Das heißt, das Risiko, dass ein Orkan oder eine Sturmflut auf eine Flutzeit trifft und die Wirkung so noch verheerender wird, ist höher.

Wir könnten es machen wie die Niederländer und Dämme bauen. Es gibt die Idee eines gigantischen Damms für die Nordsee: Ein 161 Kilometer langes Stück soll den Ärmelkanal zwischen Bretagne und Cornwall schließen, ein 500 Kilometer langes Stück eine Barriere zwischen Schottland und Norwegen errichten. Was das für die Ökosysteme in der Nordsee bedeuten würde, mag ich mir kaum vorstellen. Es ist – noch – ein ziemlich radikales Gedankenspiel, weniger ein konkreter Plan. Die Forscher*innen, die ihn entwickelt haben, glauben aber, dass diese Eindämmung der Nordsee effektiver wäre als das Stückwerk, mit dem die Anrainer versuchen, ihre Küstenlinien zu schützen.[17]

Ich meine, wir können zwar auf den Mond fliegen, aber es muss ja nicht gleich so gigantisch werden. Vielleicht gucken wir erst mal wieder rüber in die Niederlande. Dort weiß man, dass der »harte Küstenschutz«, also der Bau immer höherer oder breiterer Deiche, auf Dauer keine wirksame und sichere Lösung ist. Deshalb wird dort seit einigen Jahren eine neue, »weiche« Strategie verfolgt, die darauf abzielt, dem Wasser mehr Raum zu geben. Das kann bedeuten, dass die Deichlinie weiter ins Inland verlegt wird und die Wellen beim Auftreffen aufs Land so über eine längere Strecke abflachen können.

So eine Deichrückverlegung hat es auch bei uns schon gegeben, im Lödderitzer Forst in Sachsen-Anhalt. Beim Großprojekt »Mittlere Elbe« wurde nicht nur der Deich um über 2 Kilometer weg vom Ufer verlegt, es entstanden auch überflutbare Auenwälder, um dem Wasser mehr Raum zu geben.[18]

Säule Nummer 2: Hochwasserflächenmanagement

Kompliziertes Wort, heißt aber nur so viel wie natürlicher Wasserrückhalt in der Fläche. Das geschieht durch Speicherung von Wasser, durch naturnahe Aufforstung, Schaffung von Retentionsflächen (Überflutungsflächen) oder Rückgewinnung ehemaliger Überschwemmungsflächen. Dazu zählen auch Flussauen, und solche will ich sehen. Deswegen meine Reise an die Havel.

Ich komme um 13.04 Uhr mit quietschenden Reifen an, parke und spurte zum Schiff. Was für ein Adrenalinkick! Alles für den Umweltschutz. Kaum bin ich an Bord, geht's los.

Die Geschichte hinter der Havel-Renaturierung ist ganz süß. Ein junger Rocco Buchta und zwölf seiner Freunde trafen sich in einem Bauernhaus und planten die Flussrevolution. Sie wollten die Havel renaturieren, zur damaligen Zeit eine völlige Wahnsinnsidee. Die Anwohner*innen dachten, sie wollten alle in die Steinzeit zurückkatapultieren, und die Behörden waren gegen sie. Keine gute Basis für so ein irres Projekt. Dann trafen sie auf den NABU (Naturschutzbund Deutschland e. V.), formten eine lokale Gruppe und begannen mit dem Mammutprojekt. Seit 2010 ist ein Flächengebiet von mehr als 9000 Hektar durch viele lokale Maßnahmen naturnah umgestaltet worden. Naturnah heißt: so, wie der Fluss aussah, bevor der Mensch es irgendwann im 19. und 20. Jahrhundert für eine gute Idee hielt, Flussläufe zu begradigen und auszubaggern und Altarme der Flüsse trockenzulegen, um sie für die Schifffahrt und Bevorteilung die Landwirtschaft nutzen zu können. Die Folgen waren ein Rückgang der Tier- und Pflanzenvielfalt und eine Erhöhung der Hochwassergefahr. Denn ein unnatürliches, gerades Flussbett sorgt dafür, dass die Fließgeschwindigkeit steigt und das Wasser bei Starkregen schneller und stärker über die Ufer tritt.

Der Teil der Havel, den ich jetzt befahre, wurde »aufgegeben«, das heißt, er wird weniger intensiv instand gehalten, ist nicht mehr so tief und breit ausgebaggert wie früher. Sportboote und Fahrgastschiffe können weiterhin darauf fahren, aber eben keine Riesengüterschiffe mehr. Industrie nein, Natur und Hobby, ja.

Die effektivste Maßnahme bei der Renaturierung der Havel ist die Entfernung der sogenannten Deckwerksteine, die das Ufer festigen. Durch die Freilegung entstehen »kleinflächige Primärbiotope, die von kieslaichenden Fischarten und von seltenen Muscheln besiedelt werden«, erklärt der NABU.[19]

Der Wiederanschluss der abgetrennten Alt- und Totarme des Flusses ist eine weitere große Veränderung, die notwendig ist für die Renaturierung. Im nächsten Schritt geht es an den Deichrückbau. Große und kleine Deiche und Verwallungen werden entfernt, damit der Fluss wieder über die Ufer treten kann und die Auen wieder zum Lebensraum für Tiere und Pflanzen werden. Nebenbei dienen die Auen als natürliches Retentionsbecken, in dem sich das Wasser sammeln und langsam ins Grundwasser versickern kann. Renaturierung ist also gut für das Ökosystem, gut für das Trinkwasser und ein guter Schutz für den Menschen bei Hochwasser. Renaturierung ist die romantischste Antwort auf die Klimawandelfolgen.

Wir tuckern auf unserem Ausflugsschiff davon, die letzten Häuser verschwinden, dafür sehen wir immer mehr Schilf, Bäume, Wiesen und noch mehr Schilf. Ganz weit im Hintergrund sieht man Wälder. Wir haben diesen freien Blick, weil die Deiche weg sind. Durch den Rückbau wurden 750 Hektar Auenflächen wieder angeschlossen. Wenn das Projekt fertig ist, werden es mehrere Tausend Hektar sein. Die weiten Flächen rechts und links der Havel sind alle überflutbar.

Während wir über das Wasser schippern, redet Rocco Buchta pausenlos. Er erklärt, was wo passiert ist und warum, und erzählt auch ein paar Anekdoten, die ich hier ganz sicher nicht wiedergeben darf … Finanziert wurde der Umbau durch Unterstützung des Bundes sowie der Länder Brandenburg und Sachsen-Anhalt. Der NABU hat immerhin 7 Prozent Eigenanteil beigetragen, ein Riesenbatzen Geld, der durch Spenden akquiriert wurde. Die Geschichte eines Spenders blieb mir besonders im Gedächtnis: Vor langer, langer Zeit ruderte mal ein Paar in diesen Gewässern. Es war ihr erstes Date. Es lief scheinbar gut, sie heirateten und hatten ein schönes gemeinsames Leben, bis die Ehefrau verstarb. Der Mann spendete ihr zu Ehren Geld für die Renaturierung dieses Flusses, auf dem die Liebe zwischen ihm und seiner Frau ihren Anfang nahm.

Rocco Buchta erzählt, dass das nächste Projekt auch schon feststeht: In den 1920er-Jahren gab es in der Havel Lachse, die in der anliegenden Dosse laichen konnten. Sie soll als Nächste renaturiert werden, und vielleicht lassen sich dann auch die Lachse wieder zurückholen.

Nach anderthalb Stunden dreht das Boot um, und es geht zurück. Ich verliere mich im Blau des Himmels, den hingetupften Wolken, den Vögeln, der Weite. Mein Adrenalinschub ist längst verflogen, eine tiefe innere Ruhe eingekehrt. Oh Mann, Natur kann echt was. Ich verlasse das Deck und gehe runter in das Restaurant des Schiffes, setze mich ans Fenster und träume. Ich frage mich, wie viele Flüsse sich so renaturieren ließen. Wie viele wurden überhaupt in den letzten Jahrhunderten begradigt und »modernisiert« und müssten nun zurückgebaut werden? Zu Hause recherchiere ich das nach: Weltweit sind gerade mal 37 Prozent der 242 größten Flüsse noch halbwegs unverbaut. In Deutschland sind 90 Prozent der Flüsse und Bäche strecken-weise begradigt, eingeengt oder von Bauwerken durchbrochen.[20]

Nach der Ankunft des Schiffes schnappe ich mir Herrn Buchta und löchere ihn mit Fragen. Er erzählt, dass eine Million Hektar Auen in Deutschland durch menschliche Eingriffe ver-loren gegangen sind, die Hälfte davon sei theoretisch renaturier-bar. Er hat auch schon berechnet, was das kosten würde: 5 Mil-liarden Euro. Ich bin überrascht. So viel ist das nicht, wenn man bedenkt, welche Schäden Hoch-, Breitwasser und Starkregen anrichten könnten. Das wäre schnell wieder eingespart, bei all den Naturkatastrophen, die durch die Klimakrise allein in den nächsten Jahren auf uns zukommen werden. Ein weiterer Plus-punkt: Wenn Schluss mit der Entwässerung von Auen wäre, um sie nutzbar zu machen, könnte wieder mehr Wasser versickern und den Grundwasserspeicher füllen. Rocco Buchta sagt: »Es braucht ein Förderprogramm für Grundstücksbesitzer*innen, damit sie ihre Entwässerungsgräben zumachen.«

Bleibt die Frage, wem die ganzen Hektar Land aktuell ge-hören und was nach der Renaturierung mit ihnen passiert. Rocco Buchta erklärt, dass die meisten dieser Flächen für die Landwirtschaft genutzt werden. Hier bräuchte es also ein ande-res Nutzungskonzept. Klingt leicht, ist natürlich nicht mal eben umgesetzt. Was alles in der Landwirtschaft schiefläuft, dem wenden wir uns im nächsten Kapitel zu. Kurz umrissen: Viele Landwirt*innen haben Kredite laufen, die sie gerade so bedienen können. Wenn man ihnen hilft, sie abzulösen und auf eine andere Art der landwirtschaftlichen Nutzung umzusatteln, die mit Überschwemmungen klarkommt, dann hat man eine Win-win-Situation für alle Parteien. Die hochwassergefährdeten Gebiete, die Landwirt*innen, den Naturschutz, die Menschen.

Rocco Buchta hat viel bewegt und noch immer viele Ideen. Wir stehen am kleinen Hafen, hinter uns packt das NABU-Team die Infomaterialien und Banner ein. Die anderen Gäste sind längst fort. Ich blicke auf die Havel und sehe, was durch große Visionen, Durchhaltevermögen und Vernetzung möglich ist. Ich bin motiviert und hoffnungsvoll wie lange nicht mehr.

Säule Nummer 3: die Hochwasservorsorge

Gute Anpassung heißt auch, nicht nur wenige Jahre vorauszuplanen, sondern mehrere Generationen weiter zu denken. Das, was kurzfristig funktionieren mag, kann zu mehr Kosten und Folgeschäden führen. Das gilt gerade für den Hochwasserschutz.

Schon der Name Hochwasserschutz ist trügerisch – es gibt keinen perfekten Schutz. Das erklärt vielleicht auch das Deichparadoxon: Man fühlt sich sicherer durch einen Deich, egal, ob er instabil, alt oder zu niedrig ist. Deich ist Deich. Der Deich kann vielleicht das Wasser vom Meer raushalten, aber nicht das Wasser bei inländischem Hochwasser. Dann tritt der Badewannen-Effekt auf – das Land wird zur Wanne, läuft voll, und wir saufen ab.

Wenn Deiche nicht die Lösung sind, wie wäre es denn mit Flächenvorsorge? Das ist die effektivste aller Maßnahmen und so banal wie genial: einfach nicht in Hochwassergebieten bauen. Statt Gebiete in Bauland umzuwandeln, sollte man diese dem Hochwasser überlassen und Auenwälder entstehen lassen.

#Renauturierung. Allein an der Elbe könnten durch eine Wiederherstellung von Auenwäldern 177 Millionen Euro Schadenskosten gespart werden.[21] Auenwälder könnten die Antwort auf so viele unserer Klimakrisenfolgen sein: Erhalt der Biodiversität und CO_2-Bindung, außerdem könnte man verhindern, dass Stickstoff und Phosphor aus der Landwirtschaft in Flüsse und Bäche gelangen. Für Menschen, die bereits in solchen Gebieten wohnen, ist das natürlich keine Lösung. Für die Zukunft allerdings könnte man zumindest dafür sorgen, dass dort kein Bauland mehr ausgewiesen wird. Genau das passiert aber immer noch.

Letztens schnappte ich in diesem Zusammenhang den Begriff Hochwasserdemenz auf – wenn Menschen vergessen, dass es an einem bestimmten Ort ein heftiges Hochwasser gegeben hat und schon wenige Jahre nach einer Katastrophe die Immobilienpreise dort wieder steigen oder gar neu gebaut wird. Was dagegen helfen kann? Ein verpflichtender Hochwasserpass mit Risikobericht, wie ihn auch das Umweltbundesamt fordert, wäre ein guter Anfang. Dieser Pass könnte und sollte auch einen Einfluss auf die Versicherungspolice haben. In den USA gibt es bereits zahlreiche Versicherungen, die für viele gefährdete Gebiete keine Policen mehr anbieten. Entsprechend konsequent müsste man mit aktuellen Bauvorhaben umgehen und diese gegebenenfalls abbrechen, wie es nach dem Elbehochwasser 2002 geschehen ist. Die Journalistinnen Susanne Götze und Annika Joeres berichten in ihrem Buch *Klima außer Kontrolle* davon: »Allein in Sachsen wurden als Folge über 300 neue Überschwemmungsgebiete ausgezeichnet. Geplante Bauvorhaben wurden abgebrochen und Bewohner*innen umgesiedelt. Umsiedlungen seien laut [Wasserbauingenieur] Müller verglichen zur Sicherung bestehender Siedlungen sogar oftmals günstiger.«[22]

Auch der Bund sollte sich in der Verantwortung sehen und

gefährdete Gebiete als solche einstufen. Dies passiert bisher sehr langsam. »Manche Flächen sollten nicht mehr wiederbesiedelt werden«, mahnte im Juli 2022 schon Ralph Tiesler, der oberste Katastrophenschützer des Landes.[23] Der Satz ging durch die Presse, aber so richtig Bewegung kam nicht in die Sache. Immerhin: Seit 2007 muss jedes Land der EU Hochwassergefahren-karten erstellen. Wie gut sie zugänglich und wie verständlich sie sind, ist eine andere Frage. Und was bringen solche Karten, wenn sie keinen Einfluss darauf haben, wo gebaut wird?

Es scheint so naheliegend, dass ich es eigentlich nicht aussprechen möchte, aber: Baugenehmigungen sollten nur noch in Gebieten erteilt werden, die nicht von Hochwasser gefährdet sind. Die Sicherheit der Einwohner*innen sollte über wirtschaftlichen Interessen stehen. Sollte. Müsste. Leider viel zu oft Wunschdenken.

Zur Hochwasservorsorge gehört auch der Bereich *Bauvorsorge,* also das, was man als Eigenheim-Besitzer*in umsetzen kann. Wie in Seattle könnten Neubauten höher gesetzt werden. Man könnte den Stromverteiler oder Heizquellen aus dem Keller holen und im ersten Stock unterbringen, um diese aus der Gefahrenzone zu bringen. Damit würde man gleichzeitig das Risiko verringern, dass bei einem Hochwasser Öl austritt und das Wasser zusätzlich verunreinigt.

Informations- und Verhaltensvorsorge ist eins meiner Lieblingsthemen. Wie schafft man es, Behörden und Bevölkerung zu informieren, ohne Panik zu schüren oder alarmistisch zu wirken? Wie schafft man ein Bewusstsein für die Gefahren, aber auch für das entsprechende Vorgehen in diesen Situationen? Für kurzfristige Informationen gibt es natürlich lokale Print- und Radio-Medien, die NINA-App oder KATWARN, Durchsagen von der Feuerwehr und vieles mehr. Kommunale Behörden bieten vereinzelt Informationsflyer an. Besonders gut fand ich die Broschüre aus Baden-Württemberg mit dem klangvollen Titel »Pflichten und Möglichkeiten der Eigenvorsorge für den Hochwasserfall«.[24] Eine Idee aus dieser Broschüre: Trainings für die Bevölkerung anbieten, Schulungen in Schulen und Unis abhalten, die freiwillige Feuerwehr mit einbeziehen. Denn gerade in Notsituationen neigen wir Menschen dazu, nicht gerade rational zu handeln. Und korrektes Verhalten in den Situationen, aber auch Vorsorge, können entscheidend sein, um große Sachschäden zu verhindern oder auch einfach zu überleben.

Überflutungsverhalten: Fluten beschädigen nicht nur Häuser, sie gefährden vor allem Menschenleben. »Erstens: Hochwasser tötet Menschen. 90 Prozent der Menschen sterben durch Ertrinken, aber auch Stromschläge, Schocks, Körperverletzungen, Herzinfarkte, Feuer und Überanstrengung stehen auf der Liste. Unglaublicherweise stirbt mehr als die Hälfte der Überschwemmungsopfer in ihren Autos, wenn sie versuchen, fließendes Wasser zu durchfahren.«[25] Umso wichtiger ist es, Menschen das richtige Verhalten im Falle eines Falles beizubringen. Womit wir auch schon bei den privaten Maßnahmen angelangt wären.

Private Maßnahmen

Die Herausforderung bei privaten Anpassungsmaßnahmen liegt darin, dass die meisten Hausbesitzer*innen oder Mieter*innen gar nicht wissen, dass sie von Hochwassergefahr und Meeresspiegelanstieg betroffen sein könnten. Aus einem kleinen Bach kann bei ungünstigen Umständen ein reißender Fluss werden. Und auch wer landeinwärts wohnt, kann vom Meeresspiegelanstieg betroffen sein. »Unter Betrachtung des bis zum Ende des Jahrhunderts erwarteten Meeresspiegelanstiegs wird sich das Wiederholungsintervall von aktuellen Szenarien entsprechend verkürzen, sodass ein Hochwasserereignis, das statistisch gesehen aktuell einmal in hundert Jahren auftritt, nunmehr jährlich auftreten könnte«, heißt es in einer Risikoanalyse des Umweltbundesamts.[26] Fucking jährlich. Genau deswegen brauchen wir neben den strukturellen auch private Anpassungsmaßnahmen.

Das Erste, das man hier und jetzt machen kann, ist, die Website coastal.climatecentral.org aufzurufen. Dort kann man sich anschauen, wie die eigene Wohngegend 2035 oder 2050 aussehen wird, abhängig von den unterschiedlichen Projektionen. Die Projektion CPR 8.5 – die aktuelle, also *business as usual* – sieht alles andere als rosig aus. Vermutlich aus diesem Grund, und auch aus der Erfahrung der Flut von 1962 heraus, hat Hamburg z. B. eine übersichtliche Website mit Gefahrenkarten für die Stadt veröffentlicht: www.hamburg.de/gefahren-risiko-karten/. Dort finden sich Hochwassergefahrenkarten sowie die entsprechenden Erklärungen. Ein Muss, sich diese Karten einmal zu Gemüte zu führen, wenn man in Hamburg wohnt. Nach etwas längerem Suchen finde ich auch die entsprechenden Informationen für Bremen, hochwasserschutz-bremen.de, und schicke sie meiner Schwester. »Kanntest du diese Seite? Weißt du, welche Pflichten du hast in Sachen Vorsorge?«, frage ich. »Nein«, sagt sie. Sie habe zwar schon mal in der Zeitung gelesen, dass Bremen im Zuge der Klimakrise von Hochwasser betroffen sein könnte, aber Details wüsste sie nicht. Gemäß Wasserhaushaltsgesetz (§ 5 Abs. 2 WHG) ist jede Person dazu verpflichtet, Maßnahmen zur Eigenvorsorge für den Fall eines Hochwassers zu treffen. Im Wortlaut: »Jede Person, die durch Hochwasser betroffen sein kann, ist im Rahmen des ihr Möglichen und Zumutbaren verpflichtet, geeignete Vorsorgemaßnahmen zum Schutz vor nachteiligen Hochwasserfolgen und zur Schadensminderung zu treffen, insbesondere die Nutzung von Grundstücken den möglichen nachteiligen Folgen für Mensch, Umwelt oder Sachwerte durch Hochwasser anzupassen.«[27] Wie man sich in so einem akuten Fall zu verhalten hat, dafür gibt es zahlreiche Broschüren und Informationen auf der Website vom BKK. Ich nutze die Gelegenheit und schicke meiner Schwester die Links vom Bundesamt für Bevölkerungsschutz und Katastrophenhilfe.[28]

Wenn ihr wissen wollt, wie die Lage an eurem Wohnort ist, einfach googeln bzw. auf Ecosia suchen: Bundesland + »Hochwassergefahrenkarte« eintippen, dann müsste die jeweilige lokale Information auftauchen. Das mache ich auch, lande auf der brandenburgischen Seite und klicke mich durch nach Eberswalde. Da fließt die Schwärze, meine geliebte Schwärze. Genau die könnte zum Problem werden. Ich stelle die Karte auf »Hochwasser mit hoher Wahrscheinlichkeit« und sehe, welche Häuser in der Nachbarschaft betroffen wären. Am östlichen Ende des Parks, beim Friseursalon, würde alles unter Wasser stehen. Noch viel schlimmer betroffen sind die schönen Kleingärten direkt an der Schwärze. Wenn ich die Karte auf »Hochwasser mit niedriger Wahrscheinlichkeit« einstelle, ist ein weit größeres Gebiet betroffen. Ganze Häuserblocks sind dann unter Wasser, auch die Häuser in meiner Straße und der Parallelstraße.

Umziehen könnte also eine der besten Anpassungsmaßnahmen sein. Ein Wort, es klingt so leicht und ist doch so schwer. In Interviews sagten die Betroffenen der Ahrtal-Flut häufig, sie könnten nicht weg. Wohin auch? Hier haben sie ihre Grundstücke, hier standen ihre Häuser, hier sind sie verwurzelt. Teilweise werden die verwüsteten Häuser instand gesetzt oder an gleicher Stelle wieder aufgebaut, mit staatlichen Mitteln und den Geldern von Versicherungen. Denn die Versicherung zahlt nur, wenn es am selben Ort wiederaufgebaut wird. Kein Dazulernen. Völliger Wahnsinn, wenn man bedenkt, dass wir noch am Anfang der Klimakrise stehen. Besteht überhaupt eine Elementarversicherung, die die Schäden abdecken würde? So wie

Hochwasser von hundertjährlichen zu jährlichen Ereignissen werden, so kann auch der Meeresspiegelanstieg Höhen erreichen, die heutige Dämme, die ja auch nicht unendlich erhöh- und verbreiterbar sind, nicht mehr halten können. Es gibt sie, diese Grenzen der Anpassung, und der effektivste Schutz in diesem Fall ist der Rückzug aus den gefährdeten Gebieten. Über kurz oder lang wird das notwendig werden. Wenn nicht für die aktuelle Generation, dann spätestens für die Kinder und Kindeskinder. Aber ehrlicherweise auch für unsere Generation schon, denke ich.

Wer aus welchen Gründen auch immer nicht wegkann, sollte zumindest einige Faktoren beachten und Maßnahmen treffen. Als Mieter*in kann man in höher gelegene Häuser ziehen – selten ist eine Stadt, ein Dorf komplett flach – oder in höhere Stockwerke. Als Eigentümer*in kann man sich um eine Haus-anhebung oder -verlegung kümmern. Dies ist nicht bei jedem Haus möglich, aber unter Umständen eine Überprüfung wert. In dem Buch *How to Prepare for Climate Change* von David Pogue finden sich konkrete Beispiele, und es gibt viele Hoch-wasser-Beratungsstellen in Deutschland – eine Erstberatung ist oft kostenlos. Bei einem Neu- oder Wiederaufbau besteht die Möglichkeit, von Anfang an auf Pfählen zu bauen. Das ist zwar teurer, aber an gewissen Stellen, wie z. B. in meinem Stadtteil in Eberswalde, notwendig, da das Grundwasser so hoch ist bzw. die Straßen so niedrig liegen. Wie oben schon erwähnt, könnte man auch die wichtigsten elektrischen und Heizungsgeräte nach oben verlegen.

Auf der Website www.hochwasser-pass.com finden sich Sach-kundige, die einem helfen können, den oben erwähnten Hoch-wasserpass für sich zu erstellen, und die Hinweise geben, auf welche Kriterien zu achten ist, wenn man ein Haus kaufen oder mieten möchte. Zwei der wichtigsten Punkte lauten:

»Einsichtnahme in amtliche Karten zur Hochwassersituation am Objekt« und

»Erfassung von Vorschäden am Objekt durch Befragung der Betroffenen und visuelle Prüfung«.

Es lohnt sich auch, Warn-Apps wie KATWARN, NINA und die »Meine Pegel«-App auf dem Handy zu installieren. Erstere informieren über aktuelle allgemeine Warnmeldungen, Letztere über Flusspegel. Auch vorzusorgen für den konkreten Fall eines Hochwassers lohnt sich, nicht nur weil es eine Bürger*innen-pflicht ist, wie oben erwähnt, sondern auch weil es sozial ist. Wer selbst genug Vorräte hat, kann damit sich und Nachbar*in-nen in Notfallsituationen helfen. So haben Hilfswerke im Ernst-fall mehr Kapazitäten frei.

Welche konkreten Vorkehrungen kann man außerdem tref-fen, um im Ernstfall möglichst glimpflich durch ein Hochwasser zu kommen? Hier ein paar Tipps.

Zur Vorbereitung:
- Dachrinnen und Abflussrohre sauber halten; bei Starkregen will man, dass der Abfluss funktioniert.
- Eine wassersichere Box für Urkunden, Pässe etc. in höheren Stockwerken oder auf Schränken lagern, Gleiches gilt für Schmuck, teure Elektrogeräte, Fotoalben etc.
- Es gibt nicht nur Feuermelder, sondern auch Wassermelder, die geben Bescheid, wenn Wasser ins Haus gelangt.
- Ein aufblasbares Boot für die Evakuierung bereithalten und dieses nicht im Keller lagern.
- Einen Evakuierungsplan haben: An welchen höher gelegenen Ort kann man fahren, und wie kommt man dorthin? Klassi-sche Landkarten sind wichtig, weil Strom und Internetemp-fang in Ernstfällen schnell weg sein können.
- Pro Familienmitglied eine »To-go-Bag« vorbereiten – eine

Empfehlung, was dort alles hineinsollte, findet sich auf der Seite des BKK.
- Batterie- oder kurbelbetriebenes Radio für aktuelle Informationen bereithalten, falls Strom oder Internetempfang ausfallen.

Im Fall eines Hochwassers:
- Wenn es heißt, evakuieren, sofort los! Wenn man denkt, man sollte evakuieren, dann auch los.
- Die Hauptsicherung im Stromkasten ausschalten. Denn wenn der Strom zurückkehrt und alles nass ist, könnte es sonst leicht zu einem Kurzschluss kommen.
- Niemals Flutgewässer überqueren, niemals. Nie. Man weiß nie, was drunter liegt und wie schnell das Wasser fließt, das ist die allergrößte Gefahr. Das Wasser ist außerdem wahrscheinlich mit Öl verdreckt und dadurch zusätzlich gefährlich. Auch wenn jemand anderes den Fluss erfolgreich überquert hat, heißt das nicht, dass man das selbst auch übersteht.

Für weitere Hinweise mit Fokus auf praktischen Anleitungen inklusive Bauempfehlungen für das Eigenheim und zu allem, was nach dem Rückgang der Flut zu beachten ist, empfehle ich einmal mehr das Buch *How to Prepare for Climate Change* von David Pogue.

Manch eine*r mag diese Empfehlungen für übertrieben halten. Aber ich habe sie mir nicht ausgedacht. Das sind offizielle Empfehlungen, die sich auf den entsprechenden Seiten und Broschüren der Behörden wiederfinden. Hochwasser hat und wird in Deutschland auch weiter Leben kosten. Wer mal nachlesen will, wie schnell alles gehen kann, dem empfehle ich das Buch *Es war doch nur Regen!? Protokoll einer Katastrophe* von Andy Neumann, einem Flutopfer aus dem Ahrtal. Nur wenn wir uns

anpassen und vorbereiten, wenn wir aus Risikogebieten weg-
ziehen und dort nicht mehr bauen, können wir uns schützen.
Wenigstens ein bisschen. Ich hoffe, dass meine Schwester dieses
Kapitel liest. Dass sie sich Gedanken macht und vielleicht
Konsequenzen zieht. Ich hoffe, dass wir die Sicherheit, die wir
so lange genossen haben, nicht länger als Selbstverständlichkeit
sehen, sondern handeln. Dass die Klimakrise, die Ukraine-
Invasion, die Wirtschaftskrise den einen oder die andere etwas
aufgerüttelt hat. Und wir lernen, uns anzupassen an diese neue
Welt, um zu überleben.

Kapitel 7

LANDWIRTSCHAFT

» Wen interessiert Intelligenz? Die einzige Währung,
die auf dem Planeten Erde interessiert, sind Kalorien,
dass wir was zu essen und zu trinken haben.«[1]
– Mark Benecke

Von Jägerinnen und Sammlern und dem größten Betrug der Geschichte

Es war einmal, so vor 11 500 Jahren … Da lebten auf allen Kontinenten dieser Erde Menschen, sie jagten, sie sammelten, sie liebten einander, sie sorgten für ihre Kinder, sie kämpften, sie lebten. Bis zu dem unglückseligen Moment, als sie beschlossen, sich niederzulassen und ein paar wenige Sorten Pflanzen zu kultivieren und Tiere zu domestizieren. Es war der Moment, in dem die landwirtschaftliche Revolution begann: mit Weizen und Ziegen, dann folgten Oliven, Wein, Erbsen, Linsen und Pferde. Je nachdem, wo die Menschen sesshaft wurden, versuchten sie, sich unabhängig voneinander auf ein paar wenige kalorienbringende Arten zu spezialisieren. Statt wie bisher weiterzuziehen, mit den Herden, denen sie folgten, errichteten sie Häuser und Mauern, Städte und Hierarchien. Es war das vermeintliche Ende von Gefahr und Entbehrungen und das tatsächliche von Freiheit und Gleichheit. Das Leben als Bäuer*innen war um einiges härter und ungesünder als das ihrer jagenden und sammelnden Vorfahren. Die Lebenszeit verkürzte sich, Menschen ruinierten ihre Zähne, verschlissen Rücken und Gelenke mit der landwirtschaftlichen Arbeit, lange bevor sie es vor den Computern wieder taten. Sie holten sich Krankheiten, die sich durch das enge Zusammenleben von Mensch und Tier ausbreiteten. Grippe sprang von Schweinen und Hühnern auf den Menschen über, Pocken und Masern von Rindern und Kamelen.[2] Es war nicht der Apfel, der Adam und Eva aus dem Paradies trieb – es war der Weizen. »Im Durchschnitt arbeiteten die Bauern mehr als die Jäger und Sammler und bekamen zum Dank eine ärmere Kost. Die landwirtschaftliche Revolution war der größte Betrug der Geschichte«, schreibt Yuval Noah Harari in *Eine kurze Geschichte der Menschheit*.[3]

Gefangen im System

Die Geschichte der Landwirtschaft der letzten hundert Jahre ist ähnlich der eben beschriebenen. Sie ist vor allem eine Geschichte der Knechtschaft. Nicht länger die des Weizens, sondern die eines Kreislaufs aus falschen Versprechungen des Kapitalismus. Ein Kreislauf, aus dem kaum auszubrechen ist.

Anfang des letzten Jahrhunderts bestand die deutsche Bevölkerung zu 60 Prozent aus Bäuer*innen, jede*r zweite von ihnen hatte einen Betrieb kleiner als 2 Hektar. Großgrundbesitzer*innen machten nur 5 Prozent der Bäuer*innen aus.[4] Nach 1945 wurden Großbäuer*innen und Großgrundbesitzer*innen im Osten enteignet, in den 1950er-Jahren entstanden in der DDR die LPGs. Im Westen behalf man sich mit dem Flurbereinigungsgesetz von 1953. Kleinere Land- oder Waldflächen wurden so umstrukturiert, dass ein Betrieb nicht über viele kleine

Flächen kreuz und quer verfügte, sondern sich ein großes, gut zu bewirtschaftendes Feld ergab. Die Flurbereinigung war die Basis für die Modernisierung in der Landwirtschaft: Es kamen größere Mähdrescher, stärkere Traktoren, chemische Dünger, Käfighaltung, Pestizide und schließlich das an die Pestizide genetisch angepasste Saatgut. Was früher Handarbeit war, wurde im Laufe des Jahrhunderts maschinell erledigt. Landwirtschaft ist heute so effizient wie nie zuvor. Die Anzahl der Betriebe und Mitarbeitenden schrumpft, die produzierte Menge wird größer. Heute gibt es nur noch 262 776 landwirtschaftliche Betriebe in Deutschland, davon betreiben 26 133, also 9,9 Prozent, Bio-Landbau. Nur noch 1,12 Prozent der Bevölkerung arbeiten im landwirtschaftlichen Sektor.[5]

Die Effizienz hat ihren Preis. Die Böden wurden ärmer und erodierten. Auch schon vor der Klimakrise. In den letzten Jahren wurden der Teufelskreis und seine Folgen immer absurder: explodierende Dünger-, Sprit- und Futterpreise bei gleichzeitig so mageren und erodierten Böden, dass die Bepflanzung nur mit entsprechendem Dünger und Saatgut funktionierte. Die Düngerpreise 2022 sind viermal so hoch wie im Vorjahr.[6] In meinem Podcast »Über Leben in der Klimakrise« beschreibt Bio-Landwirt Benedikt Bösel in der Folge »Können pupsende Kühe das Klima retten?« die Situation vieler Landwirt*innen in Deutschland: »Am Ende des Tages muss man sich vor Augen führen, dass die Situation der Landwirte im Moment sehr schwierig ist. Sie haben jahrelang getan, was wir von ihnen wollten, und so viel und so billig wie möglich produziert. Dafür mussten sie immer weiter wachsen, investieren und sich spezialisieren. Und heute sind sie oft hoch verschuldet, Gefangene ihrer eigenen Systeme und abhängig von Subventionen, Weltmarktpreisen, Zulieferern und Abnehmern. Selbst wenn sie mehr für Tierwohl tun wollten oder sich um Bodenaufbau bemühten, sie könnten es gar nicht, da die Bank ihr Geld möchte und die Produktions-systeme nicht so einfach gestoppt werden können. Viele Land-wirte kämpfen heute ums Überleben. Das heißt, wir können von ihnen nicht erwarten, dass sie anfangen, regenerativ zu arbeiten. Aber es gibt auch Landwirt*innen, die sehr gute Böden und gute Mengen an Regen haben. Sie verdienen noch recht gutes Geld und sind eher an der Bewahrung des Status Quo interessiert. Und sie haben großen Einfluss auf viele Diskussionen, die agrar-politisch geführt werden. Gleichzeitig haben wir einen Riesen-teil von Landwirt*innen, die bereits wissen, dass sich etwas ändern muss, und die vielleicht auch etwas verändern wollen. Ich spreche aus Erfahrung. Ich würde Dinge auch gerne anders machen können, aber ich habe so hohe operative Kosten, dass ich gezwungen bin, Dinge zu machen, die ich eigentlich nicht gerne machen möchte.«

Uff. Das erschlägt einen ganz schön, veranschaulicht aber die ganze Komplexität, die selbst mir als branchennaher Person fremd war. Mir hat es geholfen zu verstehen, dass jede*r Land-wirt*in den eigenen Acker, die eigene Erde braucht und glaubt, das Beste für diese zu machen – egal, welcher Methoden er oder sie sich bedient. Es fehlt an Wissen und Aufklärung darüber, was die aktuelle Art der Landwirtschaft den Böden langfristig antut. Vor allem aber am Möglichmachen von Alternativen, einer Unterstützung beim Durchbrechen des Teufelskreises, aus dem die wenigsten allein rauskommen. Es braucht eine Revo-lution – sie ist unausweichlich, denn ein »Weiter wie bisher« geben weder die Böden noch die Klimaentwicklungen her. Zumal noch weitere Herausforderungen auf die Landwirtschaft zukommen.

Trocken, trockener, Deutschland

Trockenheit ist eine dieser Herausforderungen. Eine, die weit ins Erdreich hinuntergeht. In 1,8 Metern Tiefe lässt sich selbst noch im September 2022 in weiten Teilen Deutschlands eine »schwere, extreme oder außergewöhnliche Dürre« feststellen – das zeigt der Dürremonitor des Helmholtz-Zentrums für Umweltforschung (UFZ). Das hat erhebliche Folgen für die Landwirtschaft, die als Mitverursacherin der Klimakrise daran nicht ganz unschuldig ist: Der Ausstoß von Methan in die Luft durch Rinderhaltung oder der von Lachgas bei der Düngung des Bodens bleiben nicht folgenlos. Beide sind viel stärkere Treibhausgase als CO_2[7] und verursachen die globale Erwärmung mit.

»Es gibt Länder, die von den Klimafolgen profitieren könnten, hauptsächlich im Norden, wo die wärmeren Temperaturen sich positiv auf die Landwirtschaft und die Produktivität auswirken: Kanada, Russland, Skandinavien, Grönland. Doch die Länder in den mittleren Breiten, die einen Großteil der Weltwirtschaftsleistung hervorbringen – die USA, China –, büßen fast die Hälfte ihrer Konjunktur ein.«[8] Die bereits erreichte 1,3-Grad-Erwärmung hat schon heute Auswirkungen auf die Landwirtschaft. Bei den weltweit zehn wichtigsten Nutzpflanzen Gerste, Maniok, Mais, Ölpalme, Reis, Hirse, Soja, Zuckerrohr, Kartoffeln und natürlich Weizen geht der Ertrag bereits um ein Prozent zurück. Das hört sich nicht nach viel an, doch das ist es in Ländern, die stark von der Landwirtschaft abhängig sind und wo jede Kalorie zählt. Es sterben jetzt schon Menschen durch schlechtere Ernten, ausgelöst durch die Klimakrise.

Wenn die Erwärmung auf 2 Grad ansteigt, führt das zu einer »weltweiten relativen Verringerung der Nahrungsverfügbarkeit von 99 Kalorien pro Person pro Tag«.[9] Das würde zu zusätzlich 529 000 klimabedingten Todesfällen im Jahr 2050 führen. Für die unter uns, die Hans Roslings Buch *Factfulness*[10] gelesen haben und glauben, dass wir in einer so fairen, konfliktarmen und reichen Welt leben wie noch nie zuvor: Ja, das taten wir. Doch nach zehn Jahren konstanten Rückgangs steigt die Zahl der Menschen wieder, die an Unterernährung und Hunger leiden.[11] Das Problem von Hans Roslings Sicht auf die Dinge ist, dass er nur auf das Jetzt schaut und nicht auf das, was kommen wird. Die externalisierten Kosten, also die Kosten, die entstehen, aber nicht vom Verursacher, sondern von der Allgemeinheit getragen werden, sind nicht mitbedacht, denn sie sind in unserer heutigen Zeit noch nicht fällig geworden. Dies wird sich aber ändern. Die Prognosen sagen eine Steigerung der Weltbevölkerung voraus. Wir haben genug Ackerflächen und Möglichkeiten, auch diesen Zuwachs abzufangen und alle zu ernähren. Theoretisch. Allerdings sind die Möglichkeiten unfair verteilt. Zum Thema Reparationen und der Verantwortung Deutschlands und anderer europäischer Staaten an den vielen Konflikten, der Armut und den Folgen der Klimakrise mehr in dem Kapitel Migration. Aber auch hier muss es immer wieder Erwähnung finden. Hätten nicht die Europäer*innen in den letzten Jahrhunderten Afrikaner*innen entführt und versklavt, sie um ihre Ressourcen gebracht und seit der industriellen Revolution der Erde eingeheizt, ginge es den Menschen in Afrika heute sicherlich besser. Die Hungerkatastrophe, auf die wir sehenden Auges zurasen, wäre vermeidbar gewesen. Man kann es nicht oft genug wiederholen: Unser Wohlstand, den wir hier in Deutschland haben, beruht darauf, dass an anderen Orten Mensch und Umwelt dafür zahlen.

Aber zurück zum Thema: Wenn die Erwärmung auf 3 Grad ansteigt, werden aus Äckern Wüsten. Wälder werden brennen, in einem nie da gewesenen Ausmaß. Um genau zu sein, wird es 187 Prozent mehr verbrannte Fläche geben im mediterranen

Europa, insbesondere in Spanien, Portugal, Südfrankreich und Italien.[12] Dürreperioden werden Standard sein, Regenphasen die Ausnahme in diesen Regionen. Mittel- und Nordeuropa werden ein anderes, viel wärmeres Klima erleben. »Oliven-haine, Weinberge, Zitrusplantagen – alles wird aus der ausge-dörrten Landschaft verschwinden.«[13] Bestenfalls werden sich die Anbaugebiete nach Norden verlagern, zumindest, solange es der Niederschlag bzw. die Süßwassermengen vor Ort zulas-sen. Diese Erwärmung um 3 Grad werden wir beim Szenario RCP 8.5 – also »weiter wie bisher« – zwischen 2050 und 2100 erreichen.[14]

In Deutschland werden wir die unterschiedlichsten Konse-quenzen dieser landwirtschaftlichen Katastrophe spüren. Woher kommen die Kürbiskerne auf der Kürbissuppe? Die getrock-neten Aprikosen im Müsli? Woher stammt der Weizen für das Mehl der Brötchen? Woher der Hafer für die Hafermilch? Und woher die Datteln im Proteinriegel? Als Bio-Einzelhändlerin habe ich mich früher täglich mit der Herkunft von Lebensmit-teln beschäftigt. Es war immer die gleiche Entscheidung. Kaufe ich die Bio-Sonnenblumenkerne aus der Türkei oder die 30 Pro-zent teureren Bio-Kerne aus Deutschland? Bei welchen Produk-ten können wir den finanziellen Mehraufwand riskieren? Man-deln aus der Region fordert der eine Kunde, der Biomarkt um die Ecke habe sie ja auch. Ja, hat er. Aber der Preis ist für viele unserer Kund*innen nicht stemmbar. Als kleiner Unverpackt-Laden haben wir nur eine begrenzte Fläche und können keine Mandeln aus zwei verschiedenen Ursprungsländern anbieten. Wenn wir es doch probierten, fiel die Wahl der meisten Kund*in-nen leider oft auf die weniger lokalen, dafür preiswerteren Pro-dukte. Inzwischen kann man auch Kichererbsen, Sojabohnen und vieles mehr in Deutschland anbauen, der Klimakrise sei Dank. Die wenigsten Menschen in Deutschland allerdings können die Preise dafür zahlen. Manche könnten, wollen aber nicht, das sind die mit den dicken Karren vor dem Aldi. Und manche würden gerne, aber können einfach nicht.

In einer um 3 Grad erhitzten Welt werden die meisten nicht mehr die große Wahl haben. Nicht nur die Wahl zwischen bio und konventionell wird wegfallen, auch die riesige Produktpalette wird sich reduzieren. Die Anzahl an preiswerten Lebensmitteln und unser Wohlstand insgesamt werden sinken. Bis 2025 könnten »die Preise für Weizen um 55 Prozent, für Reis um 37 Prozent und für Mais um 11 Prozent steigen. Gleichzeitig werden riesige und volatile Preisschwankungen erwartet.«[15] Ich stelle mir das ein bisschen vor wie in der DDR, die ich ja nur aus Filmen, Büchern und Erzählungen kenne: Die Wohlhabenderen und gut Vernetzten kommen an Bananen ran – für den Rest gibt es nur Gurken aus Brandenburg. Jedes Grad Celsius, das wir einzusparen schaffen, zahlt sich am Ende auch in Form von mehr bezahlbaren Lebensmitteln aus.

Schon heute erleben wir steigende Preise aufgrund von Inflation und schlechteren Ernten.[16] Menschen mit schmalem Geldbeutel können sich gesundes Essen oft nicht leisten. Fleisch ist billiger als Tofu oder sogar Obst und Gemüse.[17] Dabei belastet diese Situation nicht nur Menschen, die von Armut betroffen sind, und die Mittelschicht, sondern auch die Bäuer*innen selbst. Viele Betriebe kämpfen seit Jahrzehnten um ihre Existenz, jedes Jahr ist ein Überlebenskampf. Die Selbstmordrate unter Bäuerinnen und Bauern in Europa ist in den letzten Jahren angestiegen – im Vergleich dazu sank sie im Rest der Bevölkerung. Ein Tabuthema. In der Schweiz liegt die Selbstmordrate bei Bauern (im Vergleich zu Männern mit gleichen demografischen Merkmalen) sogar 37 Prozent höher. »Gründe sind vor allem Zukunftsangst, Geldsorgen und Nachfolgeprobleme.«[18] Das System tötet. Die Zahl der Betriebe nimmt ab, die Versorgungssicherheit sinkt. Felder werden von großen Betrieben aufgekauft, in der Regel zählt das Höchstgebot und nicht das Konzept. Statt sie an kleine Betriebe zu verkaufen, die biodivers und klimafreundlich arbeiten, bleibt der Status quo bestehen.

Zudem ist dieses System, das sich auf wenige Nutzpflanzen stützt, anfällig und riskant und führt vor allem zu Abhängigkeit. Drei Agrarchemiekonzerne beherrschen mehr als die Hälfte des Marktes.[19] Es sind gigantische, weltweit agierende Monopolisten wie Bayer, die Monsanto kauften, DuPont und ChemChina. Nur vier Konzerne beherrschen den globalen Pestizid-Markt.[20] Dass solche Monopolstellungen nicht im Sinne der Umwelt sein können, ist naheliegend. Statt auf Artenvielfalt und Ökosystemerhaltung setzen die Konzerne auf Produktivitätssteigerungen, Bewirtschaftung immer größerer Flächen, Monokulturen und den Einsatz von Pestiziden und gentechnisch veränderten Pflanzen. Ihr Ziel in der kapitalistischen Welt, in der wir nun mal leben, ist klar: Profitmaximierung durch industrielle, konventionelle Landwirtschaft, und zwar nicht nur in Deutschland und Europa, sondern auch immer mehr im Globalen Süden. Ergebnis hiervon ist Saatgut, das auf Pestizide abgestimmt ist, und ausgedörrte, humusarme Erde, die ohne Dünger nicht kann. Das ist das System, dem heute ein Großteil der Landwirt*innen erlegen ist und dem sie sich nicht entziehen können.

Der Kampf ums Wasser

»In der Vergangenheit mussten Bauern in Deutschland ihre Felder kaum bewässern, weil der Regen ausreichte. Nicht einmal 3 Prozent der hiesigen Äcker wurden bisher bewässert, vor allem Felder mit Kartoffeln, Mais oder Zuckerrüben, mit Spargel oder Erdbeeren«,[21] heißt es in dem Buch *Deutschland 2050*. Dass sich das in Zukunft radikal ändern wird, belegen die erschreckenden Bilder auf dem Dürremonitor des Helmholtz-Zentrums. Seit 250 Jahren war es nicht mehr so trocken wie 2018 und 2019. Auch das Jahr 2022 erreicht neue Rekorde. Auf der Website gibt es drei Arten von Grafiken: Eine zeigt die Trockenheit des Gesamtbodens in einer Tiefe von 1,8 m, eine die des Oberbodens bis zu einer Tiefe von 25 cm, und die dritte zeigt das pflanzenverfügbare Wasser bis 25 cm Tiefe. Unter dieser letzten Grafik stehen auch die nFK-Werte, die für Landwirt*innen wichtig sind – die Werte für die nutzbare Feldkapazität. »Die Feldkapazität (FK) beschreibt den Wasseranteil, den der Boden gegen die Schwerkraft halten kann (oder das Wasser, welches nach drei Tagen noch nicht weggelaufen ist). Unter 50 Prozent nFK ist Bewässerung nötig, um den optimalen Ertrag zu erreichen, unter 30 Prozent zeigen die Pflanzen Trockenstress. 0 Prozent: der Welkepunkt – es ist so wenig Wasser im Porenvolumen enthalten, dass die Pflanzen es nicht mehr aufnehmen können.«[22]

Ich schreibe dieses Kapitel im September 2022, aktuell ist die Dürrekarte im Gesamtbodenbereich fast komplett dunkelrot. Es herrscht eine außergewöhnliche Dürre. Wenige Bereiche in Schleswig-Holstein, Mecklenburg-Vorpommern und Bayern weisen »nur« eine »ungewöhnliche Trockenheit bis schwere Dürre« auf.

»Menschliche Eingriffe in den Landschafts- und Wasserhaushalt – Entnahmen von Grund- und Oberflächenwasser, Entwässerung von Feuchtgebieten, Flussumleitungen, Bau von Talsperren – tragen direkt oder indirekt zur Verschärfung bestehender Dürren bzw. ihrer Auswirkungen bei.«[23] Das fehlende Wasser raubt auch den Düngeeffekt, der sich teilweise durch den CO_2-Anstieg[24] in der Luft ergibt. Denn Kohlendioxid regt die Fotosynthese an, doch nur wenn es auch genügend regnet. Gleichzeitig nimmt die Qualität des Eiweißes in Pflanzen ab, Kühe müssen deswegen für die gleiche Menge an Milch mehr Gras fressen.[25] Ohne verlässlich wiederkehrenden Regen gibt es kein Vertrauen auf klassische Bauernregeln, Prozesse und ertragreiche Ernten. Eine Garantie gab es nie, doch das Risiko war noch nie so hoch wie heute. Und dabei ist jedes aktuelle Jahr das wahrscheinlich einfachste Jahr im Vergleich zu dem, was noch kommen wird.

Jetzt könnte man meinen, mit ein paar Beregnungsanlagen sei das Problem gelöst, aber so einfach ist das nicht. Wasser gibt es nicht umsonst. Es bestehen maximale Entnahmegrenzen, und das sinkende Grundwasser sorgt dafür, dass auch Brunnen tiefer gebohrt werden müssen. Die Maschinen dafür bezahlen sich auch nicht von selbst. Der Anbau mancher Pflanzen verschlingt so viel Wasser, dass dies nicht einfach nur durch künstliche Beregnung von oben kommen kann. Ein gutes Beispiel hierfür ist der Reisanbau in Italien, der im Jahr 2022 besonders litt. Mehr als acht Monate hatte es hier nicht mehr geregnet, Kanäle, Flüsse und Seen, aus denen das Wasser für die Reisfelder normalerweise kommt, waren trockengefallen.[26] Ich erinnere mich auch an einen italienischen Biobauern, dessen Pferde- und Gemüsehof ich auf einer Urlaubsrückreise aufsuchte. Er erzählte, wie sich im August die Risse im Boden in riesige Krater verwandelten. »40 bis 50 Zentimeter breite Krater! Ich konnte meine Pferde nicht mehr rauslassen«, sagte er, »die hätten sich die Beine gebrochen.«

Der Kampf mit der Hitze

Als ob das nicht genug wäre, wird es ja auch noch heiß. Landwirt*innen haben schon an sich anstrengende, auslaugende Arbeitszeiten. Entsprechend den Wettervorhersagen muss gesät, gepflügt oder geerntet und eingefahren werden, und dies im Akkord. Im Sommer, wenn alle am Wochenende zum Baden fahren, sieht man die Landwirt*innen auf den Feldern arbeiten. Auch bei 35 °C. Viele Betriebsstätten in Geschäften, Büros und Industrieanlagen werden langsam mit Klimaanlagen ausgestattet. Aber wenn man in einem heißen Traktor von morgens früh bis spät in die Nacht arbeitet, dann ist auch eine Klimaanlage bloß ein Tropfen auf den heißen Körper. Hinzu kommen vor allem bei Mähdreschern das Risiko der Überhitzung und die Brandgefahr der Maschine. Die Landwirt*innen, mit denen ich sprach, sagten alle, dass sie in dem heißen Sommer 2022 an mehreren Tagen die Maschinen stehen lassen mussten. Wenn angrenzend an einen trockenen Wald Stahl auf Stein trifft und in einem trockenen Feld Funken schlägt, ist das zu viel Risiko. Einer nannte den Mähdrescher »eine fahrende Feuerschale«.

Es gibt genug landwirtschaftliche Tätigkeiten, die nicht von Maschinen übernommen werden, bei denen Handarbeit gefragt ist. Klar wird versucht, die Mittagshitze zu vermeiden, aber der Tag hat auch nur 24 Stunden, und die Kinder sind nur zu einer bestimmten Zeit in Schule und Kita. Arbeiten in der glühenden Hitze. Das gilt natürlich nicht nur für Deutschland, sondern vor allem für südlich gelegene Länder, aus welchen viele unserer Lebensmittel kommen.

Und dann ist da noch die Hitzewirkung auf Nutztiere, die in Ställen gefangen sind und nicht rauskönnen. Selbst die Tiere draußen auf der Weide finden häufig keinen Schatten mehr, weil Bäume auf Äckern nicht erwünscht sind.

Verschiebung der Vegetationsperioden

Als Gärtnerin warte ich jedes Frühjahr ungeduldig auf die Eisheiligen. Das sind Tage Mitte Mai, an denen es trotz des warmen Frühlings nachts häufig noch mal friert. Erst nach den Eisheiligen, die letzte ist die »kalte Sophie«, empfiehlt sich die Auspflanzung frostempfindlicher Pflanzen – eine alte Bauernregel. Auch 2022 fieberte ich darauf hin, dass die Gartensaison endlich losging. Die Jungpflanzen stauten sich auf allen Fensterbänken, Tischen, Kommoden, Regalen, Böden. Jeder freie Zentimeter wurde genutzt. Der Mai wurde wärmer und wärmer, der Monat verging, ohne Frost. Ich pflanzte die Setzlinge draußen ein, aber komisch war es doch. Etwas fehlte. Hatte das Phänomen der Eisheiligen dieses Jahr früher stattgefunden? Gar nicht? Oder würde es später kommen und meine Setzlinge kalt erwischen? Was früher als so sicher galt, trifft heute nicht mehr zu. Für die Landwirtschaft kann das zur Katastrophe werden. Wenn zum Beispiel die Apfel- oder Kirschblüte schon in voller Pracht steht und es dann nachts Minustemperaturen gibt, kann dies eine ganze Ernte zerstören. Gleiches gilt, wenn die Bäume so früh blühen, dass die entsprechenden Bestäuber noch nicht aktiv sind. Alles ist durcheinandergeraten.

Die Ursache ist klar: Durch die Klimakrise verschieben sich Vegetationsperioden, Vegetationslandschaften verändern sich. Nehmen wir das Beispiel Kaffee. Die idealen Bedingungen für Coffea Arabica finden sich in einer Höhe von 1000 bis 2300 Metern bei Temperaturen von 18 bis 22 °C. Der Arabica hat spezielle Ansprüche, und genau deswegen wird sich die Anbaufläche im RCP-8.5-Szenario bis 2050 um 60 Prozent reduzieren.[27] In Brasilien werden dann 97 Prozent der Arabica-Anbauflächen verschwunden sein. Siebenundfuckingneunzig! In Äthiopien wird es qualitativ weniger gute Anbauflächen geben, auf denen

Sorten wie Yirgacheffe, Sidamo, Harar/Mocca und Limu oder andere mit spezielleren Noten wachsen können.[28] Generell würde ich gerne wissen, auf welche Rauschmittel auch in Zukunft noch Verlass ist. Gras lässt sich bald legal in Deutschland für den Eigenbedarf anbauen und gedeiht in der frostfreien Zeit auch gut. Das profitiert also von der Erwärmung in Deutschland. Sobald es aber kommerziell in Indoorplantagen angebaut wird, wird die benötigte Energiemenge zum Problem. Für mich persönlich wenig relevant, aber interessant: Mohn kann durch CO_2-Anreicherung in der Luft mehr Biomasse produzieren, ist sehr dürreresistent, und die Anzahl der Alkaloide (wie Morphin) pro Pflanze nimmt zu.[29] Eine Droge, die mich eher interessiert, ist der Alkohol. Wärme und Dürre machen zum Beispiel der Braugerste Schwierigkeiten, der Preis wird steigen, ergo auch der des Bieres.[30]

Die Klimakrise hat auch einen gigantischen Einfluss auf den Weinanbau. Nicht nur durch Katastrophen wie 2021 im Ahrtal, als ganze Weingüter überschwemmt und zerstört wurden. Auch die Trockenheit, der Spätfrost oder Hagel werden immer öfter zum Problem.[31] Lange Zeit galt der 50. Breitengrad Nord als »Weinäquator«. Nördlich der Mainlinie war kaum Weinanbau möglich, zu nass, zu kalt. Das gilt nun nicht mehr. Und auch die Traubenproduktion unserer Lieblingsnachbarn wird unter den Veränderungen leiden: Bei einer 2-Grad-Erwärmung könnte Spanien rund 65 Prozent seiner Anbaugebiete verlieren,[32] bei einer 4-Grad-Erwärmung wären es fast 90 Prozent; Gleiches gilt für Italien. 2018 war es dort so heiß, wie man es im Durchschnitt erst für 2050 erwartet hatte. Hohe Temperaturen und Trockenheit lassen Trauben anders reifen, Erträge fallen geringer aus. Und natürlich schmeckt am Ende auch der Wein anders.

»Die Klimakrise bedeutet für uns im Grunde genommen eine

noch größere Ungewissheit, (...) das muss man sich viel klarer vor Augen führen. Es ist nicht so, dass wir davon ausgehen können, dass es immer trockener wird oder immer heißer wird oder auf einmal immer mehr Regen kommt. Nein, es ist so, dass es immer schwerer wird, diese Dinge vorauszusehen. Es wird einfach völlig unkontrollierbar, völlig rausgelöst aus den geschichtlichen Erfahrungen auftreten. Das heißt, dass wir nicht mehr davon ausgehen können, dass sich das Wetter so verhält, wie es sich in der Geschichte verhalten hat«, so Biobauer Benedikt Bösel im bereits erwähnten Podcast »Über Leben in der Klimakrise«.

Artensterben

Als wäre die Klimakrise nicht schon schlimm genug, bricht parallel zu ihr eine weitere, mit ihr verbundene und von uns Menschen mitverursachte Katastrophe über uns herein: das große Artensterben. Es ist das sechstgrößte in der Geschichte unseres Planeten. Vom letzten waren die Dinos betroffen, außerdem 75 Prozent aller Tiere und Pflanzen, die damals, am Ende der Kreidezeit, auf der Erde lebten. Für ihr Aussterben können wir ausnahmsweise nichts, der Schuldige war vermutlich ein Asteroid. Meinem Sohn zuliebe habe ich mich gut zwei Jahre mit Dinos beschäftigt und kann heute aus dem Effeff locker hundert Dinos aufzählen. Mein Lieblingsdino ist der Quetzalcoatlus, ein gigantischer Flugsaurier. Mit einer Spannweite von zehn Metern hätte er locker 'nen Kleinwagen mit seinen Füßen greifen und transportieren können. Der Einschlag des Asteroiden sorgte für gigantische Wolken aus Staub, Ruß und Schwefel, die das Sonnenlicht abblockten. Die Pflanzen konnten keine Fotosynthese mehr betreiben und gingen fast komplett ein. Die pflanzenfressenden Saurier hatten kein Futter mehr und starben, die Fleischfresser ebenso, denn sie fanden keine Beute mehr. Gerade mal ein Viertel der Flora und Fauna überlebte den Schlag aus dem All, der eine lange Klimakrise auslöste. Es dauerte, bis sich neue Arten entwickeln konnten und die Säugetiere den Platz der Dinos einnahmen.

Fast forward: 65 Millionen Jahre später hat sich der Mensch die Erde und ihre Lebewesen untertan gemacht. Er hat laufen gelernt, das Feuer gebändigt und alles und jeden gejagt. Für das sechste große Artensterben können wir nicht mit dem Finger ins All zeigen. Wir sind dafür maßgeblich verantwortlich. Für manche wird es an der Windschutzscheibe sichtbar. Kaum noch tote Fliegen, Wespen oder andere Insekten, selbst nach langen Fahrten nicht. Ein Zeichen der Biodiversitätskrise? »Jein«, meint Jasmin Schreiber in ihrem Buch *Biodiversität:* Die Bauart der Autos habe sich geändert, sie seien stromlinienförmiger, die Windschlüpfrigkeit gestiegen. Das sei aber nur der eine Grund. Der andere sei sehr wohl das Insektensterben.

Die Biodiversitätskrise bekommt viel weniger Aufmerksamkeit als die Klimakrise, hat aber in Teilen ähnliche Folgen. Wenn Ökosysteme zusammenbrechen, dann trifft das auch uns Menschen. Wir leben nicht von Luft und Liebe, sondern sind abhängig vom Funktionieren der unterschiedlichen Ökosysteme um uns herum. »Die Reduzierung der Biodiversität durch Zerstücklung der Habitate erfolgt schleichend. Wenn aus Wiesen oder Mooren Ackerfläche wird, wenn ein Gebiet mit einer seltenen Art bebaut wird, kann es sein, dass eine Art von ihren Brutplätzen oder Nahrungsressourcen abgeschnitten wird und in diesem Gebiet ausstirbt.«[33] Gerade das Insektensterben hat Folgen für unsere Lebensgrundlagen: Mit ihnen fehlen wichtige Bestäuber für Bäume und Pflanzen.

Dann gibt es da noch die invasiven Neophyten. Wenn es um Renaturierung geht, soll man der Natur ihren freien Lauf lassen und möglichst nicht eingreifen. Außer, es sind Neophyten im Spiel. Invasive Neophyten sind Pflanzenarten, die aus anderen Gegenden der Welt stammen, ihren Weg in ein Naturgebiet fanden und sich dort invasiv ausbreiten. Durch ihre aggressive Aussamung nehmen sie der lokalen Flora und Fauna die Möglichkeit, sich organisch zu verbreiten. Sie sind oft gegen lokalen Käferbefall oder Krankheiten immun und damit den heimischen Arten überlegen. Das verringert nicht nur den Bestand an heimischen Pflanzen, sondern kann auch zu einer Monokultur besagter invasiver Spezies führen. Dann nimmt die Biodiversität rapide ab. Mein absolutes Hass-Neophyt ist der japanische Staudenknöterich. In unserem Garten in Schweden kämpfen wir seit Jahren mit ihm. Inzwischen sehe ich ihn überall. In meinem Eberswalder Kleingartenverein oder im Harzer Wald, selbst in meinen Träumen wuchert er schon herum.

Die Abholzung von Wäldern und die Verschmutzung unserer Umwelt tun ihr Übriges. Der Weltbiodiversitätsrat IPBES verkündete nach der Auswertung von über 15 000 Studien: »Die weltweite Artenvielfalt an Land und im Meer schwindet mit so hoher Geschwindigkeit, dass ein Kollaps des globalen terrestrischen Ökosystems und seiner Ökosystemleistungen für die Menschheit im 21. Jahrhundert logisch ist, sofern diese Entwicklung nicht aufgehalten werden kann.«[34] Na, das klingt ja fabelhaft. Dabei sind funktionierende Ökosysteme für uns überlebenswichtig. Wie Nagini für Voldemort oder – wenn wir uns nicht mit Voldemort identifizieren wollen – wie der Arc-Reaktor für Iron Man. »Die Naturleistungen, die alldem zugrunde liegen, stellt die Erde uns bisher ganz kostenlos zur Verfügung. Den Wert dieser Ökosystemleistungen schätzt die Naturschutzorganisation WWF auf 112 Billionen Euro pro Jahr. Das ist mehr als die Staatseinnahmen aller Länder der Erde zusammengerechnet. Das ist bloß die ökonomische Betrachtung.«[35] Die

Arbeit von Insekten wird mit 235 bis 577 Milliarden US-Dollar pro Jahr bewertet.[36] Sie sind nicht nur wichtig für Gemüse- und Obstanbau, wir brauchen sie auch für die Herstellung von Fasern, Medikamenten oder Baumaterialien.[37]

Auch wenn wir heute sofort bundesweit auf Pestizide und Kunstdünger verzichten und ganz auf Bio-Landwirtschaft umstellen würden, wäre das Problem der Biodiversitätskrise nicht gelöst. Denn die Äcker blieben Äcker, die Moore trocken, die Artenvielfalt hätte keinen Raum zum Bleiben und Entfalten. Bio allein ist also nicht die Lösung.

Anpassungsmaßnahmen

Wenn mein Sohn, wie jetzt, neben mir am Tisch sitzt und isst, erfüllt mich das mit tiefer Zufriedenheit. Nicht, weil ich ihm etwas Gesundes zubereitet habe: Er isst Zimt-Cerealien. Zucker pur. Sondern weil er konzentriert und zufrieden das Essen in sich hineinschaufelt. Ich habe meine Elternpflicht erfüllt. Aber ich frage mich immer wieder: Wie sieht es mit der Versorgungssicherheit aus? Wie lange kann ich noch in den Supermarkt meiner Wahl gehen und mich zwischen 30 Sorten Müsli entscheiden? Wann wird es zur Qual, wenn die Auswahl sehr begrenzt ist und die Mengen rationiert werden wie im Februar 2023 in England? Dort gab es aufgrund schlechter Ernten in Spanien und Nordafrika (woher wir in Mittel- und Nordeuropa im Winter unser frisches Obst und Gemüse beziehen) weniger frisches Obst und Gemüse. Einige Supermarktketten hatten daher Probleme, ausreichend Ware für ihre Kund*innen zu beschaffen, und mussten die Abgabe pro Kund*in rationieren. Die schlechten Ernten waren, wen wundert's, auf die Dürre der letzten Monate zurückzuführen – auf die Klimakrise. Wir müssen die Landwirtschaft anpassen, eher gestern als morgen, sonst kann es schnell auch in deutschen Supermärkten trostlos aussehen.

Strukturelle Anpassungen

Das erste Mal traf ich Beni 2019, bei einem Jury-Meeting der Next Organic, einer jährlichen kleinen Bio-Messe in Berlin, die innovative neue Produkte und Konzepte auszeichnet. Es war mein zweites Jahr in Folge in der Jury. Es machte Spaß, man aß sich durch verschiedenste Produkte, führte tolle Gespräche und erhielt einen Ausblick auf das, was in den nächsten Monaten in den Regalen der Bioläden landen könnte. Beni, mit vollem Namen Benedikt Bösel, kennt ihr bereits. Er war nicht so, wie ich mir als Kreuzbergerin damals einen Bauern vorgestellt habe. Ich hatte offenbar allerlei Klischees im Kopf ... Ich stellte blöde Fragen, hörte aber auch neugierig zu, wenn er vom Borkenkäfer und anderen Herausforderungen seines land- und forstwirtschaftlichen Betriebs erzählte.

Regenerative Landwirtschaft
Was ich damals noch nicht wusste: Beni ist der Posterboy der regenerativen Landwirtschaftsszene in Deutschland – deshalb suchte ich ihn mir später als Interviewpartner für meinen Podcast aus. Sein Leben wäre auch eine gute Romcom: Ein BWLer und Investmentbanker aus London kehrt zurück in seine Heimat im ostbrandenburgischen Land in Madlitz, um den familiären Bio-Betrieb zu übernehmen und in eine klimaresiliente Zukunft zu führen. Entgegen seiner Erwartung merkte er schnell, dass Drohnen und Roboter doch nicht das sind, was der Betrieb braucht. 1000 Hektar sandiges Land mit Acker-Monokultur und 2000 Hektar Forst-Monokultur. Immer heißere Sommer, immer mehr Dürren, immer schlechtere Böden, immer

weniger Ertrag, immer weniger Resilienz. Es brauchte andere Lösungen. Also funktionierten Benedikt und sein Team Hektar um Hektar in ein Forschungslabor für regenerative Landwirtschaft um. Regenerieren, sich wiederaufbauen, erneuern, heilen, gesund werden – eine Landwirtschaft, gut für den Boden und die Biodiversität. Regenerative Landwirtschaft geht über die klassische Bio-Landwirtschaft hinaus, die »nur« auf Pestizide, Kunstdünger und gentechnisch verändertes Saatgut verzichtet. Regenerative Betriebe machen noch weitaus mehr, wie wir gleich am Beispiel von Gut&Bösel sehen werden. Der Betrieb verfügt über eine eigene Baumschule, eine Kompostproduktion, eigene Experimentierstätten und unterschiedliche syntropische Flächen. 40 Hektar Agroforstsysteme, eine Kombination aus Land- und Forstwirtschaft (dazu gleich mehr) und 960 Hektar Ackerland gibt es. Die syntropischen Flächen sind das Herzstück, das Labor des Betriebes, wenn man mich fragt. Natürlich braucht es alle Teile des Betriebes, aber an diese Flächen und an Rosanna Gahler (kurz Rosi) und Renke de Vries, die beiden Köpfe dahinter, habe ich mein Herz verloren. Renke wird uns später im Buch noch durch den Wald führen. Aber Rosi ist mein persönliches Postergirl. Ich löchere sie mit Fragen, zum Teil wirklich dummen, ich bin ja fachfremd. Doch sie hat immer eine Antwort und das liebste Lächeln parat.

Rosi erklärt mir die Zusammenhänge: Das syntropische Agroforstsystem haben Renke und sie angelehnt an das System von Ernst Götsch entwickelt und in Madlitz implementiert: Ernst Götsch ist ein Schweizer, der nach Brasilien ausgewandert ist und das biodiversitäts- und klimafreundliche System der syntropischen Landwirtschaft erforscht und so benannt hat. Das große Vorbild für ihn waren die natürlichen Prozesse der Sukzession im Regenwald, also das Zusammenspiel verschiedener Pflanzen über einen langen Zeitraum hinweg. Und so setzt die syntropische Forst- und Landwirtschaft auf verschiedene resiliente Pflanzensysteme, in denen sich zum Beispiel Bäume und Sträucher durch symbiotische Beziehungen ergänzen. Sie geben einander Schatten, versorgen sich mit Nährstoffen und vielem mehr. Jede Pflanze hat eine bestimmte Funktion im System. So werden Pionierpflanzen wie Pappeln oder Birken als anfängliche Mutterbäume und Biomasselieferanten gepflanzt und Jahr für Jahr hochgeastet, um sie dann auf einer Höhe von 5 Meter zu köpfen. Abgeschnittenes Pflanzenmaterial wird geschreddert und auf die Erde zurückgebracht, also gemulcht. Nach einer Initialdüngung mit Kompost ist keine weitere Düngung oder Bewässerung mehr notwendig. Das Tolle an diesem System: Die Pflanzen helfen sich nicht nur gegenseitig, sondern auch dem Boden dabei, sich zu regenerieren.

Wir gehen zu einem der ältesten Felder, passieren den offenen Zaun, der gerade für neue Saatfelder gebaut wird. »Das Saatsystem war eines unserer ersten Systeme. Hier haben wir die Pioniergehölze und die Sträucher, die Pappeln und Birken und den Sanddorn. Alles, was in der Sukzession spät kommt, also ein dichteres Holz hat, auch viel älter werden kann, einen anspruchsvolleren, besseren Boden und den Schatten der anderen Pflanzen braucht, haben wir per Saat eingebracht: Ahorn, Eichel, Feldahorn, Pflaumen und Apfel- und Birnentrester. In den ersten Jahren werden wir hier zunächst eine mehrschichtige und diverse Sanddornplantage haben. Nach zehn bis 15 Jahren wird der Sanddorn dann von Pflaumen- und Apfelbäumen abgelöst.«

»Weil die groß genug sind, dass sie auch Früchte abwerfen«, glänze ich mit meinem Halbwissen.

»Genau«, sagt Rosi, »schließlich wird es auch zu schattig für den Sanddorn. Der hat dann seine Funktion erfüllt. Nach Erstbesiedlung, Bodenaufbau und Stickstofffixierung folgt die Pflaume.«

Rosanna Gahler stellt den solarbetriebenen Strom ab, damit wir durch den mobilen Zaun krabbeln können, der das Wild vom Abknabbern der Jungpflanzen abhalten soll. Die Fläche dahinter ist gut zwei Jahre alt. »Alles, was du hier zwischen den Bäumen siehst, ist gesät«, erklärt Rosi. Und da ist viel zu sehen. Höher als bis zum Knie wachsen in 100 Meter langen Reihen die unterschiedlichsten Pflanzen, und die Reihen befinden sich in 6-Meter-Abständen zueinander. »Das hier ist zum Beispiel eine Pflaume, die wir vor zwei Jahren gesät haben und die schon veredelt ist. Nächstes Jahr werden dann die Äpfel veredelt. Aktuell haben wir jeden Meter drei veredelte Bäume, aber auf lange Sicht ist das zu eng. Die Reihen werden dann Stück für Stück ausgedünnt. Der stärkste, vitalste Baum darf stehen bleiben. Hier wachsen unter anderem Pflaume, Hasel, Eiche, Feldahorn, Beifuß und Eberesche. Für die Hühner wurde gezielt Eberesche oder Maulbeere eingesät. Von Fallobst von Sanddorn, Apfel, Pflaume und Birne, die nach unserer Ernte übrig bleiben, können Hühner auch profitieren, weil die sich später in kleinen mobilen Ställen hier aufhalten werden. In zwei Jahren werden die Bäume groß genug sein, dass die Hühner in das System inkludiert werden können, ohne Schaden anzurichten. Dadurch ist eine artgerechte Tierhaltung möglich, sowie eine natürlich eingebrachte Düngung des Agroforstsystems.« Was ein Hühner-Leben.

Wir wandern weiter durch die Reihen, und Rosi zeigt auf die einzelnen Pflanzen: »Hier haben wir noch eine Malve, einen Estragon. Eine Roteiche, Stieleichen. Pflaume, Pflaume, Pflaume. Ein paar Birnen haben wir drin. Das war das erste System, das wir gesät haben, und wir sind positiv überrascht, dass die Pflaumen so gut wachsen. Wir haben das System in diesem Jahr kein einziges Mal gewässert.«

»Was?«, frage ich verblüfft, »in diesem heißen Sommer 2022?«

»Das System kam ohne einen Tropfen von außen komplett durch den Sommer.«

»Wie erklärst du dir das?«

»Einfach durch die Beschattung der Vegetation durch Mulch entsteht ein kühlendes Mikroklima aufgrund der sich etablierenden gesunden Bodenmikrobiologie. Dadurch, dass der Boden bedeckt ist, wird die Feuchtigkeit viel besser gehalten. Das Mulchmaterial schützt vor Austrocknung, vor starkem Wind und starkem Regen. Dann ist da noch die Saat. Wenn ein Baum in der Baumschule groß wird und sein Leben lang bewässert wurde, sieht der nach einem Jahr super stark aus. Wenn man den dann aber hier auspflanzt, kriegt der einen Schock. Fuck, Sand, trocken! Wenn du das Saatkorn aber hier in die Erde steckst, dann kennt die Pflanze nichts anderes als solche Bedingungen. Außerdem kommt das Saatgut aus der Region, das enthaltene Erbgut ist also schon entsprechend angepasst und sorgt dafür, dass das nötige Wurzelsystem ausgebildet wird. Das ist am Ende ausschlaggebend dafür, wie viel Wasser die Pflanze braucht. Je tiefer die Wurzel geht, desto mehr Wasser kann die Pflanze nutzen. Eben weil hier nichts umgepflanzt wurde, konnte sich das Wurzelwachstum vollkommen ungestört entwickeln, die Pflanze ist insgesamt viel resilienter.« Anerkennend nicke ich. Da haben wir sie wieder – die Resilienz. Eigentlich geht es bei der Anpassung genau darum: Wege zu finden, die uns und unsere Umgebung widerstandsfähiger manchen. Das hier ist ein Weg.

»Was passiert denn mit diesen breiten Streifen Gras zwischen den Reihen?«, möchte ich wissen.

»Das ist Dauergrünland. Wir fahren hier derzeit noch mit einem Einachser lang, der schneidet und schiebt das Schnittgut als Mulchmasse direkt an die Reihen drei bis vier Mal im Jahr. Irgendwann können hier auch Schafe rein und grasen, aber ausgelegt ist es eigentlich auf unsere Legehennen.«

»Und was ist mit Weizen?«, will ich wissen. Was ist mit Brot, Nudeln, meinen hassgeliebten Kohlenhydraten? »Den wolltet ihr doch auch irgendwo pflanzen, oder?«

»Hier ist zu wenig Platz. Unser kleinster Mähdrescher ist 12 Meter breit. Wenn wir auf Acker-Korn gehen würden, dann bräuchten wir mindestens diese 12 Meter. Wir haben aber eine Fläche, die Kurz-Umtrieb-Plantage, mit Pappeln und schnell-wachsenden Laubgehölzen. Dort haben wir bis zu 36 Meter Abstand zwischen den Baumreihen, da kann der Mähdrescher durch.«

Oh wow, denke ich, also doch. Man kann den Boden durch syntropische Systeme aufbauen und auch den Weizenackerbau davon profitieren lassen. Während ich Rosi durch die Reihen zurück folge, versuche ich, mir das vorzustellen. Ich bin so in Gedanken, dass ich nicht aufpasse und mit meinen kurzen Beinen am orangen Nylonmaterial des Zauns hängen bleibe und umkippe. Wie ein Käfer liege ich auf dem Rücken, lache und kann gar nicht mehr aufhören. Die Städterin, die es nicht mal eben unfallfrei durch einen Zaun schafft. Rosis Hund Donja kommt angelaufen und beschnüffelt mich, freudig mit dem Schwanz wedelnd. Der Himmel ist blau. Die Gänse fliegen. Was für ein Paradies.

Klimapositive Viehhaltung?!

Im letzten Sommer habe ich ein paar Mal auf dem Hof hospitiert. Es war immer wieder faszinierend, wie eine Stunde Hinfahrt, sieben Stunden Arbeit, eine Stunde Pause und eine Stunde Heimfahrt mich weniger erschöpften, als den ganzen Tag das Kind zu betreuen, es und mich emotional und konzentriert zu begleiten, es einfach am Leben zu halten und den Haushalt zu machen. Die Erschöpfung nach so einem Tag kam nicht annähernd an die nach einem Tag Care-Arbeit als Mutter heran –

aber das ist ein anderes Thema. Die Betätigung selbst war zwar manchmal eintönig, dafür aber erfüllend. Wir pflanzten die Zukunft und hatten Spaß dabei. Ich erinnere mich an einen Tag, als wir nur Mädels auf dem Feld waren. Wir nahmen die von Rosi vorbereiteten Saattütchen, vermischten sie mit einer bestimmten Menge Sägemehl und brachten sie in den Reihen aus. Zwischendurch wurde mal kurz pausiert und Wasser getrunken. Irgendwann kam Rosi mit einer Kanne Kaffee um die Ecke. Ich hatte noch Brammibal's Donuts aus Berlin mitgebracht, und so standen wir auf dem Feld bei einem kleinen Kaffeekränzchen, während über uns einzelne Wolken am blauen Himmel vorbeizogen, der Wind leicht in den Bäumen raschelte und die Sonne auf uns niederbrannte. Wir hatten Kaffee, Donuts und alle unsere Periode, und alles war genau richtig.

An einem dieser Sommertage meiner Hospitanz durfte ich zu den Rindern mitkommen. Mit Birger fuhr ich auf dem Squad über die Felder. Er vorne, ich hielt mich hinten an ihm fest. Über uns sah ich den Mäusebussard kreisen, in der Ferne lief ein Fuchs durch das Feld. Ich konnte mein Glück nicht fassen. Ich empfand so viel Liebe dabei, einfach in der Natur zu sein. Die Sonne brannte bereits morgens auf meinen Nacken. An diesem heißen Tag sollten die Rinder in einen neuen Bereich geführt werden. Birger zeigte mir, wie man den solarbetriebenen elektrischen Weidezaun für das »*Holistic Mob Grazing*« umstellt. »Die Rinder grasen immer in einem eng abgesteckten Gebiet auf den Wiesen. Dadurch bleiben sie eher zusammen und fressen auch unliebsame Beikräuter«, erklärte er. Gemeinsam setzten wir den riesigen Wassertrog um und ließen frisches Wasser für die Tiere ein.

In dem neuen Bereich standen einige alte Bäume. Die Rinder liebten nicht nur deren kühlenden Schatten, sondern spielten auch mit den Baumstämmen. Sie rieben sich daran, kletterten,

zogen mit ihren Mündern an den Ästen und Zweigen, sie inter-
agierten mit den Bäumen, wie ich das noch nie gesehen hatte.
Es tat im Herzen gut, zu beobachten, welche Freude sie dabei
hatten. Auch wenn ich weiß, dass vermutlich alle diese Tiere
eines Tages mit einem Schuss erledigt und verarbeitet werden,
so hatten sie bis dahin wenigstens ein wundervolles Leben auf
diesem Hof. Bevor sie von uns konsumiert werden, haben sie
dabei geholfen, den Boden aufzubauen und CO_2 in ihm zu speichern. Dadurch ist diese Art der Viehhaltung nicht nur weniger
klimaschädlich, sondern manchmal sogar klimapositiv.[38]

Diese holistische und tierwohlangepasste Viehhaltung orientiert sich an den natürlichen Abläufen der Natur. Zuerst weidet
eine Herde auf einer Wiese, das Grasen der Rinder regt das
Wachstum der Weide an. Die Tiere knabbern das Gras nur an
und fressen es nicht komplett bis auf den letzten Millimeter weg.
Sie verteilen ihren Dung und ziehen auf das nächste Stück saf-
tige Wiese weiter. Derweil laufen Hühner über das erste Stück,
picken Maden aus dem Dung und verteilen ihn so möglichst
gleichmäßig auf der Fläche. Der Dung gibt dem Boden wertvolle
Nährstoffe. Die Erde wird aufgebaut, und es entsteht Humus.
Durch das so angeregte Wachstum der Pflanzen auf der Wiese
wird mehr CO_2 aus der Luft gespeichert.

Die Hühner ziehen nach getaner Arbeit weiter auf das nächste
Wiesenstück. Sie liefern Eier, die Rinder Fleisch. Bis dahin ziehen
sie ihre Kälbchen auf. Diese dürfen erst mal bei den Mutter-
tieren bleiben, denn Milch wird hier keine gewonnen. Weil die
Rinder helfen, den Boden zu regenerieren, der wiederum CO_2
speichert, und sie keine importierten Sojabohnen zu fressen bekommen, ist das Fleisch klimaneutral. Die regenerative Landwirtschaft ist die nachhaltigste und die am besten an das Klima
angepasste Art der Landwirtschaft. Hier gibt es pupsende Kühe,
die gut für das Klima sind.

Wäre also eine regenerative Bio-Landwirtschaft nicht die Antwort auf die vielen Probleme der Biodiversitätskrise und der Klimafolgen? Ja, vermutlich. Aber nur eine von vielen Antworten. Und es gibt viele Hindernisse.

Bodenrevolution

Eines dieser Hindernisse ist der Zugang zu Land für Jungbäuer*innen. Es braucht neue Verteilungsrichtlinien für landwirtschaftliche Nutzflächen. Außerdem wäre vielleicht die Zerschlagung von großen Agrokonzernen nötig. Die Verteilung ihrer Flächen an Bäuer*innen mit neuen ökologischen Konzepten wäre ideal. So als Idee.

Eine Genossenschaft hat sich dieses Themas bereits angenommen. Eine allein kann das strukturelle Problem natürlich nicht lösen, aber es ist immerhin ein Anfang. Ganz nach dem Motto: Mache ich mir meine Revolution eben selbst. So agiert die BioBoden Genossenschaft eG. Sie kauft mit den Beiträgen ihrer Mitglieder landwirtschaftliche Flächen und verpachtet sie mit langen, fairen Verträgen an Landwirt*innen mit einer Vision. 2022 gewann die Genossenschaft den *taz*-Panter-Preis, und ich durfte als Jury-Mitglied der Laudatio von Elke Schmitter lauschen. Dort hörte ich das erste Mal von Thomas Spence. Und es machte klick. Dieser Mann sagte schon vor fast 250 Jahren: »Daher ist das Land eines jeden Volkes im Naturzustande sein eigentliches Gemeingut, an dem jeder von ihnen gleiches Eigentum hat, mit der freien Freiheit, sich selbst zu ernähren und sich mit den Tieren, Früchten und anderen Erzeugnissen desselben zu verbinden. So erntet ein solches Volk gemeinsam die ganzen Vorteile seines Landes oder seiner Umgebung, ohne dass sein Recht dazu von irgendjemandem infrage gestellt wird, auch nicht von den Selbstsüchtigsten und Verdorbensten. Denn wovon sollen sie leben, wenn nicht von den Erzeugnissen des

Landes, in dem sie wohnen? Ihnen dieses Recht zu verweigern bedeutet, ihnen das Recht auf Leben abzusprechen.«[39]

Spence setzte sich bereits im 18. Jahrhundert für Gleichberechtigung, ein Grundeinkommen und eben für die Vergesellschaftung von Grundbesitz ein. Das war selten so aktuell wie heute, wo es nicht nur um die Einnahmen und die Lebensmittelerzeugnisse aus der Landwirtschaft geht, sondern auch darum, wie wir Landwirtschaft betreiben – und damit um die Wahrscheinlichkeit, zu leben und zu überleben.

Eng verbunden mit einer »Bodenrevolution« ist das Thema der Subventionen. Momentan werden die falschen Anreize gesetzt, gefördert wird vor allem nach Masse und Fläche. Bereits existierende oder neue Riesenbetriebe verschlingen enorme Subventionen. Dabei bräuchte es Förderungen, die eine Umstellung ermöglichen und Wege aus dem Teufelskreis der Refinanzierung von Krediten bieten würden, die konventionell arbeitende Betriebe erst in die Abhängigkeit getrieben haben. Fördermittel, die der Ernährungssouveränität in Deutschland zugutekommen würden. Wer auf bio und regenerativ umstellt, bekommt die Rückzahlung seiner Kredite inklusive entsprechender Fortbildungen gefördert. Das müsste doch drin sein. Weil Artenvielfalt unbezahlbar ist. Weil alles, was weg ist, nicht wiederkommt. Weil wir uns auch in Zeiten der Klimakrise, endlosen Dürren und Hitzerekorde gesundes und ausgewogenes Essen auf dem Teller wünschen.

Wenn wir uns in Zukunft sicher, fair, sozialverträglich und gesund ernähren wollen, dann wird uns das nicht gelingen, wenn wir darauf vertrauen, dass Bayer, Syngento und Chem-China uns mit gentechnisch verändertem Saatgut und entsprechenden Pestiziden dabei begleiten werden. Sie sind Teil des Problems und haben die Vergrößerung ihres Marktes im Blick, nicht die Sicherung der Artenvielfalt und die Ernährungssouveränität von Menschen. Wenn ich mir was wünschen könnte, dann die Enteignung dieser Konzerne. Denn sie zerstören das Wichtigste, das wir hier auf dem Planeten haben: das Wasser, den Boden und die Ökosysteme.

Lebenslanges Lernen

»Der Schlüssel zum Überleben langlebiger Wesen heißt lernen und erworbenes Wissen weitergeben«, meint Peter Wohlleben, Bestsellerautor und Förster, der sich für eine nachhaltige Waldwirtschaft einsetzt, in seinem Buch *Der lange Atem der Bäume*.[40] Pflanzen sind intelligent, sagt die australische Biologin Monica Gagliano. Sie können hören, sie können lernen und das Gelernte weitergeben. Damit verfügen sie über mehr Fähigkeiten als ein Großteil meiner bisherigen Lehrer*innen. Ich wiederhole es noch mal, weil es so schön ist und man es sich auf der Zunge zergehen lassen sollte: Pflanzen sind intelligent. Darin könnte ein Schlüssel für uns Menschen und die Landwirtschaft in der Klimafolgenanpassung liegen.

Die Biologin hat Erbsen unterirdisch Wassergeräusche vorgespielt, und die Wurzeln wuchsen wie von Geisterhand gelenkt in die entsprechende Richtung. Es war keine Magie, nur der Schall. Dass Pflanzen lernen können, stellte Monica Gagliano fest, indem sie Mimosen und Erbsen auf verschiedene Art konditionierte.[41] Sie nahm Mimosen und ließ sie gezielt fallen. Zunächst rollten sie ihre Blätter ein. Als ihnen nach mehrmaligem Fallen nichts passierte, hörten sie mit dem Einrollen auf – sie hatten gelernt, dass sie beim Fallen keinen Schaden nehmen. Das ist für die Pflanzen äußerst relevant, da sie beim Einrollen keine Fotosynthese mehr betreiben können. Die Erbsen trainierte sie wie Pawlow seine Hunde: Gagliano richtete den Luftstrom eines Ventilators auf die Pflanzen. Kurz darauf kam aus der gleichen Richtung blaues Licht. Erbsen wenden sich normalerweise Licht zu. Sie lernten zu assoziieren: Wenn es windet, dann kommt von da die »Nahrung«, also das Licht.

Warum sind diese Forschungsergebnisse so relevant? Wenn Pflanzen lernen und das Wissen über ihre Samen an die nächste Generation weitergeben, dann lassen sich unter alten, wilden Samen möglicherweise Sorten finden, die bereits gelernt haben, mit Trockenheit umzugehen, und insgesamt widerstandsfähiger sind. Pflanzen lernen (und der Mensch hilft manchmal nach), sich an die entsprechenden Umgebungen und Konditionen anzupassen. Konkret heißt das für uns: Vielleicht gibt es doch weiterhin Kaffee. Eine Alternative für Spezialitätenkaffee, die zurzeit erforscht wird, basiert auf einer Sierra-Leone-Wild-kaffeeart (Coffea stenophylla). Die kann viel höhere Temperaturen aushalten als die Sorte Arabica.[42] Auch für den Weinanbau gibt es Hoffnung: durch den Anbau von Sorten, die sich an das geänderte Klima besser anpassen können. Oder eine Verschiebung der Anbaugebiete nach Norden. In Schweden zum Beispiel wurde Wein schon vor der Kleinen Eiszeit angebaut – und jetzt wieder. Ein weiterer Schritt von Weinbäuer*innen: die Pflanzenreihen horizontal statt vertikal zu pflanzen. So erodiert der Boden weniger, weil der Regen bzw. die Beregnung langsamer versickern kann.[43]

Unser Speiseplan wird sich erweitern, nicht nur mit Insekten und Fleischalternativen, sondern auch mit Pflanzen, die bisher kaum im Globalen Norden auf dem Teller gelandet sind: Foniohirse, Kakteen, verschiedene Bohnen, Seegras und Wildreis, vermuten die Wissenschaftler*innen der Royal Botanic Gardens (Kew Gardens), des ältesten botanischen Gartens der Welt in London.[44]

Und sonst so?

Es gibt im Bereich Farming noch weitere Entwicklungen, die ich persönlich aber weniger spannend finde. Zum einen, weil sie nichts gegen den Verlust der Artenvielfalt unternehmen, zum anderen, weil man hier versucht, das alte Problem auf altem Wege zu lösen – und das hat auch bisher nicht geklappt. Ein paar von ihnen will ich trotzdem kurz erklären:

Precision Farming beschäftigt sich mit der Digitalisierung der Landwirtschaft. Es geht zum Beispiel um die Entwicklung von selbst fahrenden Traktoren, die Informationen von Drohnen erhalten, um dann zielgerichtet zu düngen oder Pflanzenschutz-mittel auszubringen. Also alles wie bisher, nur KI-gesteuert.[45]

Vertical Farming meint eine Landwirtschaft ohne Land und Erde. Die Pflanzen wachsen in Regalen in Gebäuden, in denen es keine Wetterüberraschungen gibt und alles perfekt auf ihre Bedürfnisse abgestimmt ist: Nährstoffe, genau richtige Menge Wasser etc. Das eingesetzte Wasser wird recycelt. Die Vorteile: kurze Wege zum Verbraucher, da direkt in der Stadt produziert werden kann, pestizidfrei und platzsparend. Der große Nachteil: Bisher gibt es meines Wissens nach noch kein Projekt, das sich rechnet, die Investitionskosten sind nämlich gigantisch.[46]

Dann gibt es noch Landwirtschaft ohne Pflanzen. Fleisch wird bereits heutzutage im Labor hergestellt und kann so die Produktion von echtem Fleisch radikal reduzieren.[47] Das ist ein superspannendes Thema – dazu später mehr.

Und was ist mit Gentechnik? Ich bin kein Fan davon. Und das nicht, weil sie nicht »natürlich« wäre, sondern weil sie das Problem des Saatgut-Monopols großer Konzerne verstärkt. Außerdem braucht auch konventionell angebaute, gentechnisch veränderte Saat Regen – und zwar mehr als das Saatgut in re-generativer Landwirtschaft.[48]

Wassermanagement und Renaturierung

Ohne Wasser keine Landwirtschaft. Man kann das klügste Saatgut der Welt haben, aber wenn es nicht regnet oder gegossen wird, dann wächst da auch nichts. Doch es gibt Wege, sich auch in Zeiten der Klimakrise zumindest für ein paar Jahre und Jahrzehnte anzupassen. Das aber nur unter der Voraussetzung, dass das Grundwasser noch reicht und es weiterhin regnet.

Heute schon, jedoch auch in Zukunft, haben wir zweifellos mehr Beregnung nötig.[49] Aber woher soll das Wasser kommen? Grundwasser hat bereits und wird weiterhin Entnahmegrenzen haben. Was helfen kann, ist, eigene naturbelassene Teiche und Seen anzulegen oder Speicher und Rückhaltebecken zu bauen. In diesen kann sich in regenreichen Monaten das Wasser sammeln. In den trockeneren Monaten kann es dann für die Bewässerung verwendet werden.

»Großflächige Beregnungstechnik mit Sprinkleranlagen weisen Wasserverluste in einer Größenordnung von 25 bis 35 Prozent auf, unter anderem, weil viel Wasser vergeudet wird, wenn die falschen Flächen zur falschen Zeit beregnet werden. Eine günstige Bilanz (mit 5 bis 15 Prozent Verlusten) hat hingegen nur die Tropfbewässerung als eine Form der sogenannten Mikrobewässerung, bei der exakt bestimmte Wassermengen zur Pflanze geleitet werden«, erklärt Dieter Gerten in seinem Buch *Wasser*.[50] Das ist auch schon Kleingärtner*innen bewusst. Die Auswahl an Tropfbewässerungen wird jährlich größer, effizienter, digitaler und selbstständiger.

Und *last, but not least*: Renaturierung. Der Begriff fällt nicht ohne Grund in jedem Kapitel. Wie schon in den Kapiteln zum Thema Wasser gezeigt, sind unsere bisherigen Eingriffe in den Wasserhaushalt, wie Entnahme von Grundwasser, Entwässerung von Feuchtgebieten, Flussumleitungen und Talsperren, direkte und indirekte Ursachen für Dürren. Umgekehrt sind naturbasierte Lösungen, wie Renaturierung/Verwilderung, für die Artenvielfalt sowie für den Erhalt und Aufbau des Bodens und sogar für den CO_2-Haushalt meist die besten. Flächen-renaturierungen »würden einige Milliarden CO_2 binden und sorgen darüber hinaus für neue Lebensräume, sauberes Wasser, saubere Luft, Hochwasserschutz, saubere, fruchtbare Böden und seelisches Wohlbefinden«, hat es Oliver Stengel in *Vom Ende der Landwirtschaft* perfekt zusammengefasst.[51]

Fleischalternativen und Veganismus

Auf das Thema konventionelle versus Bio-Tierhaltung will ich hier nicht groß eingehen. Darüber wurden schon Hunderte oder gar Tausende Bücher geschrieben, von Menschen, die die Thematik viel besser in Worte gefasst haben, als ich es könnte. Ein paar Gedanken will ich aber doch festhalten: Es gibt viele moralische und gesundheitliche Gründe, komplett auf Fleischkonsum zu verzichten. Außerdem hat Veganismus bzw. die Reduktion von Fleisch- und anderen tierischen Produkten auch eine enorme Auswirkung auf den Klimaschutz und eine große Bedeutung für die Klimafolgenanpassung. »38 Prozent der weltweiten Ackerfläche werden für Viehfutter verwendet, da Weideland allein das Vieh nicht satt macht.«[52] Durch die Folgen der Klimakrise werden sich die bestehenden Ackerflächen reduzieren. Wir werden es uns schlicht nicht mehr leisten können, Tiere konventionell für den Fleischkonsum zu halten. Kühe leiden darüber hinaus bei über 24 °C unter Hitzestress und brauchen 70 bis 100 Liter Wasser pro Tag.[53] Wo soll dieses Wasser herkommen, wo es doch jetzt schon knapp wird?

Wir erhalten notwendige Kalorien und Nährstoffe auch durch andere Lebensmittel, mit besserem Gewissen und inzwischen auch ähnlich gutem Geschmack. Ich habe Fleisch aus Geschmacksgründen immer gerne gegessen. Wenn das Tier nicht gerade aus regenerativer Landwirtschaft kommt oder wild geschossen wurde, verzichte ich inzwischen darauf. Es gibt genug leckere Alternativen, es gibt In-vitro-Fleisch. Und wer schon mal einen gut zubereiteten Beyond-Meat- oder Impossible-Burger verspeist hat, weiß, was möglich ist. Es gibt Pilze wie den »Chicken of the Forest«, der mir so krass gut schmeckt, fast besser als Hühnchen. Ich meine, wie kann ein Pilz eine solche Struktur haben? Oder die veganen Oumph-Köttbullar, die sind viel leckerer als alles, was man bei IKEA oder in anderen schwedischen Kantinen vorgesetzt bekommt.

Und abgesehen vom Geschmack gibt es ja auch noch die schon oben angedeutete moralische Komponente, die Yuval Harari wunderbar auf den Punkt gebracht hat: »Nutztiere wurden mechanisiert. ... verloren ihren Status als Lebewesen, die Schmerz und Leid empfinden konnten, und verwandelten sich in Maschinen.«[54]

Vom Wert der Lebensmittel

Unsere Ernährungsweise muss sich ändern. An der Herstellung und Verwendung von Lebensmitteln muss sich etwas ändern. Und an deren Verschwendung. Es reicht nicht, Pestizide perfekt per Drohne dosieren zu können und Traktoren ganz ohne Menschen zu bedienen. Das löst nämlich weder das strukturelle Problem noch das der mageren Böden. Das ist kein resilienter und nachhaltiger Weg, die Ernährungssicherheit für die nächsten Generationen sicherzustellen. Es geht hier nicht darum, dass es zu viele Menschen auf der Welt gibt, sondern darum, wie wir mit den Ressourcen für diese Menschen umgehen. 18 Prozent des weltweiten Gemüseöls wird für Biodiesel verwendet und 10 Prozent des Getreides für die Herstellung von Ethanol, um es mit Benzin zu mischen.[55] Wie können wir das verantworten? Und nur weil diese Stoffe erneuerbar sind, heißt es nicht, dass sie bessere Auswirkungen auf das Klima haben als ihre konventionellen Pendants. Ich finde, erst wenn jeder Mensch auf dem Planeten wohlgenährt ist, dürfen wir daran denken, Getreide und andere Kulturpflanzen als Biokraftstoff zu verbrennen.

Lebensmittel sind im wahrsten Sinne des Wortes Mittel zum Leben, zum Überleben. Das müssen wir uns immer wieder bewusst machen. Lebensmittel sind für uns genauso notwendig wie Trinkwasser. Die Deutschen geben in Europa vergleichsweise wenig für Lebensmittel aus. Lidl und Aldi kommen nicht ohne Grund aus Deutschland. Die »Geiz ist geil«-Mentalität ist weit verbreitet, außerdem haben viele Menschen keine andere Wahl, als zu günstigen Waren zu greifen. Fertigprodukte und tierische Erzeugnisse sind oft billiger als die veganen Pendants. Wer sich ernähren will, braucht nicht nur mehr Wissen und Zeit, sondern auch einen dickeren Geldbeutel. Und das darf nicht sein. »Wir würden finanziell schwächer gestellten Menschen ja auch nicht den Zugang zur Gesundheitsvorsorge verwehren. Warum also ist gesunde Ernährung eine Frage des Geldbeutels?«, fragt auch Rolf Sommer, Leiter des Fachbereichs Landwirtschaft und Landnutzungswandel beim WWF.[56]

Es gibt verschiedene Vorschläge, wie man hier gegensteuern könnte: Man könnte etwa Obst und Gemüse von der Mehrwertsteuer befreien oder Rabatt- und Werbeverbote für Fleisch beschließen (ja, die olle Verbotskeule). Diskutiert wird auch die Idee, die externalisierten Kosten in den Preis der weniger nachhaltigen Produkte aufzunehmen, in Form einer Steuer zum Beispiel. Damit könnte man die Mehrwertsteuer-Einnahmen ausgleichen, die im Gegenzug bei ökologischeren Produkten wegfallen würden. (Dazu mehr im Kapitel Wirtschaft.) Es kann schließlich nicht sein, dass ich als Konsumentin, die darauf achtet, das für die Umwelt und die Allgemeinheit am besten verträgliche Produkt auszuwählen, das komplett aus eigener Tasche bezahlen soll. Und warum landen eigentlich weiterhin Subventionen bei Betrieben, die unsere Umwelt und unser aller Wohl nachweislich massiv gefährden und die, wie wir am Anfang des Kapitels gesehen haben, auch keine Lebensmittelsicherheit in Zeiten der Klimakrise garantieren können? Ja, warum eigentlich, und warum kommt am Ende so wenig bei den Bäuer*innen an von dem, was ich zahle? Wie kann es sein, dass heute noch Nahrungsmittel Spekulationsobjekte sein können? Viele Fragen, viele Themen, an denen man leicht ansetzen könnte, um strukturell was zu verändern.

Private Maßnahmen

Neben all den strukturellen Maßnahmen können wir als Verbraucher*innen versuchen, uns privat so gut wie möglich anzupassen. Dabei geht es nicht nur um unser Konsumverhalten, sondern auch um klimaresiliente Ernährungsgewohnheiten und klimaangepasstes Gärtnern.

Säen und Ernten

Das erste Mal vergisst man nicht, und doch überwuchern die Jungpflanzen der letzten Jahre diese eine Erinnerung. An den ersten Samen in der Erde und wie er wuchs. Meine ersten selbst eingepflanzten Samen waren die einer Tomate, je in einer Schale des Eierkartons, die mit Supermarkterde befüllt war. Sie wuchsen heran, aber sehr langsam, und die Stängel waren äußerst dünn und lang. Auf dem einzigen Fensterbrett meines kleinen roten Hauses in Schweden. Im kalten März 2020, in dem die Welt durch die Pandemie zum Stillstand kam, bewegten sich ganz langsam die kleinen zarten Hälse meiner allerersten Tomaten. Zunächst die Keimblätter, dann das erste richtige Blätterpaar. Das Pikieren überlebte dann leider keine der Pflanzen. Irgendwas hatte ich falsch gemacht. Auch die Samen der Salate wuchsen zu langen, dünnen, blassen Jungpflanzen heran. Die im Hochbeet ausgesäten Samen fraßen die Schnecken, sobald sich auch nur ein Hauch von Grün zeigte. Ich probierte es mit unterschiedlichsten Samen und Gemüsen, aber nichts funktionierte. Bis auf die Zucchini – die wuchs schnell und stark und wurde Ende Mai ausgepflanzt.

Es war frustrierend. Irgendwann gab ich auf und kaufte Fertig-Jungpflanzen in der örtlichen Gärtnerei und zog diese als meine Babys heran, topfte die Tomaten um und setzte die Erdbeerpflanzen und andere Sprösslinge direkt in die Beete. Einige kleine Tomatenpflanzen überlebten, die Himbeer- und Johannisbeersträucher warfen ein paar Beeren ab. Der Apfelbaum, der etwas stark zurückgeschnitten worden war, hielt sich zurück mit dem Apfelwachstum. Kirsch- und Pflaumenbaum waren nur Deko. In einer Ecke des Gartens vergrub ich Kartoffeln, aber vergaß bald ihre Existenz. Im ersten Gartenjahr blieb der Traum von der Selbstversorgung eine Illusion. Dabei hatte ich mir das doch so sehr gewünscht. In einem Haus in Schweden zu leben mit reichlich Regen und großem Garten – und endlich Selbstversorgerin! Tja.

Es war die Zeit des ersten Lockdowns, und neben der Erwerbsarbeit beschäftigte ich das Kleinkind und mich, indem wir versuchten, alles selbst zu machen: vom Bananenbrot der ersten Welle bis zur Hafermilch der zweiten. Brotbacken und das eigene Gemüse pflanzen und ernten, das wäre das Ideal meiner privaten Anpassungsstrategie gewesen. Und es hat auch gegen meine Klimaangst geholfen, dieses Ins-Tun-Kommen und Machen, auch wenn nicht alles auf Anhieb geklappt hat. Das plötzliche Landleben in Schweden hat mir auch geholfen, einen Bezug zur und Liebe für die Landwirtschaft zu entwickeln. Als

Stadtkind kannte ich Jahreszeiten, aber sie auf dem Land zu erleben ist eine ganz andere, intensivere Erfahrung. Die Prozesse, deren Reihenfolge und unermüdliche Arbeit der Landwirt*innen zu jeder Tag- und Nachtzeit zu sehen hat mir eine Menge Respekt eingeflößt, aber auch meine Neugierde geweckt. Ohne diese Erfahrung hätte ich wohl nie die Hospitanz bei Gut&Bösel angefragt und erfahren, wie Landwirtschaft auch gestaltet werden kann.

Ein Jahr später und zurück in Deutschland, scrolle ich wöchentlich bei eBay die Kleinanzeigen durch, auf der Suche nach einem eigenen Garten. Meine mehr oder minder gelungenen Pflanzversuche in Schweden waren die Einstiegsdroge, jetzt juckt es mich in den Fingern, das in Berlin zu wiederholen. Das Glück, das eigene Obst und Gemüse anbauen zu können, lässt sich auch in der Stadt, auch ohne Balkon oder eigenen Garten erleben. Es gibt inzwischen in vielen Städten kleinere Urban-Gardening-Projekte in der Nachbarschaft mit ein paar Hochbeeten, manchmal findet man sie auch über Plattformen wie nebenan.de oder eben eBay-Kleinanzeigen. Außerdem kann man auch selbst eine Suchanzeige schalten und so jemanden finden, der oder die einen Garten teilen will. Meine Freundin Karla Paul aus Hamburg hat mit ihrer Nachbarschaft einfach eine Brachfläche gekapert und kleine Hochbeete aufgebaut. Ein schöner Nebeneffekt: Man kommt zusammen und lernt die Nachbarschaft kennen, baut eine Verbindung zum Kiez und den Mitmenschen auf.

Alles Leben beginnt mit einem Samen – bei meinem Sohn, bei den Pflanzen, bei der Landwirtschaft. Es ist so wichtig, Samenvielfalt aufrechtzuerhalten und alte Sorten weiter wachsen zu lassen. Diese sind vielleicht nicht an den Geschmack der Masse oder an die gewünschte Größe und Norm des Marktes angepasst, verdienen aber trotzdem und gerade in der Klimakrise ihren Platz. Besonders die alten Sorten sind oft die interessanteren. Es gibt sie in Samenbibliotheken, -tauschbörsen, Bioläden oder speziellen Onlineshops. Saatgut muss samenfest sein. Das bedeutet, dass man sie selbst jedes Jahr weiter vermehren kann, wenn man möchte. Hybrides Saatgut hat zwar Vorteile in Bezug auf bestimmte Eigenschaften, muss aber ständig nachgekauft werden. Aus Hybriden kann man das Saatgut nämlich nicht selbst vermehren.

Um Saatgut auch für nachfolgende Generationen verfügbar zu halten und unabhängig von Extremwetterereignissen oder Kriegen sicher zu verwahren, gibt es große Samenbanken in verschiedenen Teilen der Welt. Die bekannteste ist der Saatguttresor in Spitzbergen. In solchen Samenbanken werden bei teils −20 °C Samen seltener oder alter Sorten für Forschung und Nachwelt aufbewahrt. Samen, die ich bei Zimmertemperatur aufbewahre, halten sich je nach Sorte maximal ein bis zwei Jahre. Danach kann man sie selten weiterverwenden, da die Keimfähigkeit radikal abnimmt.

Dieses Mal wollte ich es richtig machen. Ich bestellte mir LED-Lampen mit Zeitschaltuhr, Anzuchterde und Anzuchttopfplatten. Ich hielt mich akribisch an die Anleitung auf der Packung und an das, was das Internet so hergab. Und tatsächlich: Es klappte. Statt dünner langer Hälse bekamen die Pflanzen dicke, starke Stängel, wuchsen ordentlich, entfalteten Blätter, und plötzlich hatte ich mehr Jungpflanzen als meine Fensterbänke Platz. Ich verschenkte Tomaten-, Paprika- und Auberginenjungpflanzen. Im Mai pflanzte ich dann alles in meinem neu gepachteten Kleingarten aus. Alle Pflanzen wuchsen. Es war der pure Wahnsinn. Auch die gepflanzten Kartoffeln, Salate, Kohlköpfe und fast alles, was ich im Garten anbaute, wurde vom Samen zu etwas Essbarem und landete auf unseren Tellern. Bis in den Frühherbst hinein kauften wir keine Tomaten, keine

Äpfel, keine Beeren, keine Kartoffeln mehr und versorgten uns selbst. Der Stolz, wenn ich völlig verdreckt, mit Zweigen in den Haaren, Erde im Gesicht und unter den Fingernägeln nach Hause kam und genug Kartoffeln geerntet hatte, dass sie bis in den Februar des nächsten Jahres reichen würden – der war unbeschreiblich.

Aber nach der Aussaat ist vor der Aussaat, also sammelte ich während der Gemüseernte zum ersten Mal auch meine eigenen Samen. Bei den meisten Pflanzen ist das leicht. Man nimmt die schönste und leckerste Frucht mit den besten Eigenschaften und lässt sie sich voll entwickeln. Ihre Samen sammelt man ein, wenn sie reif werden, trocknet sie und bewahrt sie bis zum nächsten Jahr auf. Einige der Radieschensamen, die ich zu lange an den Pflanzen ließ, säten sich selber wieder aus, sodass ich im November wieder Radieschen ernten konnte, ohne etwas dafür getan zu haben.

Die Klimakrise wird auch das private Obst- und Gemüse-gärtnern verändern. Alles, was wächst, auch die Hecken, Blumen, Bäume und Stauden werden nach den neuen klimatischen Gegebenheiten wie Dürre und Trockenheit ausgesucht werden müssen. Gleichzeitig wird die Bedeutung von Kleingärten und der permakulturellen Bewirtschaftung, also dem Orientieren am natürlichen Ökosystem und Kreisläufen beim Gärtnern zunehmen. Aktuell werden viele Gärten in erster Linie der Erholung wegen genutzt und nur in zweiter Linie als Anbauort. Klar, es gibt die 1/3-Regel in deutschen Schrebergärten, die besagt, dass ein Drittel der Fläche dem Lebensmittelanbau dienen soll – aber da halten sich die wenigsten Gartenvereine dran. Dies könnte sich ändern, wenn Lebensmittelpreise steigen und Menschen mit Klein- oder auch nur Vorgärten diese nutzen werden, um Obst und Gemüse anzubauen. Gießverbote zu bestimmten Tageszeiten oder auch generelles Wasserabstellen im Hochsommer sind inzwischen keine Seltenheit mehr in Kleingartenanlagen, weil das Wasser auch hier knapp wird. Wer sich rechtzeitig Zisternen und einige Regentonnen hat einbauen lassen, eine Tröpfchenbewässerung installiert hat und mulcht, der kommt mit diesen Lösungen auch durch einen trockenen Sommer. Wer, alles beim Alten lässt, nicht.

Für mehr Biodiversität (und das Grundwasser) sollten außerdem alle möglichen Flächen entsiegelt werden. Vorhandene Gärten (und auch Parks) können so in biodiverse Paradiese umgewandelt werden. Es gilt, jegliche Art von Grünfläche umzuwandeln, selbst die kleine Verkehrsinsel vorm Haus. Es geht um nichts weniger, als dass wir morgen noch ein funktionierendes Ökosystem haben und übermorgen etwas auf dem Esstisch.

Klimaresiliente Ernährung

Dieses Kapitel begann mit der Geschichte des Weizens – und es wird mit der Frage enden, ob der Weizen all das wert gewesen ist. Brauchen wir ihn, oder leiden wir nur unter dem Stockholm-Syndrom und sind süchtig nach dem goldenen Korn? Versteht mich nicht falsch! Ich liebe Nudeln, Kuchen und Brot. Kuchen ist einer meiner besten Freunde. Ich würde nicht komplett darauf verzichten wollen. Aber wie ernähren wir uns auf eine klimaresiliente Art? Was bedeutet das überhaupt? Welche Lebensmittel werden wir noch zur Verfügung haben, und welche können wir noch verantworten zu konsumieren?

Beginnen wir mal mit dem Naheliegendsten: Saisonalität und Regionalität werden einen noch größeren Stellenwert erhalten. Also keine Erdbeeren mehr im Winter und seltener Avocados. Einfach weil Erdbeeren im Winter einen höheren Energiebedarf haben und Avocados viel Wasser brauchen, aber aus Gegenden kommen, die immer stärker von Wassermangel betroffen sein werden. Die Klimakrise ist im Globalen Süden schon jetzt deutlich angekommen, und das hat Auswirkungen auf die Versorgung mit Lebensmitteln aus diesen Weltgegenden. Zum einen werden die betroffenen Länder vielleicht weniger exportieren wollen und auf andere Pflanzen setzen, um zunächst ihre eigene Bevölkerung zu ernähren. Zum anderen werden die für den Export bestimmten Pflanzen durch die Folgen der Klimakrise unter immer schwierigeren Bedingungen wachsen, sodass die Preise radikal steigen werden. Ein Beispiel dafür – allerdings aus dem Globalen Norden – ist Hartweizen. Durch den feuchten Spätsommer wurde 2021 in Frankreich etwa 20 Prozent weniger geerntet, in Kanada und den USA war es durch Hitze und Dürre nur die Hälfte des geplanten Ertrags.[57] Die Folge war eine Verknappung, die zu einer Preissteigerung führte.

Um Versorgungssicherheit garantieren zu können, werden wir einerseits stärker auf Lebensmittel aus unserer (Welt-)Region setzen müssen und weniger auf Importe. Und andererseits auf möglichst vielfältige Pflanzensorten, um bei Extremwetterereignissen, Schädlings- oder Krankheitsbefall der Pflanzen nicht die ganze Ernte zu verlieren.

Regionale Lebensmittel ziehen saisonales Kochen nach sich. Wie das geht, musste ich auch erst mal lernen. Im Winter kann ich lang nach frischem Spargel für ein Rezept suchen und im Sommer finde ich den Chinakohl nicht. Viele Kochbücher aus den letzten Jahren bedenken genau diese Thematik. Meine Lieblingskochbücher sind von Krautkopf, die sind saisonal ausgerichtet und vegetarisch. Heißt das ab jetzt im Winter nur noch Kartoffeln mit Grünkohl oder Roter Bete? Klingt öde. Natürlich müssen wir nicht zurück zur eher trostlosen deutschen Küche des 19. Jahrhunderts. Es geht auch anders: Letztens hielt ich einen digitalen Vortrag über Klimaschutz und -anpassung, und die Frage, die am häufigsten im Chat gestellt wurde, war: Was kann man mit Grünkohl machen? Warum nicht mal Polenta mit geraspelten Möhren, Kimchi, frittiertem Tofu, braunen Linsen und blanchiertem jungem Grünkohl? Oder eine Suppe mit Tomaten aus der Dose, Kichererbsen, Zwiebeln, eingelegten grünen Bohnen, Möhrchen, Grünkohl und einem Tupfer grünem Pesto? Wieso kein Rote-Bete- oder Wirsing-Risotto?

Lebensmittel, die auf guten Böden wachsen und idealerweise aus Bio- oder sogar regenerativer Landwirtschaft stammen, haben einen höheren Nährstoffanteil. Weizen liefert zwar Kalorien, doch die meisten Nährstoffe haben eher Gemüse, Obst und Öle. Vielleicht müssen wir nur neu kochen lernen, anstatt gleich das Rad neu erfinden zu wollen und uns verrückt zu machen, ob wir auch genug Mandeln importiert bekommen. Warum nicht lokal wachsende Walnüsse oder Haselnüsse nehmen? Meine Freundin Sophia Hoffmann schrieb den Ratgeber *Die kleine Hoffmann* über intuitives Kochen. Ich kann ihn sehr empfehlen. Er enthält Tipps zur Vermeidung von Lebensmittelverschwendung, zum Thema Einmachen und vielem mehr. Ich habe kochen gelernt, indem ich immer wieder Rezepte ausprobierte und abwandelte. Manchmal tauschte ich aus Faulheit einzelne Zutaten aus und merkte, dass davon die Welt nicht untergeht. Es schmeckt nur anders.

»Wir denken und fühlen bis heute zwar wie die ersten Jäger*innen und Sammler*innen, doch wir ernähren uns wie die ersten Bauern«, schreibt Yuval Noah Harari.[58] Vielleicht sollten wir uns mehr an unsere Wurzeln erinnern? Das heißt nicht, dass wir uns ab jetzt nur noch von Nüssen, Samen und Fleisch ernähren sollen wie bei der Paleo-Ernährung, einem Trend der letzten Jahre. Wir sollten stattdessen die Lebensmittelvielfalt unserer Umgebung wieder mehr nutzen. Letzten Sommer wollte ich schnell einen Salat machen. Dafür habe ich etwas jungen Giersch, wilden Rucola, Spitzwegerich, Kapuzinerkresseblüten und ein paar Löwenzahnblätter im Garten gepflückt, gewaschen, mit ein paar Tomaten und etwas Olivenöl verfeinert meiner Familie und Freunden vorgesetzt. Meine Berliner Freunde fanden es cool und hip, mein Sohn meinte nur, den »Rasen« wolle er nicht essen. Er ist aber generell kein Salat-Fan, muss man wissen.

Diesen Salat konnte ich nur zaubern, weil ich mithilfe einer Pflanzenerkennungsapp gelernt habe, Wildkräuter einzuordnen. Mit der App durch den Garten, durch Wiesen und Parks zu streifen, macht nicht nur Spaß und ermöglicht einen kleinen Snack bei einer Wanderung (roter Klee schmeckt z.B. wundervoll nussig und Löwenzahnblätter leicht bitter), sondern man bekommt auch ein besseres Gefühl dafür, wie artenreich bzw. -arm eine Gegend ist. Für Einsteiger*innen empfehle ich eine Wildkräuterwanderung – das ist auch ein tolles Geburtstagsgeschenk oder Date. Wild- und Beikräuter (umgangssprachlich kennt man sie als »Unkraut«) sind oft reich an Nährstoffen. Wer keinen Zugang zu einem Garten hat, findet sie auch auf Öko-Märkten.

Was bei einigen von uns zu neuen Hobbys in den verschiedenen Lockdowns ausartete, wie Brotbacken und Einlegen, machten unsere Vorfahren seit jeher. Ich glaube, wir werden immer mehr Lebensmittel wieder selbst herstellen. Ein bisschen wie in den USA im Zweiten Weltkrieg, als die schönen Vorstadtgärten der Einfamilienhäuser zu kleinen Bauerngärten umfunktioniert wurden, um eine bessere Lebensmittelversorgung zu gewährleisten. Das könnten wir auch. Der Biodiversität zuliebe. Oder auch, weil wir es müssen werden.

Wie versprochen bringt meine Mutter ihre Notizen mit. Ein dicker Stapel Blätter abgetippter Notizen auf Deutsch und Handgeschriebenes auf Russisch. Sie setzt ihre Lesebrille auf und erzählt. »Kartoffeln hat Fenja keine angebaut. Das Ackerstück war einfach zu weit weg, und sie konnte ja nur zu Fuß hin und her, und Kartoffeln sind schwer zu tragen.« Das Ackerstück lag etwas außerhalb der Kleinstadt Balta in der Ukraine, in der meine Mutter Mila mit ihrer Familie aufwuchs. Da war meine Großmutter Fenja geblieben, nachdem das Getto befreit wurde. Sie hat den Holocaust überlebt. Und sie hat den Holodomor überlebt, den großen von Stalin beauftragten Hunger, bei dem 3,9 Millionen Menschen in der Ukraine und in Kasachstan verhungerten. Zwei Genozide in einem Leben.

Fenja war schweigsam. So erzählt es mir meine Mutter, und so sind auch meine wenigen Erinnerungen an diese kleine Frau, die genug Leid und Schmerz für drei Leben erlebt hat. Sie wurde ungeduldig, wenn meine Mutter Mila nichts essen wollte. »Du weißt nicht, was Hunger ist und man Gras essen muss«, zischte sie ihr manchmal zu. Fenja kannte Hunger. Sie kannte Flucht. Sie hat gesehen, wozu Menschen fähig sind, und sie hat trotzdem weitergemacht. Ich bin beeindruckt von dieser kleinen Frau und frage mich gleichzeitig, wie viele ihrer Ängste zu meinen wurden.[59] Bestimmte Erfahrungen prägen nicht nur die Betroffenen, sie können an die nachfolgenden Generationen weitergegeben werden. Vielleicht ist deswegen dieses landwirtschaftliche Kapitel so lang geworden. Vielleicht finde ich deswegen nur mit den Händen in der Erde Ruhe, vielleicht auch deswegen dieses Buch und die Vorbereitungen auf die kommenden Krisen.

Kapitel 8

ENERGIE

»Resignieren kann jeder,
Oder Lieder davon singen.
Aber was kann Perspektive
Und wer mir Hoffnung bringen?
Das ist nicht nur eine Phase,
Es ist die Frage unserer Zeit.
Und die Antwort ist die Straße.
Sie ruft laut: Lützerath bleibt.«
– Grasgelb von Enno Bunger[1]

Wenn der Strom ausfällt

Wir haben die Feiertage aufgeteilt. Er bekommt Weihnachten, ich kriege Neujahr und Chanukka. Neujahr ist am allerwichtigsten. Im Russischen sagt man: So wie man ins Jahr kommt, so wird das neue Jahr. Im Russischen gibt es auch nicht nur ein Blau. Es gibt ein Hellblau, *»goluboy«,* und ein Marineblau, *»sinij«.* Der Himmel war heute *goluboy.* Es schneite sanft, aber es war zu wenig, als dass der Schnee liegen bleiben würde. Inzwischen ist es Abend geworden, die Straßen sind nass, die Luft ist kalt. Drinnen ist es warm, die Lichterkette auf dem Sideboard wirft ein freundliches Licht ins Wohnzimmer. Ich reiße das Streichholz an und reiche die kleine Flamme weiter an meinen großen Jungen. Er entzündet die Anzündkerze und mit dieser die dünne rote Kerze. Dann pustet er das Streichholz aus. Die erste Kerze der Chanukkia leuchtet. Es ist nicht so, dass ich plötzlich gläubig geworden wäre. Aber ich mag es, neue Rituale zu kreieren, die ein paar Tage oder Jahre halten – je nachdem, wann ich ihre Existenz wieder vergesse. Wir sind jetzt eine getrenterziehende Familie. Eine Familie, aber eine, deren Eltern eigene Wege gehen. Mein Blick ruht auf der Flamme, und ich denke an all die Kerzen des letzten Weihnachtsfests in Schweden zurück, im roten Haus. In der gelben Schublade der Retro-1960er-Jahre-Küche bewahre ich Kerzen und Batterien auf. Seit letztem Weihnachten quillt sie beinahe über. Schuld daran ist ein Blackout.

Es war genauso, wie man sich einen Blackout vorstellt: Ich versuchte gerade, mich zwischen zwei Sorten *Pepparkakor* zu entscheiden, dann war es plötzlich dunkel. Der Strom war weg und mit einem Mal Stille. Die Kühlschränke hörten auf zu summen, die Kassen piepten nicht mehr, die Musik verstummte. Man hörte nur aufgeregtes Tuscheln, sah Supermarkt-Mitarbeitende mit Handy-Taschenlampen herumrennen. Auch ich knipste die Lampe an meinem Handy an und beruhigte dann mein Kind: »Oh, der Strom ist weg – wie aufregend.« Wie lange kann so was dauern? Fünf Minuten? Zehn? Mein Einkaufswagen war rappelvoll, für den nächsten Tag war ein Schneesturm vorhergesagt, meine Frische- und Keksvorräte waren erschöpft, wir brauchten diesen Einkauf. Also schob ich unseren Wagen im Schein des Handys weiter durch die Gänge. Als Nächstes rief ich Paul an – immerhin ging das Mobilfunknetz. In unserer Straße war der Strom ebenfalls weg und damit auch die Heizung und das Wasser. Noch war es warm, aber das würde nicht lange andauern. Den Kamin würden wir nicht anschmeißen können, weil die Freigabe vom Schornsteinfeger fehlte. Er sollte dieser Tage vorbeikommen. Ich ärgerte mich über mich selbst, dass ich das nicht schon im Sommer organisiert hatte.

Wo in diesem Laden waren noch mal die Batterien? Wir hatten irgendwo eine Taschenlampe, aber der Vorrat an Batterien war ziemlich dezimiert. Das Kind begann zu quengeln. Ich hob meinen Sohn aus dem Einkaufswagensitz und nahm ihn an die Hand, während ich suchend durch die Gänge lief. Ah, da waren die Batterien. Sicherheitshalber legte ich noch mehrere Packungen Kerzen und Streichhölzer in den Wagen, dann gingen wir Richtung Kasse. Doch Zahlen ging nicht, weder mit Karte noch in bar. Die Kassen funktionierten nicht, sorry, wir müssten warten.

Während ich mit den anderen wartenden Kund*innen über die blöde Situation sprach, hatte sich das Kind unauffällig verabschiedet. Ich hörte ein Rascheln und fand meinen Sohn auf dem Boden sitzend vor dem Regal mit den Süßigkeiten, den Mund mit Schokolade verschmiert. In Schweden gibt es in jedem Supermarkt unverpackte Süßigkeiten – *Godis* – zum Selberabfüllen. Der Kleine hatte die Chance genutzt und einfach reingegriffen in die Behälter mit den losen Leckereien. Ich versuchte, die Beweise zu vernichten und ihm mit einem Taschentuch den Mund sauber zu wischen, während er weitermampfte. Ich öffnete ein Kinderpäckchen Saft, gab ihm einen Schluck, griff mir ein alkoholfreies Bier und hockte mich zu meinem Jungen auf den Boden. Gefühlt im Minutentakt sah ich auf die Uhr. Eine Stunde verging, anderthalb. Das Kind schaute vergnügt »Mascha und der Bär« auf dem Handy. Wenigstens war er abgelenkt, aber meine Anspannung wuchs. Fuck. Fuck. Fuck. Nach zwei Stunden ging endlich das Licht wieder an. Ich holte noch mehr Kerzen und zahlte. Sicher ist sicher.

Ich sollte auch hier in Deutschland mehr Kerzen haben, denke ich. Die Chanukka-Kerzen sind viel kleiner und dünner als Standardkerzen. Bei einem Stromausfall würden sie kaum ausreichend Helligkeit bringen. Und hier in der Wohnung wären wir noch mehr am Arsch als auf dem Land in Schweden. Die Wärme würde zwar langsamer entweichen, weil die Wohnung besser isoliert ist und auch die Nachbarn ja geheizt hatten, aber irgendwann würde es kalt werden. Kamin – Freigabe hin oder her – oder Ofen: Fehlanzeige. Kochen könnten wir auch nicht. Nicht mal Wasser für einen Tee warm machen. Wir haben hier keinen Campingkocher und kein geeignetes Geschirr. Wir könnten in den Kleingarten fahren und dort ein kleines Feuer in der Feuerschale entfachen, aber nur, wenn das Holz dann nicht nass ist. Ich kann nur hoffen, dass wir diesen Winter von Black- und Brownouts, einer kurzzeitigen Spannungsreduktion im Netz, die Blackouts verhindern soll, verschont bleiben. Und ich frage mich, wie die Menschen in der Ukraine oder im Erdbebengebiet in der Türkei und Syrien das machen. Ohne Strom, ohne Wärme. Nur für wenige Stunden oder Minuten kehrt der Strom zurück, dann werden eilig Handys geladen und die Liebsten angerufen. Es ist ein Albtraum für die Menschen.

Ich schaue kurz auf dem Handy nach, ob die Reihenfolge richtig ist. Kerzen, Essen, die Geschichte erzählen. Die Griechen vertrieben die Juden aus ihrem Tempel und entweihten ihn. Die jüdischen Partisanen befreiten das jüdische Volk und erkämpften den Tempel zurück. Ich frage mich, warum alle religiösen Geschichten, die ich so kenne, mit Befreiung zu tun haben. Um den Tempel wieder zu weihen, brauchte man Öl und die Menora, den Kerzenständer. Das Öl sollte für genau einen Tag reichen, aber am Ende leuchtete die Menora acht Tage. Um an dieses Wunder zu erinnern, feiern wir Chanukka, das Lichterfest. Nach dem Anzünden der Kerzen und dem Essen – Kartoffelpuffer mit Kräuterquark und Pfannkuchen mit Pflaumenmusfüllung – gibt es ein kleines Geschenk. Klassischerweise erhalten die Kinder nur einen sogenannten Dreidel, einen kleinen Kreisel, und Schoko-Münzen. Aber ich will, dass Chanukka mit Weihnachten mithalten kann, und deswegen gibt es Spielzeug.

»Das ist mein allerliebstes Lichterfest«, freut sich mein Sohn.

»Es ist das einzige Lichterfest, Schatz.«

»Das beste, Mama.«

Das Öl im Tempel reichte für acht Tage. Die Erdölvorräte auf der Erde halten bereits länger als vom Club of Rome 1972 in *Die Grenzen des Wachstums* vorhergesagt. Die Ölvorkommen bzw. unser Umgang damit sind der Grund dafür, dass wir einen erhitzten Planeten haben. 2019 betrug die Höhe der Treibhausgasemissionen des Energiesektors laut Erhebungen von ClimateWatch ungefähr 37,6 Millionen Tonnen CO_2-Äquivalent. Das entspricht etwa drei Vierteln der weltweiten Treibhausgasemissionen.[2] Der Energiesektor umfasst Unternehmen, die aus verschiedenen Ressourcen Energie produzieren und diese über Verteilnetze oder Rohrleitungen verschiedenen Abnehmern zur Nutzung bereitstellen.[3] Wir brauchen Energie zum Beispiel für Heizungen, Industrie, Gewerbe, Transport und Mobilität. Ohne Energie gäbe es keine Clubs, keine Datings-Apps, keine Bars. Alles wichtige Dinge in meinem neuen Single-Leben. Energie brauchen wir für alles, was die moderne Zivilisation ausmacht. Energie ist auch dafür verantwortlich, dass ich dieses Buch schreibe. Wir stehen am Anfang der Klimakrise und brauchen resiliente Energie in dieser neuen, heißen, unberechenbaren Welt. Dafür müssen wir aber erst mal verstehen, was Energie genau ist. Es gibt nämlich die Primär-, die Nutz- und die Endenergie. Primärenergie ist zum Beispiel Windkraft (yeah) oder Steinkohle (bääääh). Diese wird durch Anlagen bzw. Kraftwerke in Nutzenergie umgewandelt und fließt dann über Leitungen als Endenergie in unsere heimischen Steckdosen.

Nutzenergie ist nie so groß wie Primärenergie, da bei der

Umwandlung immer ein Bruchteil der Energie, etwa durch Wärme, »verloren geht«. Ein Kraftwerk oder eine Anlage, bei der sehr wenig abhandenkommt, hat einen hohen Wirkungsgrad. Diese Art von Anlage mögen wir am liebsten. Dann geht noch mal Energie weg bei ihrer Verteilung über das Strom- und Gasnetz. Das, was am Ende davon übrig bleibt, ist die Endenergie in unseren Steckdosen bzw. Heizungen und in den Tanks unserer Autos.

Alle Fachbegriffe sitzen? Super. Dann machen wir doch gleich weiter mit den nächsten Begriffen: Strom- und Energiemix. Strommix steht für die Zusammensetzung der Primärenergie, die wir für die Stromproduktion verwenden. In Deutschland war der Strommix im Jahr 2021 wie folgt: 45,7 Prozent aus erneuerbaren Energien, davon 23 Prozent Windenergie, 9,9 Prozent Photovoltaik, 8,8 Prozent Biomasse und 4 Prozent Wasserkraft; dazu kamen Braunkohle mit 20,2 Prozent, Steinkohle mit 9,5 Prozent, Kernenergie mit 13,3 Prozent und Erdgas mit 10,5 Prozent.[4] Schön. Und was ist jetzt dieser Energiemix? Der ist noch weiter gefasst. Da sind auch Primärenergieträger enthalten, die wir zum Heizen, Autobetanken etc. nutzen – also viel mehr als nur Strom. Klingt komplizierter, als es ist. Daher noch mal auf einen Blick:

Strommix = Anteil der Primärenergien unseres Stroms.

Energiemix = Anteil der Primärenergien für alles, was Energie im Alltag braucht.

Und das ist jede Menge. Klar, wir brauchen Energie für Strom, aber auch für das Taxi, um vom Club nach Hause zu fahren, für die Heizung und damit für eine warme Bude und auch für den Gasherd, auf dem der Kaffee zubereitet wird. Im Jahr 2021 haben wir es geschafft, rund 45 Prozent des Strommixes aus erneuerbaren Energien zu beziehen – aber wir sind noch weit davon entfernt, damit unseren gesamten Energiebedarf zu decken. Das ist insofern ein Problem, als die konventionelle Energieproduktion angesichts der Klimakrise weniger resilient ist und gleichzeitig unser Energiebedarf durch die Klimakrise weiter steigen wird. Das naheliegendste Beispiel ist der vermehrte Einsatz von Klimaanlagen im Sommer. Die Sommer werden heißer, während Hitzewellen länger andauern. Dann werden Klimaanlagen zur Pflicht in öffentlichen Einrichtungen werden, in Kitas, Altenheimen, Krankenhäusern und früher oder später auch in Büros, im Einzelhandel und so weiter. Ähnlich wie man das in heißeren Ländern bereits kennt, wo in jeder Dorfkneipe oder Ferienwohnung eine Klimaanlage am Fenster hängt. Was in unseren Breiten bisher als »angenehme Klimasünde« gilt, könnte bald aus gesundheitlichen Gründen ein Muss für viele werden.

Aber Moment mal! Heißt nicht warme Sommer auch wärmere Winter? Könnten wir da nicht wieder Energie einsparen? Möglich, aber unwahrscheinlich. Denn auch wenn die Winter im Schnitt wärmer werden, müssen wir gleichzeitig mit plötzlichen Kälteeinbrüchen rechnen, wie es über Weihnachten 2022 in den USA der Fall war. »Blizzard of the century«,[5] schrieb der Guardian. Mit Kälteeinbrüchen dieser Art ist auch in Deutschland zu rechnen. Jedes Jahr ein neues Jahrhundertunwetter.

Gegenwärtig gehen wir mit Energie so um wie mit allen anderen Ressourcen auch: ziemlich verschwenderisch. In den USA werden zwei Drittel der produzierten Energie vergeudet.[6] In Deutschland plant die Bundesregierung bis 2050 den Strombedarf um 25 Prozent (verglichen mit dem Wert aus 2008) zu senken. Klingt erst mal toll, aber 2050 ist noch lange hin. Im Verkehr soll der Energiebedarf um 40 Prozent gesenkt werden (im Vergleich zu 2005). Alles viel zu weit weg und zu wenig.[7] Bis dahin sind die ernst zu nehmenden Folgen der Klimakrise längst hier. Gerade im Verkehrssektor ist so viel schon heute

rauszuholen (Stichwort Tempolimit). Immer noch verpufft zu viel. Ein gutes Beispiel hierfür ist mal wieder das Auto. Jan Hegenberg beschreibt es in seinem Buch *Weltuntergang fällt aus!* wie folgt: »Ihr kauft an der Tankstelle 490 Kilowattstunden Energie (50 Liter Diesel), und davon treiben dann überhaupt nur enttäuschende 122 Kilowattstunden euer Auto an, der Rest verpufft. Autos sind energetisch betrachtet also nicht primär Fortbewegungsmittel, sondern eher fahrende Heizungen.«[8]
Auch Kohlekraftwerke sind Verschwender, selbst das modernste seiner Art hat nur einen Nutzungsgrad von 42 Prozent. Das ist das Beste, das die Menschheit bis anno 2022 zustande gebracht hat. Wir erinnern uns an den Physikunterricht der 9. Klasse (lieber Herr Beddig, es ist doch was hängen geblieben): Nur 42 Prozent der Energie, die in der Kohle steckt, wird zu Nutzenergie. 58 Prozent der Energie, die in der Kohle steckt, verlässt uns gen Himmel. Ruhe in Frieden.

Sicher unsicher: fossile Energie

Derweil steigt hier auf Erden der Energiebedarf als indirekte Folge der Klimakrise. Da wir fossile Energieträger hinter uns lassen wollen, setzen wir auf Strom: für E-Autos und elektrische Wärmepumpen, die die alten Ölheizungen ersetzen sollen. Auch Internet-of-Things- und energieoptimierte Geräte haben einen Einfluss auf den steigenden Energiebedarf, wenn auch einen vergleichsweise niedrigen. Gleichzeitig hat die Klimakrise selbst oft unterschätzte Folgen für unsere Energieversorgung. Es wird ziemlich sicher ziemlich unsicher.

Dürreperioden und Hitzewellen haben bereits in den letzten Sommern dazu geführt, dass AKW und Kohlekraftwerke vom Netz genommen werden mussten. Wegen Überhitzungsgefahr, wegen fehlenden Kühlwassers, wegen Klimakrise. Wäre es nicht so tragisch, wäre es fast lustig: Im Norden der Schweiz musste 2022 das Atomkraftwerk Beznau zu einem großen Teil die Pforten schließen. Wegen des fehlenden Kühlturms nutzte man dort für die Kühlung der Brennstäbe bisher das Flusswasser der Aare. Den Fischen der Aare sollte aber keine Temperatur über 25 Grad zugemutet werden[9] – gut so! Auch in Frankreich wurden 2022 über eine gewisse Zeit die Atomkraftwerke Blayais am Fluss Gironde und Saint-Alban an der Rhône gedrosselt. Beeinflusst durch die stärksten seit Beginn der französischen Wetteraufzeichnung registrierten Hitzewellen führten die Gewässer so wenig Wasser, dass dieses sich durch die warme Kühlflüssigkeit extrem aufheizte.[10] In Deutschland war im Sommer 2022 der Nachschub für das Kohlekraftwerk Großkrotzenburg gefährdet, da die Kohle wegen des niedrigen Rhein-Pegels nur in begrenztem Umfang geliefert werden konnte. Der Betrieb von Netzreserveanlagen des Energiekonzerns EnBW in Heilbronn, Marbach und Walheim war eingeschränkt. Sinkende Wasserstände durch Hitze, ausbleibenden Regen und ein bisschen auch durch die Entnahme von Wasser als Kühlmittel erschwerten die Belieferung der Kraftwerke über den Schiffsverkehr.[11]

Wenn Kohle- oder Atomkraftwerke vom Netz gehen, egal aus welchen Gründen, muss plötzlich viel Strom aus Windkraft- und Solaranlagen quer durch die Republik transportiert werden. Das belastet die Stromnetze.[12] Stromnetze sind generell durch Extremwetter wie Hitze und Stürme mehr Risiken ausgesetzt, was man besonders bei der Hitze und den Bränden in Kalifornien 2021 erleben konnte. Auch Gaskraftwerke sind auf Kühlwasser angewiesen, hier kommt es also zu ähnlichen Problemen wie bei den Kohlekraftwerken. Außerdem haben wir hier noch die politische Bedeutung hinsichtlich des Großlieferanten Russland – wobei das natürlich generell für Ressourcen gilt, die nicht im eigenen Land vorkommen. Wenn das Gas irgendwann wieder aus Russland oder anderen nördlichen Gebieten kommt, bleiben die Klimakrisenfolgen: Permafrostböden tauen auf, was auch die Infrastruktur für Erdgas und Erdöl gefährdet.[13] Über kurz oder lang werden wir auf diese fossilen Brennstoffe verzichten müssen.

Resilienz im Energiesektor heißt: Wir müssen die Energiewende nicht nur für den Klimaschutz vorantreiben, sondern auch, um uns an die beginnende Klimakrise anzupassen. Die fossilen Energieträger sind zu unzuverlässig, was im Übrigen auch für die Atomkraft gilt. Bei der stehen wir immer noch vor denselben Problemen wie vor Jahrzehnten: Die Frage nach Endlagern für Atommüll ist immer noch nicht geklärt. Trotzdem werden AKW von einigen Befürworter*innen wenn nicht als Lösung, so zumindest als Übergangslösung angepriesen.

Die letzten Tage von Lützerath I

9. Januar 2023, Abend

Ich sitze in meinem warmen Schlafsack auf einem alten Sofa in einem besetzten Haus. In einem Dorf, das in wenigen Stunden nicht mehr existieren darf. Willkommen in Lützerath.

Die Windkrafträder blinken rot in der Ferne. Hinter ihnen das Kraftwerk, vor ihnen Mordor. Hier wird Kohle abgebaut. Hier wird dafür ein weiteres Dorf zerstört. Und Menschenleben. Mein Kumpel Raphael Thelen hat geschrieben, dass 4434 Tonnen CO_2 einen Menschen das Leben kosten. 63 148 Menschen wird Lützerath das Leben kosten. So viel Kohle liegt unter dem Dorf. Seit 2,5 Jahren bauen sie hier an diesem Camp. Letzte Woche begann der Polizei-Aufmarsch, von morgen an wird vielleicht schon geräumt. Es ist unklar, ob die Aktivisti es hier nur noch einen Tag oder vielleicht sogar bis zum 1. März aushalten. Letzteres würde zumindest heißen, dass die Bäume im Dorf aus Naturschutzgründen nicht mehr gerodet werden dürften. Ich will bis zum 12. Januar bleiben. Am 13. habe ich wieder das Kind. Bis dahin werde ich ihm Fotos von der Tagebaukante und seinem kleinen Spielzeug-T-Rex davor schicken. Und eines Tages werde ich ihm vielleicht ein Märchen über rund tausend mutige, hoffnungsvolle Menschen erzählen können, die für ein kleines Dorf gekämpft und es gerettet haben. Und seine Mama und sein Dino waren Teil davon.

Lützerath ist mehr als ein Symbol für das 1,5-Grad-Ziel. Es ist ein Symbol für die Macht von RWE und der fossilen Industrie an sich: Denn diverse Studien belegen, dass wir die Kohle unter diesem Dorf nicht brauchen. Fünf konnten sie retten, so der Deal mit der Politik. Kuckum, Keyenberg, Berverath, Oberwestrich und Unterwestrich. Aber Lützerath muss weichen. Wegen eines Rohstoffs, der nicht mal resilient ist. Kohle ist nur alt, mächtig und billig und bringt riesige Profite. In Zeiten der Klimakrise muss die Energieversorgung aber resilient werden. Und resilient heißt vor allem erneuerbar. Allein wegen der bloßen Anpassung an die bereits vorhandenen und noch kommenden Klimaschäden. Wenn wir in Zeiten von Dürre, Hitze, Stürmen und Hochwasser eher mehr als weniger Energiesicherheit haben wollen, dann muss diese erneuerbar, autark und dezentral werden. Resilient ist etwas, das Extremsituationen standhält. Oder etwas, das, wenn es doch kaputtgeht, schnell wieder zu reparieren ist, sodass die Auswirkungen minimal sind.

Es ist so surreal, hier zu sein. Es ist der wärmste Winter mit den intensivsten Stürmen, überall auf der Welt. Und dann ist da ein fossiler Konzern – RWE –, der nur mit dem Finger schnipsen muss, und ein Dorf wird geräumt. Ich fröstele, obwohl jemand ein Feuer im Kamin angemacht hat. Das ist Luxus. Statt hier zu sitzen, könnte ich auch eine Barrikade bauen, dann würde mir ganz schnell warm werden. Aber ich will schreiben und mich an den gestrigen Abend mit Tadzio, Matthias, Raphael und Antonio erinnern. Wie wir in unserer Lützi-WG den Abend haben ausklingen lassen. Wir sind die Bezugsgruppe »Skybar«. Wir sind das Gegenteil von kamerascheu. Raphael ist einer der Pressesprecher der Letzten Generation. Antonio hat die Klimaliste mitgegründet. Matthias Schmelzer ist Uni-Professor für Degrowth und Tadzio ist Dr. Tadzio Müller, das radikale Gesicht der Klimabewegung, immer für einen verbalen Ausrutscher zu haben. Wir hatten Glück, dass wir in einem der Häuser unterkommen konnten. Auch wenn man sich zu sechst ein Zimmer teilt. Immer noch besser, als ohne Zelt in der Lagerhalle auf Stroh zu schlafen (wovor ich Respekt habe). Solche Maria-und-Josef-Vibes hätte mein Rücken nicht verkraftet.

Ich erzählte der Truppe, wie Antonio und ich ankamen. Fridays for Future hatte für uns und ein paar andere Influencer*innen ein Shuttle vom Kölner Hauptbahnhof organisiert. Dann war es nur noch ein kleiner Fußmarsch von zwanzig Minuten durch den Schlamm, und schon waren wir da.

»Es gab keinen Begrüßungssekt«, beschwerte ich mich.

»Das können wir leicht ändern«, sagte Raphael und zeigte auf eine Sektflasche in der Ecke.

»Und 'ne Sauna könnte es hier nach über zwei Jahren auch geben«, meckerte ich ironisch weiter.

»Es gibt eine Dusche mit fließend Kaltwasser.«

»Echt jetzt?«

»Klar.«

Wahnsinn. Außerdem gibt es Toiletten mit fließend Wasser und Toilettenpapier. Ein Wohnzimmer mit Kamin und Couchtisch. Es riecht wie in einer Männer-WG, in der nicht oft geputzt wird, und sieht auch ein bisschen danach aus. Es fehlen nur die

Pulp-Fiction- und *Trainspotting*-Poster an der Wand. Aber wenn rund dreißig Leute in zwei kleinen Häuschen hausen, ist das irgendwie auch kein Wunder.

Licht kommt von kleinen IKEA-Stehlampen. Strom aus der Steckdose, gespeist von den Solaranlagen auf der Zufahrstraße zum Dorf. Die hat der Ökostromanbieter Naturstrom aufgebaut, nachdem RWE oder NRW den Strom für das Dorf einige Wochen zuvor gekappt hatte.

Wir haben viel gelacht gestern. Wir sind nicht einfach Genoss*innen, einige von uns sind alte Freund*innen, vereint im Kampf gegen die Klimakrise und RWE. Ich hatte keine Ahnung gehabt, was mich hier erwarten würde, und vor Aufregung schon die Nacht zuvor kaum geschlafen. Wo würde ich schlafen, wen würde ich treffen, wer könnte wie lange bleiben? Aber irgendwie fanden wir uns zusammen, und irgendwie überwand ich auch meine Müdigkeit. Tadzio dozierte wie immer über Aktivismus-Strategien. Und dass seine Welt gerade ziemlich kopfstehe. Plötzlich sei er wieder aktiv, schreibe regelmäßig, gebe Interviews. »Wohnt in einem Reihenhaus. Ist schwul und wird heute Nacht das Bett mit einer Frau teilen«, ergänzte ich. Mit mir. Auf dem Boden daneben werden es sich Raphael und Antonio auf Isomatten gemütlich machen.

Bevor wir uns einrollten, gingen wir die Aufgaben für die nächsten Tage durch. Vor der angekündigten Räumung musste noch so viel geschafft werden. Das Haus musste verbarrikadiert werden. Wir mussten genug Essensvorräte ranschaffen und sortieren. Das Küfa-Team (Küche für alle) würde vermutlich abreisen. Dann müssten sich alle Barrios, also die kleinen Siedlungen im Dorf, um ihre eigene Verpflegung kümmern. Es gibt eine Halle, in der Spenden abgegeben werden können, dort gehen wir »einkaufen«. Ich nehme mich der Aufgabe an, die Küche vorzubereiten und die Vorräte zu sichten. Lebensmittel und Vorratshaltung kann ich gut. Für dreißig Leute und vier bis sechs Wochen sollten die Vorräte halten.

10. Januar 2023, 23:40

Es gibt seit dem Abend keinen Strom mehr. Mein Handy hat nachmittags noch geladen. Der Laptop auch. Ab jetzt heißt es, sparsam sein. In unserer Luxusvilla ist es so kalt, dass man seinen Atem als Wolke vor dem Mund sieht, obwohl der Kamin angeschmissen wurde. Gestern gab es als Gute-Nacht-Drink einen Wodka-Shot zu Geigenklängen, die von oben herunterdrangen. Dabei hätte es den Shot gar nicht gebraucht. Die ganze Anspannung vor der angekündigten Räumung führte irgendwann dazu, dass wir k. o. ins Bett fielen und sofort einschliefen. So gut hatte ich seit Monaten nicht geschlafen.

Morgens war ich vom Gewusel der anderen wach geworden. Sie zogen sich an und liefen direkt los zum »Checkpoint Charlie«. Die Zufahrtsstraße, die vom Tagebau zum Dorf führt, sollte geräumt werden, damit sich die Polizei mit ihren Fahrzeugen schon mal aufstellen konnte. Was die Räumung des Camps anging, haben sie uns einen Tag Schonfrist gegeben. Aber nicht mit uns. Denn die Straßen und Barrikaden gehören genauso dazu. Sie sollen das Dorf schützen. Das Dorf, das vor zehn Jahren von seinen Bewohner*innen verlassen werden musste und das seit zweieinhalb Jahren von Aktivisti wiederbelebt wird.

Was hier zerstört wird, ist nicht nur ein altes kleines Dorf mit ein paar Häusern, nicht nur ein kleines Biotop inmitten von kahlem Land und Tagebau. Hier wird eine Utopie angegriffen, der Entwurf einer Alternative. Die Aktivisti haben einen antikapitalistischen Ort geschaffen, ohne Hierarchien. Es gibt Plenen, in denen basisdemokratisch diskutiert wird und Aktionen geplant werden. In der Küfa wird gemeinschaftlich gekocht. Jeden Tag finden sich Helfer*innen ein, die schnibbeln, Geschirr waschen und Essen austeilen. Die Lebensmittel sind containert oder wurden gespendet. Generell basiert hier alles auf einer Tauschkultur. Es gibt einen Free-Shop, in dem man sich Kleidung holen oder welche hinbringen kann. Ich habe meinen Schal gleich am ersten Tag verloren und mir dort einen anderen geholt. Ohne ist es zu kalt im Januar am Tagebau. Es gibt aber auch Schuhe, Pullis und Jacken. Patagonia hat ausrangierte Jacken gespendet – das erklärt, warum einige hier so stylisch rumlaufen. Es finden regelmäßig Aktionstrainings statt, in denen man lernt, wie man sich in einer Sitzblockade verhält oder bei einer Verhaftung agiert. Es gibt aber auch einfach Filmabende zu politischen Themen. Ich erlebe das Miteinander als friedlich, respektvoll und zuvorkommend. Es achtet auf Intersektionalität, also darauf, alle gesellschaftlich verankerten Diskriminierungen zu vermeiden. Man stellt sich mit seinen Pronomen bzw. ihrer Abwesenheit vor. Es wird offen und direkt kommuniziert. Ich bin immer wieder überrascht davon, wie bewusst »gewaltfrei« hier gesprochen wird (also frei nach Rosenbergs gewaltfreier Kommunikation). Alles ist organisiert. Es gibt Dienste, wie den, neu ankommende Menschen am Eingang zu empfangen und ihnen das Dorf zu erklären. Seit am 3. Januar bekannt wurde, dass die Lützi-Räumung ansteht, reisen täglich teils über hundert Aktivisti an, die irgendwo untergebracht werden und die Regeln kennenlernen müssen. Tagsüber werden Baumhäuser oder Barrikaden gebaut, und es wird geübt, wie man sich an Kletterseilen durch das Dorf fortbewegt. Abends wird gequatscht, oder jede*r für sich entspannt.

Auf den Zufahrtsstraßen zum Dorf, wo die Aktivisti sich mit Sitzblockaden gegen die Räumung wehren, wurden die ersten Menschen eingekesselt und weggetragen. Aber statt in Gewahrsam genommen zu werden oder einen Platzverweis zu erhalten, durften sie sich frei bewegen und zurück ins Dorf gehen. Oder eben neue Sitzblockaden veranstalten. Meter für Meter arbeitete sich die Polizei vor. Räumte Pods, Pfähle, auf denen Menschen in der Höhe saßen. Räumte mit einem Bagger in Minuten Barrikaden, die in stundenlanger Handarbeit gebaut worden waren. Räumte unseren Traum von einer besseren Zukunft.

Ich schreibe weiter. An dem Buch, das hoffentlich mein Beitrag zu diesem Kampf ist. Aber auch ein Wegbereiter und eine Fibel für die Klimaanpassung. Wir brauchen Energie, resiliente Energie. Eben keine Kohle. Es gibt andere Wege – bessere und schlechtere.

Suboptimale alternative Energiequellen

Biogas und Biomasse

Biogasanlagen sind, ähnlich wie Kohlekraftwerke, unabhängig von Wind und Sonneneinstrahlung. Sie funktionieren so, dass organische Stoffe – Biomasse – bei einem Wirkungsgrad von circa 30 bis 37 Prozent verbrannt werden. Biomasse ist zum Beispiel Mist, Reste von Energiepflanzen wie Mais oder Zuckerrüben, Biomüll von Kommunen (in Berlin wird die Müllautoflotte der BSR damit gespeist). Eine Biogasanlage kann Strom erzeugen oder Gas für Gasautos oder -heizungen herstellen. Die größte Herausforderung ist aber die notwendige Ackerfläche, die es bräuchte, um Biogasanlagen als resiliente Alternative zu etablieren. Diese Ackerflächen wären, und sind es schon, Monokulturen, und wir wissen aus dem Kapitel zur Landwirtschaft, dass Monokulturen ein Problem für die Biodiversität sind. Hinzu kommt, dass Gülle und undichte Silos Bäche und Grundwasser vergiften, und der entstehende Gestank bei der Biogasproduktion ist auch nicht zu unterschätzen. Aktuell machen Biogasanlagen 4,4 Prozent der deutschen Stromproduktion aus.[14] Die Folgen der Klimakrise wie Wassermangel und Dürren werden Landwirtschaft immer schwieriger machen, weshalb auch weniger Biomasse auf den Feldern wachsen wird. Resilient ist anders.

Verbrennung von Holz

Wir müssen davon wegkommen, Holzverbrennung für ökologisch zu halten. Ich will niemandem das romantische Feuer im Kamin verbieten, ganz im Gegenteil. Es gibt nichts Schöneres, als nach einem Spaziergang in der Kälte nach Hause zu kommen, das Feuer anzuzünden, eine heiße Schokolade zu trinken und zu spüren, wie langsam alles in einem und um einen herum warm und gemütlich wird. Nur nachhaltig und für alle Haushalte geeignet ist es nicht. Denn das CO_2, das die Bäume über viele Jahre gespeichert haben, wird bei der Verbrennung wieder freigesetzt. Klimafreundlicher wäre es, die Bäume stehen zu lassen oder, wenn sie schon aus wirtschaftlichen Gründen gefällt werden müssen, daraus Bau- oder Möbelholz zu machen. Es einfach weiter als Holz zu verwenden und nicht abzufackeln.

Abgesehen von der Freisetzung von CO_2 – in Zeiten, in denen wir eigentlich auf Einsparung setzen müssten – ist auch der Feinstaub ein Problem. Er entsteht bei der Verbrennung und wird durch die meist filterlosen Ofenrohre direkt in die Umgebung gepustet. Feinstaub ist schon in geringen Konzentrationen sehr gefährlich. Er ist ein »stiller Killer«, verkürzt die Lebenserwartung und kann zu zahlreichen Atemwegs- und Herzerkrankungen führen. Öfen werden zudem häufig falsch bedient oder platziert, aus lackierten Möbelteilen oder lasierten Dielen können so giftige Stoffe, die Krebs verursachen können, entweichen. Was Holz hingegen kann: in Krisenzeiten zur Selbstversorgung beitragen, in extremen Wettersituationen Energie zum Heizen oder Kochen liefern (wenn es der Ofen hergibt). Insofern: resilient, ja. Gesund und umweltfreundlich eher weniger.[15]

Wasserkraft

Wasserkraft ist umwelt- und klimafreundlich, aber leider wenig resilient gegenüber den Folgen der Klimakrise. Wasserkraft könnte Prognosen zufolge im Jahr 2050 nur noch 3 Prozent des Strommixes ausmachen. Das liegt daran, dass die Flüsse, die die deutschen Wasserkraftwerke am Laufen halten, zum Teil aus den Alpen gespeist werden. Die dortigen Gletscher aber schmelzen unwiederbringlich und, wie wir in diesem Buch schon oft gehört haben, schneller, als Wissenschaftler*innen bisher angenommen haben. Mildere Winter in Deutschland und Österreich bedeuten außerdem weniger Schnee. Stattdessen gibt es Regen in den Bergen, und zwar nicht erst im Frühjahr, sondern bereits im Winter. Dadurch sind die Pegelstände der Flüsse im Winter zu hoch und im Sommer zu niedrig. Kraftwerke an Rhein und Donau wie das Rheinkraftwerk Albbruck-Dogern oder das Wasserkraftwerk Fridingen an der Donau werden in immer heißeren Sommern immer unzuverlässiger.

Die letzten Tage von Lützerath II

11. Januar 2023, Nacht

Ich höre das Piepen der Planierfahrzeuge, das Surren des schweren Geräts, die Gespräche der Lützi-WG im Flur mit den Journos. Ich liege in meinem Zimmer im Bett und friere. Hier sind es vermutlich nur fünf Grad. Gut isoliert geht anders. Immerhin wird es heute Nacht hell bleiben, weil das Flutlicht der Polizei durch die Fenster scheint. Ich fühle mich, als wäre ich die letzten Tage auf einem MDMA-Rausch gewesen und käme jetzt wieder in der Realität an. Das Serotonin ist alle, ich bin fertig. Ich weine um die Baumhäuser der »Reihenhaussiedlung«, gebaut in fünf Metern Höhe, mit Blick auf den Tagebau Garzweiler. Ich weine um die Aktivisti im Kessel außerhalb des Dorfes, eingekreist von den Cops. Ich weine, und dann kommt Tadzio rein und nimmt mich in den Arm. Mit solchen Freunden kann man vielleicht keine Pferde stehlen, aber Häuser besetzen.

Abends beim Plenum waren wir nur noch halb so viele. Einige wurden eingekesselt und/oder in Gewahrsam genommen und mussten schlussendlich das Dorf verlassen. Auch Raphael. Es ist bitter. Viele Aktivisti sind ohne Handy angereist, und wir können sie nicht erreichen, nicht fragen, wie es ihnen geht. Ihre Schlafsäcke, Isomatten, Rucksäcke, alles so, wie sie es am Morgen, als sie aufbrachen, zurückgelassen haben. Wir haben nicht damit gerechnet, dass jemand, der morgens das Haus verlassen hat, mittags nicht mehr zurückkommt. Vielleicht naiv, vielleicht optimistisch.

Ich gehe raus auf die Terrasse und rauche eine. Bei uns geht die Presse ein und aus – wenn sie es über die Leiter zu uns hoch schaffen. Die Cops juckt das nicht. Inzwischen denke ich, dass wir die Tür auch einfach nur hätten abschließen können, statt sie direkt zu verbarrikadieren. Wie auch die Fenster im Erdgeschoss. Den Journos ist die Leiter recht. Die nette Dame von Reuters war wieder da. Zwischen den Interviews mit den Pressesprecher*innen machte ich uns einen Kaffee, und wir unterhielten uns. Ich regte mich sehr über die Polizeigewalt auf. Am Anfang hielt ich die Räumung noch für friedlich, aber die Berichte von Freund*innen und übers Funkgerät zeichneten zunehmend ein anderes Bild. Cops, die Witze über reißende Seile machen, während über ihnen ein*e Aktivist*in kauert. Cops, die unnötig zuschlagen, schubsen, Pfefferspray nutzen. Cops, die 24/7 räumen, sodass wir alle unter Schlafentzug leiden, nonstop in Alarmbereitschaft sind, Nachtwachen schieben etc. Cops – der lange Arm von RWE.

»Es gibt ein Recht auf Dienstverweigerung«, tönte es von den Aktivisti zum Haus herüber. Und: »Wir kämpfen hier auch für eure Zukunft und eure Kinder.«

Einige der Radikalen unter uns haben vielleicht mit etwas Pyro um sich geworfen. Es ist, als würde mein Vierjähriger mit Duplos um sich werfen. Man kann es nicht ernst nehmen, es bringt wenig. Aber die Cops sind in voller Montur. Und wenn sie zuschlagen mit ihren verschiedenen Waffen, hat das eine andere Wucht. Vor allem sind demonstrierende Bürger*innen nicht für Gewaltkonflikte geschult. Sie sind da, um etwas zu verteidigen, an das sie glauben. Ihre Zukunft, unser Recht auf Klimaschutz. Die Cops sind da, um die Interessen und das Hausrecht eines Konzerns, des größten CO_2-Emittenten Europas,[16] durchzusetzen.

Die Polizei müsste es einfach besser wissen. Was sie stattdessen macht: Ungeschultes Personal klettert auf Baumhäuser oder Tripods, holt die Menschen unsachgemäß herunter, Hauptsache schnell. Trotz Sturm mit starkem Regen und Wind wurde weiter geräumt. Auch in Baumwipfeln und Baumhäusern.[17] Die Polizei riskiert vielfach fahrlässig Menschenleben. Und trotz gegenteiliger Versprechen wurde gleich als eine der ersten Hallen die Küfa geräumt und zerstört – die Halle, in der das Dorf bekocht und versorgt wurde. Sanitäter*innen wurden des Dorfes verwiesen.

Polizeigewalt ist ein strukturelles Problem. Nicht erst seit Oury Jalloh, der 2005 gefesselt in seiner Zelle unter Polizeiaufsicht in Dessau verbrannte. Nicht erst seit dem 16-jährigen Schwarzen Jugendlichen, der 2022 von der deutschen Polizei ermordet wurde. Ich gehe seit meiner Jugend auf Anti-Rechte-Demos. Ich wurde eingekesselt und weggetragen, und ich habe häufig anlasslosen Pfefferspray-Einsatz beobachten können. Was mich dennoch überrascht, ist, wie gewalttätig die Cops hier in Lützerath trotz der gigantischen Medienpräsenz vorgehen. Nicht nur die Presseleute filmen. Auch die Aktivisti. Aber es ist ihnen egal. Diese Machtdemonstration macht mir Angst. Sie zieht mich runter. Ich will mich aber hochziehen. An den Lösungen, an den Wegen, dem Konstruktiven.

Strukturelle Anpassungen

Und wie können diese Lösungen jetzt aussehen? Von allem ein bisschen. Von allem Erneuerbaren, versteht sich. Wir brauchen verschiedene Energieformen und viele autarke Netze, die dezentral funktionieren. Denn auch die Netzinfrastruktur wird mit der Zunahme von Wetterextremen und von Solar- und Windenergie anfälliger werden. Denn mehr Solar- und Windenergie bedeutet auch mehr Leitungen, die eben anfälliger für Schäden sind. Werden diese vom Netz entkoppelt betrieben, bieten sie mehr Sicherheit für Haushalte oder Kommunen.

Netzinfrastruktur
Die Theorie klingt gut, die Praxis leider weniger. Der Erneuerbare-Energien-Berater Tobias Leschinsky, den ich interviewe, erklärt das wie folgt: »Aktuell sind unsere Netze grundsätzlich auf einen zentralen Betrieb ausgelegt. Die Netzbetreiber können bei einem drohenden Blackout einzelne Teilnetze gezielt ›abwerfen‹, um den Worst Case im gesamten Netz zu verhindern. Das wäre dann vor Ort als Blackout zu spüren. Modernere Solaranlagen können kurzzeitig netzstützend beitragen (Stichwort *Fault Ride Through*, also ›Weiterbetrieb im Fehlerfall‹), allerdings ist der Betrieb von einzelnen Inselnetzen bei Teilab-

schaltungen oder übergreifendem Blackout aktuell nicht vorgesehen oder geplant. Solche Inselnetze erfordern spezielle Technik, wie Speicher sowie Leit- und Regelungstechnik, die im Kleinen zum Beispiel auch von Wechselrichterherstellern angeboten wird.«

»Und warum gibt es das nicht im Großen?«, will ich wissen.

»Die gesamte Topologie unseres zentralen Netzes müsste umgestellt werden. Das wäre ziemlich kostenintensiv, und das Ergebnis wäre nicht unbedingt besser. Das Netz hat ja auch die Funktion, unterschiedliche Lasten und Erzeuger auszugleichen«

Das heißt: Theoretisch sind autarke Netzeinspeisung von Strom und autarke Netze möglich. Meine Interpretation ist: Die Netzbetreiber möchten dieses riesige Projekt nicht angehen, um ihr Monopol zu sichern. Dezentralisierung würde die Menschen ja unabhängiger davon machen. Die Frage ist also, ob diese Forderung der Netzbetreiber in Zeiten der Klimakrise noch zeitgemäß ist.

Prof. Dr. Renn vom Institute for Advanced Sustainability Studies e.V. in Potsdam hat zusammen mit anderen Wissenschaftler*innen 2017 den Leitfaden *Das Energiesystem resilient gestalten* herausgebracht. Seine Handlungsempfehlungen beinhalten auch dezentrale Netze und geografisch verteilte Kraftwerke. Als »Vielfalt der Anlagentechnologien und unabhängige Versorgungseinheiten erhöhen« beschreibt er diese Maßnahmen. Er schlägt vor: »Durch ein zellulares Design der Stromversorgung werden beispielsweise bei einem Blackout zunächst Inseln der Stromversorgung wieder aufgebaut, die sich zunehmend miteinander vernetzen.«[18] Außerdem spricht er sich dafür aus, Leitungen zu ersetzen: statt Freilandkabel in Sturmgebieten lieber Erdkabel verlegen. Dies schützt zudem bei Hitzewellen oder Vereisung. Er empfiehlt auch die sogenannte Schwarzstartfähigkeit für Erneuerbare-Energien-Kraftwerke und -Speicher.

Schwarzstartfähigkeit klingt sehr ominös, heißt aber nur, dass Kraftwerke nach einem Blackout ohne zusätzliche Energiezufuhr hochgefahren werden können.[19]

Aber was ist, wenn Dunkelflaute herrscht? Wenn die Sonne nicht scheint, der Wind nicht bläst? Dann braucht man Backups. Dafür benötigt man riesige Speicher oder thermische Kraftwerke. Also Kohle- oder Gaskraftwerke. Wie wir schon wissen, sind diese aber anfällig für Hitze und Niedrigwasser und bräuchten mehr Kühltürme – das wären wieder enorme Investitionen, die sich wahrscheinlich nicht rechnen, weil ja hoffentlich wirklich 2030 die letzten Kohlekraftwerke vom Netz gehen.

Photovoltaik

Was genau fällt denn jetzt unter erneuerbare Energien? In erster Linie Photovoltaik-Anlagen – liebevoll PV-Anlagen genannt. Warum ist PV-Energie resilient? Die Anlagen sind fast das ganze Jahr über gut zu verwenden. Hitze und Kälte machen ihnen wenig aus. Die PV-Leistung sinkt bei hohen Temperaturen nur minimal. Ebenso macht Wolkenbildung wenig aus. Niedrigwasser ist ebenfalls irrelevant. Höchstens Hochwasser könnte zum Problem werden oder starker Schneefall, aber Letzteren kann man je nach Installationsort einfach wegbürsten. Die Anlagen sind vielseitig einsetzbar, auf beliebig großen und kleinen Flächen. Ob es eine kleine PV-Anlage auf dem Bulli ist, eine Balkon-PV-Anlage, Jalousien mit PV-Panelen, PV-Fassaden, Solarzellenfolien,[20] PV-Zäune oder klassisch auf dem Dach oder Feld aufgestellt – die Anwendungsmöglichkeiten sind unendlich. Als Fahrradstraße sah ich sie in Schweden, von schwimmenden Panelen fürs Meer las ich, genauso von Dachziegeln im Terrakotta-Look in Italien.[21] Der PVantasie sind keine Grenzen gesetzt.

Besonders spannend finde ich aber die Nutzung auf Agrarflächen. Solarpanele spenden Schatten und können so bei bestimmten Pflanzen sogar das Wachstum unterstützen. Am stärksten profitiert der Sellerie, mit 12 Prozent mehr Ertrag.[22] Als Nächstes kommen Kartoffeln, die 3 Prozent mehr Ernte unter Solarpanelen erbrachten. Außerdem können sie Starkregen oder sogar Frost von Obstplantagen fernhalten und diese schützen. Damit sinken Bewässerungsbedarf und Winderosion.[23] Der erzeugte Strom lässt sich gut speichern. Einziger Haken: Die Speicher sind momentan vergleichsweise teuer und nicht in den Mengen vorhanden, die wir bräuchten. Aber auch das kann ja noch werden. Dazu später mehr.

Windkraft

Dann gibt es noch die Windkraft, und ja, ich fände es nicht schlimm, so ein Windenergie-Ding in der Nähe meines Zuhauses zu haben. Ganz im Gegenteil, ich spiele mit dem Gedanken, bei mir zu Hause ein kleines Windrad zu installieren. Es ist wie ein Windspiel, das man bei Wind beobachten kann. Auf einer Landstraße sah ich eins im Garten eines Anwohners stehen, klein, unauffällig, ordentlich am Drehen, und dachte mir: So eins will ich auch. Hagel, Hitze und Co. können ihnen wenig. Nur etwas Höhe und Wind, darüber freuen sie sich. So ein kleines Vorgarten-Windkrafträdchen hat natürlich nicht annähernd die Leistung eines modernen »N163/6.X« des deutschen Onshore-Herstellers Nordex. Ein modernes Windkraftrad erzeugt heute die 37-fache Menge im Vergleich zu Modellen aus dem Jahr 1990.[24] Hört sich erst mal gut an, aber auch Windkraft ist nicht komplett katastrophensicher. Beschädigungen durch starke Stürme können zunehmen. Durch die extremen Wetterbedingungen verändern sich teilweise die Hoch- und Tiefdruckgebiete mit der Folge, dass der Jetstream und die Verlässlichkeit des Windes abnehmen.[25] Ich frage mich gerade, ob die Offshore-Windkraftwerke, die auf mindestens zwanzig Jahre ausgelegt sind, auf den steigenden Meeresspiegel und die Zunahme von Stürmen vorbereitet sind. Auch das muss bei der aktuellen Planung und Entwicklung von neuen Windkrafträdern bedacht werden. Eine weitere große Herausforderung, die ich hier sehe, betrifft mal wieder die Ressourcen. Für Solaranlagen genauso wie für Windkraft werden Metalle wie Rohstahl, Kupfer, Aluminium, Chrom und auch Materialien wie Zement[26] gebraucht. Die Metalle werden knapper, der Abbau wird schwieriger, die Logistik unsicherer, alles aufgrund der Klimakrise. Zynisch, oder?

Speicherproblem

Gehen wir mal davon aus, dass wir es schaffen, unseren Strombedarf in wenigen Jahren zu 100 Prozent aus erneuerbaren Energien zu erzeugen. Geil. Klimakrise aufgehalten, Welt gerettet? Na ja, nicht ganz. Die Energie wird in ein Netz gespeist und dann entweder direkt zu den Haushalten geliefert oder, wenn kein Bedarf besteht, gespeichert. Speicher sind beispielsweise Wasserstoffspeicher, Pumpspeicherwerke, Wärmespeicher und noch einige mehr. Sie wandeln den erzeugten Strom in chemische Energie oder in andere potenzielle Energie um und können ihn später, wenn man ihn braucht, wieder zurückwandeln. Das Problem ist nur: Um eine ausreichende Speicherkapazität für den aktuellen Jahresverbrauch in Deutschland zu haben (2021 waren es 508 Terawatt-Stunden pro Jahr), bräuchte es eine gigantische Menge an Speichern.[27]

Weil das Thema so komplex ist, bitte ich Lorenz Bauer, einen Freund, der in der Branche arbeitet, es mir verständlich zu machen: »Wichtig wäre vor allem eine saisonale Speicherung, um etwa den Überschuss aus der PV-Stromproduktion im Sommer für den Winter zu speichern sowie den Transport der Energie von Überschuss bei Bedarf herzustellen.«[28] Daran hakt es bisher noch. Denn die bisherige Zielsetzung lautet, erst einmal genügend Anlagen für erneuerbare Energien zu bauen. Danach will man sich um die Speicher kümmern. Idealerweise sollte aber beides parallel ausgebaut werden. »Das Thema Speicher ist aktuell das zentrale Manko beim Umbau der Energieversorgung auf erneuerbare Energien. Zum einen um die Fluktuation bei der Energiegewinnung im Tages- oder Wochenverlauf zu kompensieren, zum anderen um die oben angesprochene saisonale Speicherung vom Sommer in den Winter zu schaffen.«

Wasserstoff

Warum wird Wasserstoff von manchen als Heilsbringer angepriesen? Weil er das tatsächlich sein könnte. Es kommt aber darauf an, wie er hergestellt wird. Wasserstoff kann als Speicher für Energie verwendet werden. Idealerweise grüner Wasserstoff, der mit erneuerbaren Energien hergestellt wurde. Der sogenannte graue und blaue Wasserstoff hingegen beruhen auf fossilen Energieträgern, und davon wollen wir ja loskommen. Beim blauen Wasserstoff wird das entstandene CO_2 immerhin gespeichert. Mithilfe von Strom wird Wasser in Sauerstoff und Wasserstoff aufgetrennt. Dabei entstehen Wasserstoff sowie Abwärme. Letztere kann als Wärme für Siedlungen und Industrie genutzt werden, der entstandene Wasserstoff als Tankstoff für Busse und Lkw. Oder er wird zu Methan verarbeitet, grünes Erdgas entsteht. Doch je mehr der Wasserstoff verarbeitet wird, desto größer sind die Energieverluste.

Wärme

Nicht nur im Strombereich gibt es Herausforderungen, sondern auch bei der Wärme aus erneuerbaren Energien, wenn wir auch hier auf CO_2 verzichten und uns resilient einrichten wollen. Wie sollen wir in Zukunft auf eine klimafreundliche, aber gleichzeitig möglichst resiliente Art heizen? In erster Linie erst mal weniger. Indem wir unsere Wohnungen und Häuser isolieren, sodass weniger Wärme entweichen kann. Ich kann das »Sanierungsgerede« auch kaum noch hören, aber es ist eine der wirkungsvollsten Maßnahmen in Sachen Klimaschutz und -anpassung. Und indem wir uns wärmer anziehen. Spätestens seit dem Winter 2022 wissen wir alle, dass die ideale Schlafzimmertemperatur bei 18 Grad liegt und es nicht wirklich schlimm ist, zu Hause im Wollpulli rumzuhängen.

Neben dem »Weniger« müssen wir uns auch bei der Wärme von fossilen Energien verabschieden und uns stabileren Wärmequellen zuwenden, wie etwa der Power-to-Heat-Geothermie. Geothermie klingt kompliziert, ist aber eigentlich ganz einfach: Im Kern der Welt ist es ganz schön heiß. Auch wenn man nur ein paar Hundert Meter tief bohrt, wie bei der oberflächennahen Geothermie (sie reicht in eine Tiefe von bis zu 400 Metern), oder idealerweise noch tiefer geht, wie bei der tiefen Geothermie, die zwei bis vier Kilometer weit in die Tiefe geht. Bei Letzterer findet sich Wärme in wasserführenden Schichten.[29] Ein Teil der Energie der tiefen Geothermie wird via Dampf in Strom umgewandelt, und ein Teil erwärmt Wasser und wird dann per Fernwärmenetz in Häuser geleitet.

Bei der oberflächennahen Geothermie werden Wärmepumpen verwendet, die zwar externen Strom benötigen, dafür aber auch nur minimale Wärme von 10 bis 25 Grad aus der Erde in ein angenehmeres, höheres Temperaturniveau verwandeln können. *It's magic* – oder eben einfach eine Erdwärmepumpe. »Dies kann in Form dezentraler oder zentraler Anlagen mit Fernwärmekopplung geschehen und durch Wärmespeicher flexibilisiert werden«, heißt es auch bei Prof. Dr. Renn.[30] Das bedeutet: Ein Mehrfamilienhaus kann seine Wärme per Fernwärme erhalten und durch einen Wärmespeicher wie Niedertemperatur- und

Latentwärmespeicher für mehr Flexibilität bei Ausfällen der Zentralanlage sorgen. Diese Speicher können zum Beispiel per Solarmodul Wasser erhitzen und dieses in gut isolierten Tanks aufbewahren. Im Winter können sie dann Wärme abgeben und ganze Wohngegenden versorgen.

Private Maßnahmen

Und wie sieht jetzt ein resilientes Eigenheim, eine resiliente Mietwohnung aus? Im Eigenheim, wenn es die Umstände zu-lassen: Solar auf dem Dach, kleines Windrad vor dem Haus, eine Batterie mit Wechselrichter für autarke Stromversorgung, eine Erdwärmepumpe für die Wärme. Ein Kaminofen mit Herdfunk-tion für den gemütlichen Winterabend und absolute Notfälle. Ein gut isoliertes, aber auch gleichzeitig gesund atmendes Haus. Mit Ladestation vor der Tür für das E-Auto. Und auch in der Mietwohnung gilt, wenn die Umstände und der*die Vermie-ter*in es zulassen: Solarpanele auf dem Balkon oder an der Fassade, noch besser auf dem Dach. Eine kleine Batterie für die Speicherung der so gewonnenen Energie. Eine Heizung mit Fernwärme. Und natürlich ist auch hier eine gute Isolierung und Durchlüftung die Basis von allem. Für beide Wohnmodelle emp-fiehlt sich eine gute Auswahl an wärmenden Wollpullovern.

Falls es mal zu kurzfristigen Blackouts kommt, wie in Schwe-den im Supermarkt, macht es Sinn, sich an die Vorschläge des BBK zu halten. Das BBK betreibt einen ganz informativen und praktischen Kanal auf Instagram. Bei einer Fragerunde dort wollte ein*e Follower*in wissen, welche drei Dinge man un-bedingt zu Hause haben sollte. Die Antwort: Lebensmittel- und Wasservorräte, einen gepackten Fluchtrucksack (mit den wich-tigsten Unterlagen wasserdicht verpackt, einer Flasche Wasser, Bargeld, Powerbank und Ladekabel, wichtigste Tabletten etc. –

auf der Website des Bundesamts für Bevölkerung und Katastrophenschutz findet sich eine detaillierte Auflistung) und einen Camping-Kocher. Was ich sonst noch für Notfälle immer vorrätig habe (bis auf die vielen Kilos an Kerzen in Schweden): Batterien in verschiedenen Größen für Taschenlampen. Eine via USB-Kabel aufladbare Stirnlampe, die sich in Lützerath als sehr praktisch erwiesen hat. Grabkerzen und noch mehr Kerzen, Streichhölzer und Feuerzeuge (ich habe da so kleptomanische Talente, keine Ahnung, wo ich die Dinger immer herhab). Und jetzt kommt der Knaller: einen kleinen solarbetriebenen Generator mit einer Leistung von 240 Wh/200 W und praktischen Solarpanelen zum Ausklappen. Den hatte ich für einen Camping-Urlaub gekauft, der nie stattfand. Der Generator hat Steckdosen und USB-Anschlüsse, und ich freue mich, dass ich auch bei einem Stromausfall den akkubetriebenen Vibrator oder die Kopflampe laden könnte – oder was auch immer in dem Moment dann wichtig ist. Für Wärme würden sich ein paar Rettungs- oder Wolldecken eignen. Es gibt kleine Camping-Öfen, die könnte man theoretisch für die Nahrungszubereitung auf dem Balkon nutzen, aber keinesfalls in Wohnräumen – die Erstickungs- bzw. Vergiftungsgefahr durch Monoxid ist riesig!

Die letzten Tage von Lützerath III

12. Januar 2023, 9:08

Wir sitzen im Wohnzimmer am lodernden Kamin und bewundern Dina Hamid im ZDF. Dina ist eine der Pressesprecher*innen von »Lützibleibt« und unsere Mitbewohner*in. Dina erzählt von den Menschen, die das Dorf wiederbelebt, es in eine Utopie verwandelt haben. Und von den 280 Millionen Tonnen Braunkohle unter diesem Dorf, an die RWE ran will.

Der eine Geigenspieler kommt ins Zimmer und verkündet, dass zwei Trupps Cops auf dem Weg zu uns sind. Der andere Geiger erscheint an der anderen Tür, der WDR ist da. Von oben hört man ein »kleiner Alarm, der Kaffee ist fertig«. Insider Joke, denn seit dem 11. Januar in der Früh hatten wir mehrere große Alarme. Die Polizei hat schnell das Dorf sowie die Zufahrtsstraßen und die Dorfstraßen eingenommen. In der Ferne sehe ich, wie sie die Küfa einnehmen, aber noch vor der einen Barrikade vor der Reihenhaussiedlung stehen. Dann aber kommen die Cops von der Küfa rüber, durchbrechen die Barrikade und platzieren sich in unserem Vorgarten. Es ist bewölkt, nieselt leicht. Meine Mitbewohner*innen und ich stehen auf der Terrasse im ersten Stock und beobachten, was passiert. Viele Cops vorm Haus, großer Alarm wird ausgelöst. Unsere Rucksäcke sind gepackt, die Lock-Ons präpariert (selbst gebastelte Ketten, mit denen Aktivisti sich aneinander oder Gegenstände ketten), der Dachboden für die Barrikade mit dem Nötigsten ausgestattet. Aber es passiert noch nichts.

Nachts wurde ich wach von dem Flutlicht in meinem Zimmer. Die vier Presse-Leute waren abgereist, einer aus unserer Bezugsgruppe wurde schon des Dorfes verwiesen, als er von einer Barrikade zurückkehrte. Ich hatte nun ein Zimmer mit Bett für mich allein. Ich schlüpfte in Hose und Schuhe, lief ans Fenster, sah noch mehr Taschenlampen. Rannte auf den Dachboden, weil ich laute, hämmernde Geräusche hörte. Aber es war nur eine Aktivisti, die sich mitten in der Nacht per Gurt über das Dach bewegte, hin zum Nachbarhaus oder vielleicht auch zu den Baumhäusern im Wäldchen. Alle Hallen, Häuser und Baumhäuser sind per Seil miteinander verbunden. Viele Aktivisti haben gelernt, sich über Seile fortzubewegen, und können sich wie kleine Äffchen durchs Dorf hangeln, ohne den Boden zu berühren. Ich wurde auch mutiger, kletterte mehrmals aufs

Dach, saß da und genoss den Ausblick, den Wind, den Anblick der wehenden Fahnen. Besonders die Regenbogenflagge in Übergröße bewirkte, dass es mir warm ums Herz wurde und ich nicht merkte, wie ich auskühlte.

13. Januar 2023

Selten habe ich so viel Zerrissenheit gefühlt. Ich bin in Gedanken bei meinen Kamerad*innen im letzten nicht geräumten Haus in Lützerath. Die Polizei hat sich schon mit einer Hebebühne zum Nachbarhaus »Wilde 8« vorgearbeitet. Danach sind sie dran. Und ich sitze derweil im ICE nach Berlin, weil um 13 Uhr meine Care-Woche für mein Kind beginnt. Diese Verantwortung überwiegt die gegenüber meinen Genoss*innen.

Ich hatte ursprünglich überlegt, einfach aus dem Haus zu gehen und den Hauptausgang aus dem abgesperrten Dorf zu nehmen. Würde schon schiefgehen. Schlimmstenfalls wären meine Personalien aufgenommen worden, und ich hätte in die Gefangenensammelstelle gemusst. Bestenfalls hätten sie mich durchgewunken. Aber dann sagte eine der Journalistinnen, sie wolle mich begleiten. Ich zog mir also eine Warnweste an und schulterte den Rucksack. Die Journalistin meinte, wir sähen beide seriös und nicht so linksradikal aus und würden bestimmt einfach so bei den Cops durchkommen. Auf dem Weg kamen wir an der Gefangenensammelstelle vorbei. Die Aktivisti saßen in Transportern mit der Aufschrift »RWE«, bewacht von jeweils zwei Polizist*innen. Die Aktivisti waren gut drauf, sie saßen erst seit anderthalb Stunden fest. Die Polizei sagte ihnen, sie seien »privilegiert«, weil sie nicht draußen bei Regen und Wind sein müssten wie die anderen.

Vor den Transportern standen sich Cops in zwei Reihen gegenüber. Dazwischen inhaftierte Aktivisti und ein Pressemensch. Ich ging hin, fühlte mich sicher mit meiner Warnweste und mei-

nem Handy. Dreistigkeit oder auch Naivität hat mich schon
weit gebracht. Ich fragte den »Kollegen« von der Presse, ob alles
in Ordnung sei. Ja, sagte er. Er ist Dokumentarfilmer aus Schweden und hatte in der »Paula«, einem der besetzten Häuser, gefilmt. Da haben sie ihn mitgenommen. Er gab mir seine Visiten-
karte, und ich ihm eine Nummer einer Rechtshilfegruppe, die
linke Inhaftierte berät. Später erfuhr ich, dass er fünf Stunden
festgehalten wurde. Einfach, weil er die Räumung gefilmt hat.
Das sollte aber erst der Anfang der Repressionen gegenüber
Journalist*innen sein.

Die Journalistin, mit der ich unterwegs war, zog mich weiter.
Wir gingen Richtung Polizeishuttle, um zum nächsten Parkplatz
gefahren zu werden. Neben dem Polizeishuttle ein Zelt für die
RWE-Presseakkreditierung. Ich hatte schon mitbekommen, wie
RWE trotz öffentlichem Interesse von seinem Hausrecht Ge-
brauch machte und auswählte, welche Journalist*innen rein-
durften. Die von der *taz* gehörten nicht mehr dazu. Eigentlich
ein Skandal. Aber nur einer von vielen. Wie etwa dem, dass RWE
der Polizei die Gefangenentransporter in Rechnung stellt. Während die Räumung des RWE-Geländes aber die Steuerzahler*innen zahlen.

Wir bahnten uns den Weg durch die vielen Cops (Privilegien,
aber hallo), stiegen in das Shuttle ein, wurden zum Parkplatz
gefahren, wechselten um ins Privatauto und atmeten tief durch.
Der Coup war geschafft. Aber dann kamen wir nicht mit dem
Auto los. Es steckte im Schlamm fest und musste rausgeschoben
werden. Cops, Presseleute, fünf Menschen insgesamt mühten
sich ab, bis die Kiste rollte. Wir waren draußen.

»Als ich auf der Terrasse meinen Riesenrucksack umschnallte,
um zu gehen, spielte mir Loop noch ein Abschiedslied, ein
Gutenachtlied für Kinder. Und es gab Tränen der Trauer und

der Freude. Traurig darüber, dass ich gehen musste. Froh, weil ich trotz Muttisein meinem Instinkt folgen durfte und mich für das einsetzen konnte, an das ich glaube: eine fossilfreie Welt. Gegen einen Konzern, für eine Gegenwart und Zukunft. Für unser gutes Recht darauf. Froh über unsere kleine kommunistische WG. Traurig darüber, meine Freunde zu verlassen. Alle haben es verstanden. Verantwortung gegenüber meinem Zwerg. Besser kurz dabei gewesen als gar nicht. Aber ich war noch nie in meiner Work-Mom-Balance so zerrissen wie an dem Abend meiner Abreise.

Aktivismus ist ein Privileg für Menschen ohne Sorgeverpflichtungen. Oder zumindest mit wenigen. Und ich kann froh sein, so spontan überhaupt die Ressourcen dafür gehabt zu haben. Zugtickets hin und zurück mit Bahncard für 150 Euro. Schlafsack, Isomatte und Camping-Ausrüstung, die ich für die anderen dortlassen konnte. Alles auch eine Frage des Geldes. Das Privileg, mich als Person des öffentlichen Lebens nicht verhüllen zu müssen, weil ich mir einbilde, dass meine Reichweite und mein bürgerliches Auftreten mich zumindest ein bisschen schützen.

Ich möchte den unglaublich mutigen und optimistischen Menschen von Herzen danken, die Lützerath wieder Leben einhauchten. Es ist unglaublich, was ihr da aufgebaut habt. Nach Lützerath hab ich trotz allem wieder Hoffnung. Danke.«

Ich poste den Absatz auf Instagram – Hunderte schreiben mir und kommentieren ihn. Wegen mir beschlossen sie, spontan nach Lützerath zu fahren, zur großen Demo zwei Tage später. Eine geht – Hunderte kommen.

Als ich wieder zu Hause bin, sehe ich die Videos. Sie zeigen das, was sich die letzten Tage immer wieder vor meinem inneren Auge abgespielt hat: zwei Cops, die das Fenster gegenüber von unserem Zimmer einschlagen. Mit einer Brechstange. Ein, zwei, drei, vier Stöße. Das Glas klirrt. Einer greift durch die zerbrochene linke Scheibe des Fensters, dreht am Griff und schiebt den rechten Flügel auf. Ein anderer schiebt die Scherben von der Fensterbank, dann kommen sie rein. Der Kameramann sitzt neben Antonio, der mit erhobenen Händen auf der Matratze hockt.

In einem anderen Video von der gleichen Szene sehe ich noch mehr Journalist*innen. Die Tatsache, dass mehr Journos als Cops im Zimmer sind, senkt das Risiko für Polizeigewalt erheblich. Tadzio, aufgebracht redend, und Antonio werden abgeführt. Währenddessen sitzt der Rest auf dem Dachboden. Sie haben sich angekettet. Miteinander und aneinander, um die Räumung zu verlangsamen. Sie singen, und die zwei Geiger spielen dazu. Die Cops ziehen die Dachbodenleiter runter und steigen hoch. Das Konzert überrascht sie, glaube ich. Sie trippeln verwirrt auf dem engen Dachboden rum. Passiver Widerstand. Klangvoller Widerstand. Eine friedliche, unvergessliche Räumung.

Kapitel 9

WIRTSCHAFT

»Es ist leichter, sich das Ende der Welt vorzustellen,
als das Ende des Kapitalismus.« – Heißt es unter Linken.

Insolvenz Remote

Es war November 2012 in Berlin-Neukölln, als ich meiner Freundin von einer Idee erzählte: Was wäre, wenn es einen Su-permarkt gäbe, ganz ohne Einwegverpackungen? Wir spannen herum, tranken viel – und machten uns an die Arbeit. Der Rest ist Geschichte.

Im September 2014 eröffnete, begleitet von einer weltweiten Pressewelle, der erste Unverpackt-Laden in Berlin. Es war wie ein Rausch, toll und aufregend, unfassbar anstrengend, nerven-zehrend, surreal, bewegend. Keine Achterbahn der Welt hätte mithalten können mit dem, was meine Kolleg*innen und ich in den letzten Jahren an unglaublichen Höhen und Tiefen mitge-macht haben. Wir haben Konzernchef*innen von IKEA, Uni-lever, Mercedes und Rewe rumgeführt, Bundestagsabgeordnete verschiedenster Parteien (außer der AfD) gingen bei uns ein und aus und sprachen mit uns, Schüler*innen, Studierende, Anwoh-ner*innen, Tourist*innen und Fernsehteams aus aller Welt kamen in unseren kleinen Bioladen in Kreuzberg in der Wiener Str. 16. Wir haben mit der damaligen Umweltministerin Svenja

Schulze über Kreislaufwirtschaft gesprochen, auf unzähligen Bühnen geredet und in Interviews informiert. Wir haben getan, was wir konnten, und gemeinsam mit anderen Aktivist*innen und Sozial-Unternehmen viel bewegt.

Aber nach fast zehn Jahren und drei Krisen – der Pandemie, der Ukraine-Invasion und der Klimakrise – wurde im Juni 2022 mein Albtraum wahr. Ich musste Insolvenz für die Firma anmelden. Es ist irgendwie ziemlich zynisch, dass ausgerechnet die Klimakrise, ein Grund für die Existenz unseres Ladenkonzepts, uns mit in die Knie zwang. Nach vielen guten Jahren waren die letzten seit Corona eine einzige Abwärtsspirale, ein Strudel wie die im Meer mit dem ganzen Plastik – nur unserer halt ohne.

Ich stehe vor dem Spiegel und denke, diese knallrosa Jacke, das passt heute wirklich nicht. Ich wirke in ihr so positiv, so lebensfroh. Aber ich kann doch nicht gut drauf sein an dem Tag, an dem ich Insolvenz anmelde. Ich stelle mir vor, wie ich vor der Anwältin stehe und mich erkläre, wie der Kolobok aus dem russischen Märchen. Wie er vor dem Fuchs steht und sein Liedchen singt: »Ich bin der Bäuerin entkommen, dem Hasen, dem Bären und dem Wolf ...« Ich habe Härteres überstanden. Ich bin meinem Zuhause und Hartz IV entkommen, meiner unbefriedigenden Ausbildung, ich habe etwas geschaffen, ich habe gelernt, zu fallen und wieder aufzustehen. Weiterzumachen. Ich fühle mich ruhig und bin so sehr ich selbst wie lange nicht mehr. Und ich finde, die Jacke passt.

Im Spiegel sehe ich das Kinderzimmer im Hintergrund. Auf dem Bett liegt das aktuelle Lieblingsbuch meines Kleinen, *Frieda im Unverpackt-Laden*. Gestern Abend habe ich ihm daraus vorgelesen: »›Das will ich unbedingt mal sehen!‹, ruft Frieda. Mama schlägt vor, dass Frieda heute nach dem Kindergarten zusammen mit Papa zu dem Unverpackt-Laden geht.«

»Du hast auch einen Unverpackt-Laden«, hat mich mein Sohn unterbrochen.

Ich musste schlucken. Damit hatte ich nicht gerechnet und auch nicht mit den Tränen und der Wehmut, die mich überkamen.

»Nicht mehr lange«, antwortete ich.

Ein trauriges »Oh«. Dann ein interessiertes »Warum denn?«.

»Es kamen nicht mehr so viele Leute, und der Laden hat dann nicht mehr funktioniert«, versuchte ich es, kleinkindgerecht zu erklären. »Aber wir können da trotzdem weiter die sauren Würmer kaufen«, sagte ich hoffnungsvoll. Weil der Laden aus der Insolvenz gekauft wird und es irgendwie weitergeht mit dieser kleinen Schnapsidee, die ein Drittel meines Lebens ausmacht und mich fast 100 Prozent meiner Nerven und einen teuren Kredit gekostet hat, den ich privat noch an die Bank zurückzahlen muss.

Die sauren Würmer wirkten. »Weiter«, rief er strahlend, und ich las, wie Frieda in den Unverpackt-Laden kommt und dort die Zutaten für einen Kuchen in Gläser füllt, die sie von zu Hause mitgebracht hat.

OU begann als Schnapsidee auf vielen Zetteln in einer Küche in Neukölln. Und endete als dicker Stapel Papier in einer Mappe beim Amtsgericht Charlottenburg. Dafür, dass gerade meine Welt ein Stückchen zusammenbricht und mein beruflicher Worst Case eintritt, geht es mir ganz okay. Vielleicht ist es das Loslassen oder das Akzeptieren-Können im entscheidenden Moment, vielleicht ist es die Kontrolle, die man mit einer Insolvenz wieder ein Stück weit gewinnt über die Situation, wenn auch nur für ein letztes Mal. Vielleicht sind es auch einfach die Antidepressiva. Vor genau zwei Wochen haben meine Nerven versagt, der Burn-out war wieder da, und ich saß weinend bei der Psychiaterin, die meine lange Akte aufklappte und liebevoll schimpfte, diesmal müsse ich die Tabletten aber weiter nehmen und nicht sofort absetzen, wenn es mir einen Hauch besser ginge. Vor einer Woche dann habe ich den Antrag im Amtsgericht Charlottenburg eingereicht, nachdem ich von einer Insolvenzanwältin beraten worden war. Meine Welt musste erst kurz zusammenbrechen, bevor ich sie wieder zusammenflicken konnte.

Mir war klar, dass die Bank sofort vom Insolvenzantrag erfahren würde. Mir war nicht klar, dass einen Tag später schon die ersten Presseanfragen eintrudeln würden. »Fast acht Jahre haben wir es geschafft, uns am Markt zu behaupten, wir haben eine Revolution mit herbeigeführt, ein Umdenken angestoßen, und es hat drei Krisen gebraucht, um hierhin zu kommen. #Insolvenz«, schrieb ich auf Twitter. Eine Insolvenz ist nicht das Ende. Es ist vielleicht nur ein Anfang durch die Hintertür.

Der Sommer 2022 war der letzte unter meiner Leitung als Inhaberin und Geschäftsführerin. Es war auch der heißeste Sommer, den wir bis dahin erleben mussten. Dabei hatten wir noch Glück. Die Mittags- und Nachmittagssonne verpasste uns gerade so, der Laden blieb im Schatten, und so reichten Ventilatoren, um Mitarbeitende und Kund*innen etwas zu kühlen. Das wird sich vermutlich bald ändern. Dann wird auch dieser kleine Kiezladen eine Klimaanlage brauchen. Nicht zuletzt, um die Qualität der Lebensmittel zu halten, denn die lässt bei zu großer Wärme nach. Die Hitze wird sich auch auf vermeintliche Banalitäten wie den Dienstplan auswirken. Wenn eine Schicht um 15 Uhr anfängt, muss man, je nach Wohnort, zwischen 14 und 14.30 Uhr los. An heißen Tagen, an denen das Thermometer 35 Grad oder gar 37 Grad anzeigt und Häuser und Asphalt den Glutofen noch anheizen, sollte man die Straße um diese Zeit eigentlich meiden. Das ist nur ein Beispiel für die vielen Herausforderungen, die vor uns liegen.

Das Thema Klimaanpassung trifft nicht nur den Unverpackt-Laden, sondern auch den Friseursalon, der seine Kernzeiten anpassen muss, den Club, der zu nah am Wasser gebaut ist, den Dachdeckerbetrieb, der Schließzeiten jetzt auch im Sommer haben wird, den Autohersteller, dessen Lieferkette auf dem Kopf steht aufgrund von Extremwetter bei den Produzenten, und die Projektmanagerin, die unter dem heißen Dach in einer Agentur sitzt. Es trifft die gesamte Wirtschaft. Nur halt unterschiedlich.

In der Wachstumsfalle

Ich war 13, als ich zum ersten Mal auf Skiern stand, bei einem Tagesausflug mit meiner Schulklasse in den Harz. Im Bus hörte ich, wie die erfahrenen Kids erzählten, wie das geht: einfach die Big Foots oder Skier schön parallel halten und losfahren. Wird schon schiefgehen, dachte ich. Ich schnallte mir die geliehenen Big Foots an, eine Art Mini-Skier, ließ mich vom kleinen Lift hochziehen und stand plötzlich allein oben auf dem Hügel und wusste, es gibt nur einen Weg runter. Damals hatte mein Gehirn eine wundervolle Eigenschaft, die ich heute sehr vermisse. Ich konnte meine Angst ausschalten und einfach machen. Ich schloss kurz die Augen, öffnete sie wieder und gab mir einen Ruck. Es ging erstaunlich gut, ich genoss das Adrenalin und rauschte nach unten. Doch irgendwann wurde ich so schnell, dass ich dachte, ich hebe gleich ab. Und ich hatte keine Ahnung, wie man bremst.

Unser kapitalistisches Wirtschaftssystem und mein 13-jähriges Ich haben viel gemeinsam. Wir rasen voller Optimismus, Selbstüberschätzung und in der Hoffnung auf eine zukünftige technologische bzw. magische Lösung in die Krise. Wir glauben, dass Wachstum das Einzige ist, was dieses System am Laufen

216

hält, Arbeitsplätze und unseren Wohlstand sichert. Die Piste hat aber irgendwann ein Ende. Und entweder hat man rechtzeitig angefangen abzubremsen, oder man rast mit voller Kraft auf das Ende der Piste zu. Wenn man Glück hat, steht da ein weiches Polster, ein Fangnetz. Wenn man Pech hat, liegt dahinter ein Abhang. Ich hatte Glück, schmiss mich in den Schnee und landete in einem Polster; außer einem Schrecken und jeder Menge Schnee im Gesicht ist mir nichts weiter passiert. Mehr Glück als Verstand. Unser Wirtschaftssystem wird, fürchte ich, nicht ganz so glimpflich davonkommen.

Immer wieder werde ich gefragt, bei wie viel Grad Erwärmung die Wirtschaft, die Grundwasserversorgung, die Zivilisation zusammenbricht. Ich weiß es nicht. Ich kann es auch nicht rausfinden. Wissenschaftler*innen, die das könnten, sehen die Komplexität hinter dieser Frage und wollen keine falschen Prognosen liefern. Es werden nur Ergebnisse kommuniziert, die überprüfbar sind, aber solche Voraussagen lassen sich anhand der heutigen Modelle einfach noch nicht tätigen. Was wir aber wissen: Es gibt ein Ende. Ein Ende der Ressourcen, ein Ende des Wachstums und damit ein Ende des aktuellen Wirtschaftssystems, das in der Wachstumsspirale gefangen ist.

Dass es so nicht mehr weitergeht, haben schon viele Menschen vor mir verstanden. Von Marx bis zur aktuellen Degrowth-Bewegung und anderen, die für Alternativen kämpfen. Wir müssen nicht in einer Ökodiktatur oder in einem kommunistischen Land aufwachen, um aus der blinden Schussfahrt rauszukommen. Diese Fahrt wird angeführt, finanziert und ermöglicht durch das Fossile Kapital. Knapp hundert Unternehmen, fossile Brennstoffproduzenten, verursachen 70 Prozent des weltweiten CO_2-Ausstoßes.[1] Ihre wirtschaftlichen Interessen stehen über dem Wohl von Menschen und der Natur. Das System, in dem wir heute leben, kann nicht mal eben die Klimakrise stoppen. Es hat kein Interesse daran, weil es davon profitiert. So die gängige Theorie.

Neben dem direkten CO_2-Ausstoß werden früher oder später auch die externalisierten Kosten sichtbar werden. Die Kosten also, die wir nicht direkt zahlen, sondern über Umwege. Beim Autoverkehr zum Beispiel entstehen externalisierte Kosten durch den Bau von Parkplätzen und die Weiterführung von Straßensystemen, externe Aufwendungen durch Unfälle, Lärm- und Feinstaubbelastung und den Ausstoß von Treibhausgasen. Getragen werden diese Kosten nicht nach dem Verursacherprinzip, sondern von der Allgemeinheit. Die allein durch den Straßenverkehr anfallenden Kosten für alle Deutschen belaufen sich auf ungefähr 140,8 Milliarden Euro, der größte Teil verursacht durch Unfälle. Die von Pkw und Co. erzeugte Klimabelastung und die dadurch anfallenden Kosten und Schäden werden vom Staat allein nicht gedeckt, die Zeche zahlen schlussendlich die Umwelt und zukünftige Generationen.[2] Den Vorteil des Individualverkehrs genießen aber nur die derzeitigen Autofahrer*innen.

Die Autohersteller verbrauchen Unmengen an Trinkwasser, Energie, Erdöl und Edelmetallen, deren Abbau belastend für die Umwelt und die Menschen vor Ort ist, und sie produzieren CO_2. Mit den Kosten, die sie so für die Allgemeinheit verursachen, haben sie nichts zu tun und dürfen ihre Profite für sich behalten. Die Preise für Trinkwasser, Energie, Erdöl, Edelmetalle und hoffentlich auch bald für CO_2 werden immer teurer. Weil die Klimakrise schon da ist und ihre Folgen teuer sind. Sie wird immer mehr Branchen in Bedrängnis bringen, und mit der Zeit werden immer mehr externalisierte Kosten spürbar werden. Klimaschutzmaßnahmen werden unfreiwillig eingeführt – nicht des Klimas, sondern des Überlebens wegen. Davon bin ich überzeugt. »Die Preise müssen die ökologische Wahrheit sagen!«, fordert Maja Göpel.[3] Es muss richtig kosten, einen SUV zu fahren, einen Sonntagsbraten zu kaufen oder Heizstrahler zu betreiben. Alles, was unnötiger Luxus und CO_2-Schleuder ist, muss ja nicht gleich verboten, sollte aber auch nicht gefördert werden. Oder wir gehen noch einen Schritt weiter und verbieten Privatjet-Flüge – wenigstens im Inland – oder das Fahren überdimensionaler Autos in Städten und Luxusreisen auf Kreuzfahrtschiffen.

Ich glaube nicht, dass sich unsere Probleme früher oder später von selbst erledigen. Rupert Read schreibt von »Transformation Adaptation« und unterscheidet in seiner Theorie zwischen dem »Schmetterling«, dem »Phoenix« und dem »Dodo«.[4] Der Schmetterling meint eine bewusste Transformation hin zu einem System, das den Herausforderungen einer erhitzten Welt gerecht wird und eine für Mensch und Umwelt fairere Zivilisation bedeutet. Der Phoenix meint einen Wandel, der erst nach einer Katastrophe eingeläutet wird – wenn wir den Karren also erst mal gegen die Wand gefahren haben, aber dann aus der Asche neu geboren werden. Der Dodo ist ein Szenario, bei dem wir aussterben. Kann man sich gut merken, oder? Read unterscheidet weiterhin drei Arten der Anpassung:

- *Shallow Adaptation*: Das sind praktische Anpassungsmaßnahmen, wie einige in diesem Buch genannt – höhere Deiche, Städte entsiegeln etc.

- *Transformative Adaptation*: Eine tatsächliche Veränderung der Denkweise und des Lebensstils – das Verstehen, dass ein »Weiter wie bisher« nicht funktionieren wird, ein Systemwandel.

- *Deep Adaptation*: Davon mag der eine oder die andere schon gehört haben, Rupert Read schrieb dazu mit Jem Bendell einen gleichnamigen Aufsatz. Sie stellen sich darin vor, was zu tun wäre, wenn die Zivilisation zusammenkracht, und wie dann eine neue, faire Gesellschaft aufgebaut werden könnte. Das Pendant zum Phoenix aus der Asche.

Was das alles im Kapitel Wirtschaft zu suchen hat? Der Systemwandel, den wir brauchen, muss vor allem in der Wirtschaft stattfinden. Wenn wir es hier nicht schaffen, das Bremsen zu lernen, dann hilft uns langfristig keine der bisher genannten Anpassungsmaßnahmen. Und mit langfristig meine ich nicht 2100 oder später, ich rede von den nächsten Jahrzehnten. Statt ein bisschen Schnee im Gesicht, brechen wir uns dann das Genick.

Alternativen zum Kapitalismus

Im Dezember 2022 stapfe ich durch den Schnee, der am Morgen über mein kleines schwedisches Dorf hereingebrochen ist. Zwanzig Zentimeter perfekter weißer Pulverschnee. Es fühlt sich an wie mitten in der Nacht, aber es ist erst 17 Uhr. Ich will den Schnee genießen und laufe zu Fuß auf der Landstraße zu meinen Freunden. Man sieht kaum etwas, nur die Fensterlichter in der Ferne und die Sterne am Himmel. Der Schnee reflektiert das bisschen Licht, sodass man grob den Straßenrand erkennen kann. Es ist so kitschig schön, ich sehe förmlich die Bullerbü-Kinder auf einem Pferdeschlitten an mir vorbeisausen.

Bei meinen Freunden gibt es Kürbispüree, Gnocchi und Salbei, frittiert in brauner Butter. Es schmeckt köstlich. Nach dem Essen kommt die geliebt-gehasste Frage »Wie läuft es mit dem Buch?«. Ich versuche zusammenzufassen, was ich mit dem aktuellen Kapitel, dem Wirtschaftskapitel eigentlich sagen will: »Das Problem ist, wir wissen nicht genau, bei wie viel Grad oder in welchem Jahr eine Art Grenze der Anpassung erreicht ist – und auch nicht in welchem Bereich. Es könnte in einer Gegend das Trinkwasser sein, in einer anderen eine Sturmflut, oder die

Lebensmittelproduktion bricht wegen jahrelanger Dürre zusammen. Es könnte ein Element sein, das eine Kettenreaktion auslöst. Es könnte in drei Jahren passieren – oder in dreißig. Sicher ist nur, es wird irgendwann kommen. Und die Folgen der Klimakrise werden schneller zunehmen, als wir uns anpassen können.«

»Hm, wahrscheinlich hast du recht. Die Voraussagen sind bisher ja auch schneller eingetroffen als gedacht«, sagen meine Freunde.

»Genau.« Sie sind gut informiert. »Wir wissen nicht, was passiert, wir wissen nicht, ob wir soziale Unruhen oder eine riesige Solidaritätswelle und viele selbstbestimmte lokale Gruppen, die sich organisieren, sehen werden. Wir wissen nicht, ob all das zu einer Migrationswelle gen Norden führt oder zu einem Rechtsruck. Wir haben keine Glaskugel. Alles, was wir jetzt machen können, ist, darüber zu reden. Auch über diese Fälle und wie unsere Demokratien und der Schutz der Bevölkerung aufrechterhalten werden können. Einfach mal alle Szenarien durchdenken. Durchsprechen und jetzt die Weichen dafür stellen, dass es eben nicht eskaliert.«

Hier, bei Kerzenschein, mit leckerem Essen aus selbst gezogenem Gemüse und einem kühlen Bier, sitzen wir zusammen und versuchen, uns nicht in apokalyptischen Szenarien zu verlieren. Dafür ist die Gegenwart zu schön, sind meine Freunde zu herzlich und ist meine Freude, sie wiederzusehen, zu groß. Wir reden lieber über unsere Pläne, unsere Träume und Utopien.

Auf dem Rückweg merke ich, dass ich die Warnweste vergessen habe, und hoffe, dass mir auf diesem kurzen, 1,5 km langen Weg kein Auto entgegenkommt. Hoffen hilft nicht. Ich versuche, am Straßenrand auszuweichen, rutsche aus und lande im Graben. Ich spucke und lache und wische mir das Nass aus dem Gesicht. Das ist wohl mein Ding, Glück im Unglück. Aus meinen Kopfhörern erklingt »Happy people make me sad«, und es hätte mich sehr traurig gemacht, wenn ich jetzt gestorben wäre und das letzte Lied meines Lebens eines von Tokio Hotel gewesen wäre.

Postwachstum

Meinen Freunden wollte ich die Auflistung der alternativen, möglichen Wirtschaftsmodelle ersparen – meinen Leser*innen aber nicht. Zum einen ist da das Degrowth Movement bzw. die Postwachstumsbewegung. Ihre Anhänger*innen argumentieren, dass die Ressourcen unserer Erde endlich sind. Weil wir heute schon mehr verbrauchen, als wir zur Verfügung haben, müssen wir uns nicht nur vom Wachstum verabschieden, sondern uns mit dem Schrumpfen der Wirtschaft anfreunden – und es sogar anpeilen. Die Weltwirtschaft wuchs in den letzten zehn Jahren durchschnittlich um 3,06 Prozent[5] pro Jahr, das Minus von 2,95 Prozent des ersten Corona-Jahres 2020 eingerechnet. Das klingt nicht nach viel, aber, wie Ulrike Herrmann in ihrem Buch *Das Ende des Kapitalismus* erklärt: »Aus dieser Rate [Herrmann geht sogar »nur« von 2,8 Prozent Wachstum aus, Anm. d. A.] folgt, dass sich die globale Wirtschaftsleistung alle 26 Jahre verdoppelt. Bis zum Jahr 2100 wäre die Warenflut dann um das 16-Fache gestiegen im Vergleich zur Jahrtausendwende.«[6]

Graeme Maxton, einer der Verfasser*innen des Berichts des Club of Rome aus dem Jahr 1972 über die planetaren Grenzen, sagte 2018 das Schrumpfen der europäischen Wirtschaft ab Mitte der 2020er-Jahre voraus. Nicht wegen einer Pandemie, sondern weil er davon ausgeht, dass Robotisierung, Digitalisierung, KI und weitere effizienzsteigernde Maßnahmen irgendwann erschöpft sind. Denn viele wichtige Tätigkeiten in unserer Gesellschaft sind Jobs in den Bereichen Betreuung und Pflege.

Die Anzahl der Menschen, die betreut und gepflegt werden müssen, übersteigt schon jetzt die Kapazität der Pflegenden. Im Winter 2022 kollabierten in unserer immer älter werdenden deutschen Gesellschaft die ersten Krankenhäuser. Krankes oder fehlendes Personal, zu wenig freie Betten. Nicht nur geplante Krankenhausaufenthalte mussten verschoben werden, selbst akute Fälle wurden in einigen Gegenden abgewiesen, ganze Abteilungen geschlossen. Der Begriff Triage gehört seit Corona zum allgemeinen Wortschatz. Aber Kliniken sind nun mal privatwirtschaftliche Unternehmen. Als solche »haben [sie] keinerlei Verpflichtung, Menschen zu schützen oder deren soziales Wohlergehen zu verbessern«, erklärt Graeme Maxon in seinem Buch *Change!*.[7] Auch wenn den Ärzt*innen und Pfleger*innen, die in Kliniken und Praxen arbeiten, die Gesundheit und das Wohlergehen der Patient*innen am Herzen liegen und es ihre Aufgabe ist, diese zu schützen, so unterliegen sie dennoch den wirtschaftlichen Zwängen ihres Arbeitgebers. Kapitalismus *at its worst*. Unser Gesundheitssystem wurde kaputtrationalisiert.

Der Kapitalismus funktioniert nur, wenn die Wirtschaft wächst, er kann nicht einfach bleiben, wie er ist, oder gar schrumpfen. Ich weiß aus eigener Erfahrung, Wachstum kann nur entstehen, wenn man immer weiter Darlehen aufnimmt. Und für Zinsen und Tilgungen braucht es weiteres Wachstum. Es ist ein Teufelskreis. Nehmen wir das Beispiel einer Unverpackt-Filiale. Ich eröffnete eine zweite Filiale. Ein kleiner Teil der Finanzierung war Gespartes aus den letzten Jahren, der größere Teil ein Darlehen einer Bank. Der Plan war, das Darlehen über zehn Jahre zurückzuzahlen. Davon zwei Jahre tilgungsfrei, um das Geschäft erst mal gut zum Laufen zu bringen. Zinsen zahlt man trotzdem. Dann acht Jahre Tilgung einer kleinen sechsstelligen Summe. Das geht nur, wenn die Filiale so gut läuft, dass sie nicht nur rentabel ist, sondern auch genug abwirft, um ihre eigenen Entstehungskosten, also das Darlehen, zu begleichen. Dafür muss ich immer mehr Ware bestellen und mehr Mitarbeitende einstellen. Blöd nur, wenn die Location schlecht ausgewählt ist und wegen eines Problems mit der Immobilie nach knapp einem Jahr wieder geschlossen werden muss. Richtig, richtig blöd. Dann muss nämlich der Rest der Firma das Darlehen trotzdem weiter begleichen. Und wenn sie das nicht kann, muss man Konkurs anmelden.

Viele andere Unverpackt-Läden mussten auch 2022 und 2023 ihre Türen für immer schließen. Sie haben ein ähnliches Schicksal erlitten, aber die Gründe dafür waren zum Teil unterschiedlich: Die Läden sind in den letzten Jahren aufgepoppt in ganz Deutschland, haben mehr Kund*innen gewinnen können, das Angebot wurde erweitert, es mussten mehr Mitarbeitende eingestellt werden. Manche haben ähnlich wie wir weitere Filialen eröffnet, Kredite aufgenommen. Dann kam ab dem Jahr 2020 eine Krise nach der anderen, und sie konnten nicht annähernd so schnell die laufenden Kosten senken, geschweige die Darlehen bedienen, die für das neue Warenangebot und andere Wachstumsinvestitionen getätigt wurden. Wachstum lässt sich in den seltensten Fällen über Erspartes finanzieren. Ich kenne nur eine Handvoll Unternehmen, die das konnten. Natürlich gibt es mehr. Aber es ist wirklich die Ausnahme.

Wenn Wachstum nun aber politisch gestoppt würde, indem Darlehen oder Ressourcen reguliert würden, würde es sich nicht mehr lohnen, in neue Maschinen oder Beschäftigte zu investieren. Die Wirtschaft würde erst stagnieren und dann schrumpfen. Und was ist der Haken an der Sache? Warum lassen wir die Wirtschaft nicht strukturiert schrumpfen? Weil dies zu dem führen würde, was die Wirtschaft und die Gesellschaft am meisten fürchten: zur Insolvenz von ganzen Branchen und Millionen von

Arbeitslosen. Eine Wirtschaftskrise sondergleichen, sozusagen ein wirtschaftliches Massenaussterben.

Ulrike Herrmann stellt in ihrem Buch ein Gedankenexperiment auf, welche Branchen radikal schrumpfen müssten oder gar obsolet werden würden beim Szenario eines kontrollierten Schrumpfens: »Luftfahrt, Banken, Versicherungen, Autofirmen und Teile der Chemieindustrie hätten keine große Zukunft.« Sie hat aber auch eine mögliche Lösung in petto: »Millionen Menschen würden arbeitslos und müssten neue Stellen finden, etwa im Klimaschutz. Dieser ökologische Umbau wäre nur geordnet möglich, wenn der Staat steuert und Betroffene absichert.«[8] Sie fordert eine staatliche Planwirtschaft, aber ohne Verstaatlichung. Nicht zu vergleichen mit der DDR oder ähnlichen Wirtschaftssystemen im osteuropäischen Raum. Sie orientiert sich stattdessen an der Kriegswirtschaft der Briten ab dem Jahr 1939. »Der Staat griff damals nicht in die einzelnen Betriebe ein, sondern überließ es weiterhin den Eigentümern und Managern, wie sie ihre Unternehmen intern führen wollten. Die Regierung legte nur fest, was überhaupt hergestellt wurde – und wie viel. Die Betriebe erhielten dann die nötigen Arbeitskräfte und Rohstoffe zugewiesen, um die staatlichen Ziele zu erfüllen. Die britische Regierung lenkte also indirekt, indem sie rare Ressourcen gezielt verteilte.«[9] Herrmann führt weiter aus: In Zukunft würde man nicht mit Ressourcen geizen, sondern mit Energie, denn die würde nicht ausreichen, um den Bedarf aller Branchen zu befriedigen. Welche Branche Priorität hätte, würde nach Gemeinwohlkriterien bestimmt werden. Mit der vorhandenen Energie würde eine Kreislaufwirtschaft betrieben werden, die nur noch produziert, was sich recyceln lässt. Ich höre schon die FDPler*innen »Ökodiktatur!!!!« rufen. Nein. Aber immerhin besser als die fossile Diktatur, die wir gerade erleben. *Looking at you*, Herr Lindner und die SMS von Porsche.[10] Und ganz ehrlich, wer nutzt denn heutzutage SMS und nicht Messenger – die wären auch viel sicherer.

Zurück zur (britischen) Planwirtschaft: Bestimmte Güter würden knapp werden. Sicher nicht so schlimm wie während des Zweiten Weltkriegs in Großbritannien, aber hier würde sich die Chance ergeben, eine gerechtere Gesellschaft zu kreieren, in der allen gleich viel zusteht und die knappen Güter fair verteilt werden. »Die Industrieländer stehen vor einer Alternative, die eigentlich keine ist. Entweder sie verzichten freiwillig auf Wachstum – oder die Zeit des Wachstums endet später gewaltsam, weil die Lebensgrundlagen zerstört sind.«[11] Amen.

Nur bei einem entscheidenden Punkt widerspreche ich Ulrike Herrmann: dass es nicht genug grüne Energie für die Industrie geben wird. Dass es geht, haben wir im Kapitel Energie ausführlich gesehen und auch welche Anpassungsmaßnahmen dafür notwendig sind. Die Frage ist eher: Reichen die anderen Ressourcen? Die Antwort ist ein klares Nein.

Circular Economy

Kreislaufwirtschaft muss Teil eines zukünftigen Modells sein – kann aber nicht die einzige Antwort sein. Kreislauf meint nicht nur das *Cradle-to-Cradle*-Prinzip, dass also alle Rohstoffe eines Produkts in einem Kreislauf wiederverwendet oder aufgearbeitet und dann wiederverwendet werden – ob technisch oder biologisch. Der englische Begriff der *Circular Economy* meint mehr als die deutsche Übersetzung »Kreislaufwirtschaft«. Es geht darum, Ressourcen zu teilen, zu leasen, zu mieten und vermieten, zu reparieren, wiederzuverwenden, um die drei Prinzipien – das Eliminieren von Müll und Verschmutzung, das Wiederverwenden von Materialien und Produkten sowie die Regeneration der Natur – voranzutreiben. Alles cool, kann ich so unterschreiben. Aber ich sehe auch bei diesem Modell noch nicht die Transformation. »Würde man die Logik der Kreislaufwirtschaft vollständig ausschöpfen, würden große Teile einiger Schlüsselindustrien aufhören zu existieren. Die Nachfrage nach neuen Autos, Kühlschränken, Handys oder Waschmaschinen würde zusammenbrechen, wenn diese eine Lebensdauer von dreißig Jahren oder länger hätten – was technisch leicht machbar wäre«, erklärt Graeme Maxton.[12]

Es stellt sich nun die Frage, inwieweit der Kauf eines neuen Kühlschranks vielleicht ökonomischer und ökologischer ist? Als Faustregel gilt: Je älter der aktuelle Kühlschrank ist, desto eher lohnt sich die Anschaffung eines neuen, energieeffizienteren Gerätes. Das Öko-Institut empfiehlt, Kühlschränke, die zwischen 10 und 15 Jahre alt sind, möglichst durch ein neues, sparsames A+++-Modell zu ersetzen. In einer idealen Welt wäre der Kühlschrank kreislauffähig, alle verwendeten Ressourcen könnten wiederverwertet werden, er wäre leicht zu reparieren und so energieeffizient wie nur irgend möglich. Es gäbe keine eingebaute Obsoleszenz, heißt Veralten der Produkte, dafür aber Frieden auf Erden.

Wenn jetzt Kühlschränke leichter zu reparieren sind, länger halten, man weniger neue Ressourcen verwenden muss, würde auch in diesem Beispiel das Wachstum einbrechen. Die Frage ist also wieder: Wie geht man mit dem strukturierten Schrumpfen um? Inwieweit kann der Staat eingreifen und tatsächlich helfen? Inwieweit ist das sogar seine Pflicht, um die Wirtschaft nachhaltig anzupassen?

Donut-Modell

Dann gibt es da noch das Donut-Modell[13] nach Kate Raworth. Es hat als alternatives Wirtschaftsmodell Popularität gewonnen, nicht wegen des einprägsamen Namens, sondern wegen des einfachen Konzepts. Also: Der innere Ring des Donuts steht für das globale gesellschaftliche Fundament, zu dem Menschenrechte wie Zugang zu Wasser und Bildung, politische Teilhabe und vieles mehr gehören – es orientiert sich an den 17 Nachhaltigkeitszielen (*Sustainable Development Goals*, SDGs) der Vereinten Nationen. Der äußere Donut-Ring steht für die Grenzen unseres Planeten, der Ressourcen, des CO_2, das aufgenommen werden kann, für den Artenverlust, die Luftverschmutzung etc. Der Raum zwischen den beiden, der Donut selbst, das sollte unsere Wirtschaft sein. Sie muss die sozialen Bedürfnisse des inneren Rings erfüllen, dabei aber innerhalb des äußeren Rings agieren und die vorhandenen Grenzen achten. Das kann gelingen, so Raworth, wenn wir uns Alternativen für das BIP überlegen, wenn wir Unternehmen danach bewerten, wie sehr sie dem Gemeinwohl dienen, anstatt nach ihrem Profit. Sozialismus, ick hör dir trapsen.

Vergesellschaftung

Wo wir gerade dabei sind: Ich möchte noch mal kurz das Thema Enteignung aufgreifen. In den letzten Jahren gab es immer mehr Initiativen, die Enteignung (der moderne Begriff dafür ist Vergesellschaftung) einiger Konzerne fordern. Deutsche Wohnen, ein gigantischer Konzern mit undurchsichtigen Strukturen und mieter*innenfreundlichen Praktiken, oder auch RWE sind Ziele der Kampagnen. Die Argumente lauten: Wichtige gesellschaftliche Firmen sollten nicht in privater profitorientierter Hand liegen. Wie RWE, so setzen aber auch Vattenfall, LEAG und Co. weiterhin auf fossile Energieträger.

Desgleichen sollten andere für die Bevölkerung wichtige Institutionen wie Krankenhäuser oder Pflegeeinrichtungen frei sein von Profitorientierung. Die einzige Orientierung, die gilt, sollten die Bedürfnisse der Betroffenen, Nutzer*innen und Mitarbeitenden sein: die Gemeinwohlorientierung. Es gibt Alternativen zum profitorientieren Kapitalismus, in dem wir leben, und auch die können funktionieren. Es fällt uns nur so verdammt schwer, uns das vorzustellen.

Gemeinwohlökonomie

Die Gemeinwohlökonomie richtet sich am Wohl der Allgemeinheit aus. Statt also auf Profite aus zu sein wie im Kapitalismus, sollten soziale, gemeinnützige und ökologische Ziele verfolgt werden. Das Konzept beruht auf dem Buch *Die Gemeinwohl-Ökonomie* von Christian Felber und ist »Das Kapital« oder die »Bibel« der Bewegung. Ziel ist nichts weniger, als die Wirtschaft zu reformieren. Indem Unternehmen eine Gemeinwohlökonomie (kurz GWÖ)-Bilanz erstellen, können sie heute schon beurteilen, wie sehr sie dem Gemeinwohl verpflichtet sind und wo es noch hapert. Sie erinnert leicht an die B-Corp-Zertifizierung, geht aber noch viel breiter und tiefer in die Analyse. Und ist bisher auch noch nicht so stark für Marketingzwecke missbraucht worden.

Für eine solche Bilanz wird zunächst ein Gemeinwohl-Bericht erstellt, dessen Ergebnisse anschließend extern überprüft werden. Erst danach erfolgt die Veröffentlichung der Gemeinwohl-Bilanz. Die gültige Mitgliedschaft in einem anerkannten GWÖ-fördernden Verein ist dem vorausgesetzt.[14] Die Kriterien der Gemeinwohl-Matrix beziehen sich auf die wichtigsten Werte der Gemeinwohl-Ökonomie: Menschenwürde, Solidarität, soziale Gerechtigkeit, Nachhaltigkeit, Mitbestimmung und Transparenz. Als Stakeholder gelten alle in dem Unternehmen arbeitenden, zuliefernden, abnehmenden und davon profitierenden Menschen plus das gesellschaftliche Umfeld. Letztendlich wird nach einer ganzen Reihe von Kriterien bewertet, die jeweils genau definiert sind,[15] beispielsweise: »Menschenwürde in der Zulieferkette«, »soziale Haltung im Umgang mit Geldmitteln« oder »Transparenz und gesellschaftliche Mitentscheidung«.

Als gesellschaftliche Mitentscheidung gelten auch Purpose-Unternehmen (ein Prozent der Firma gehören der Purpose Stiftung, daher ist die Firma unverkäuflich – durch das Konzept des Verantwortungseigentums hilft sie Firmen, »dauerhaft unabhängig und sinnorientiert zu bleiben«[16]), deren Mitarbeitende auch Miteigentümer*innen des Unternehmens sein können. Hä, bitte was? Den Mitarbeitenden soll die Firma gehören? Wo kämen wir denn da hin? Viele Köch*innen verderben den Brei und so. Ja, stimmt auch. Aber wir reden ja nicht vom Kochen, sondern davon, wie in einer RCP-8.5-Zukunft unsere Wirtschaft noch funktionieren kann, wie wir uns anpassen.

Die Verursacher zur Kasse bitten

Wer zahlt nun für den Spaß, für die Umstellung, für die ganzen Pleiten und aufgelösten Darlehen, für die ganzen Arbeitslosen? Und was ist mit den Renten? Wie gehen wir mit den Kosten für die kommenden Klimageflüchteten um? Die Summen, die aufzubringen sind, werden enorm sein. Denn wir haben ja nicht nur die Kosten zu stemmen, die durch die Folgen der Klimakrise entstehen. Da kommen zum Beispiel auch noch die für die Entwicklung und den Einsatz von *Carbon Capture and Storage* (kurz: CCS) dazu, sollte es mal so weit sein (auch wenn ich das absolut nicht für eine gute Lösung halte und erst mal grundsätzlich dagegen bin). Wer darf zahlen – nein, wer *muss* zahlen?

Wir sind daran gewöhnt, dass Vater Staat eingreift, wenn Mutter Natur zuschlägt. Aber die Summen werden alles Vorstellbare übersteigen. Allein die Kosten für die Klimaanpassung werden in Deutschland grob auf 2,5 bis 6 Milliarden Euro[17] geschätzt. Da sind aber noch nicht die Kosten für den Umbau des Wirtschaftssystems enthalten. Graeme Maxton schlägt Folgendes vor: Zahlen sollen die Menschen und Firmen, die in den »letzten vierzig Jahren als Anteilseigner in diese [fossilen, Anm. d. A.] Unternehmen investiert haben. Die Zahlungen sollten dabei ihre kumulierten Gewinne aus Dividenden und Wertsteigerungen ihrer Investments während dieser Zeit übersteigen.«[18]

Hier schließt sich der Kreis zum Klimaaktivismus und zu meinem Gespräch mit Clara Mayer: Sie, die fossilen Unternehmen, deren Geschäftspraxis auf Ausbeutung und dem direkten oder indirekten Produzieren von CO_2 beruht, wissen genau, was sie tun. Sie müssen jetzt strafrechtlich[19] dafür zur Verantwortung gezogen werden. Das ist auch der Vorschlag eines Artikels in der *Harvard Law Review*: die Anklage der amerikanischen Ölkonzerne wegen Totschlags. Heute und nicht erst morgen, weil die »alten weißen Männer« morgen schon nicht mehr unter uns sein könnten.

Konkrete Maßnahmen
in verschiedenen Bereichen

Schauen wir uns beispielhaft ein paar Wirtschaftszweige an, die sich kurzfristig wandeln werden. Und die langfristig alle vor allem eins gemeinsam haben: Wenn wir bei unserem momentanen Wirtschaftssystem bleiben, dann müssen sich fast all diese Wirtschaftszweige komplett neu erfinden. Also einmal den Phoenix machen.

Tourismus
Wo wir gerade beim Skifahren waren: Wird man in Zukunft noch Skiurlaub in den Alpen machen können? Wohl kaum, denn das ist schon heute nur noch an wenigen Orten möglich. Weniger Schnee, selbst die Gletscher in den Alpen schmelzen. Nix

mehr mit Skifreizeit. Der Einsatz von Kunstschnee ist auf Dauer nicht nur nicht nachhaltig, sondern auch zu teuer – und ohne Minusgrade sowieso nicht machbar. Und auch das Einfliegen von Schnee per Helikopter wie in Gstaad[20] kann ich mir nicht rentabel vorstellen. Was wird langfristig mit den klassischen Skiorten passieren? Sie müssen eine andere Art des Tourismus für sich finden, auf andere Outdoor-Sportarten setzen, neue Erlebnisse kreieren.

Auch der Deutschen Lieblingsurlaubsländer Italien, Spanien, Portugal und noch einige andere werden nicht mehr dieselben sein: Mit den steigenden Temperaturen wird es zu heiß sein, um dort die Sommerferien zu verbringen. Die Hauptreisezeiten für diese Länder ändern sich bereits, März oder Oktober sind der neue August. Wozu noch in den Süden fahren, wenn die Temperaturen zu Hause locker auf 35 °C und mehr klettern? Wegen des warmen Meeres, der aufgrund des Meeresspiegelanstiegs immer kleiner werdenden Strände[21] oder der bald leeren Pools, weil auch in Hotelressorts Wasser gespart werden muss? Statt in den Süden zu fahren, wird man im noch erträglichen Deutschland bleiben oder nordwärts nach Skandinavien reisen.

Auf der Website Climate Analogues (copernicus.eu) kann man sich anschauen, wie sich das Klima in der eigenen Stadt oder am liebsten Reiseziel je nach RCP-Szenario und Jahr verändert: Beim RCP-8.5-Szenario (Klimaschutz auf dem heutigen witzlosen Niveau) wird es in Eberswalde im Jahr 2050 so warm sein wie heute auf der Krim. Der »Autonomous Republic of Krimea, Ukraine«. Es gibt ein Foto von meiner Schwester und mir, das in der Glasvitrine bei meinen Eltern im Wohnzimmer steht. Es zeigt uns 1995 auf der Krim, unserem letzten Urlaub vor der Emigration. Meine 13-jährige Schwester thront wie eine Nixe auf großen Steinen, die aus dem Meer herausragen. Sie trägt einen türkisfarbenen Badeanzug und verschwimmt farblich fast mit dem Meer hinter ihr. Sie sieht sehr elegant aus. Und daneben hocke ich. Eine Fünfjährige, nur mit einem Badeschlüpfer und einem weißen Hut bekleidet, das rundliche Gesicht von einer übergroßen pinken Sonnenbrille fast verdeckt. Ich versuche, genauso cool zu wirken wie meine große Schwester. Spätestens beim Herunterklettern war es vorbei mit cool. Meine Tollpatschigkeit sorgte für tiefe Kratzer an meinem rechten Fuß, die meine Mutter später mit Jod behandelte. Wir waren zurück in der Wohnung einer Frau, die einige Zimmer an Gäste vermietete. Meine Mutter ermahnte mich ständig, ruhig sitzen zu bleiben, bis das Jod getrocknet sei. Während meine Blessuren behandelt wurden, zog unsere Vermieterin unvermittelt die Vorhänge zu. Sie erzählte, dass vor einiger Zeit eine Nachbarin von draußen erschossen worden sei. Deshalb müsse man immer die Vorhänge zuziehen, sagte sie mit ernster Stimme. Ich bekam Angst, sprang vom Stuhl und hinterließ braune Jodspuren auf dem schönen Holzboden. Meine Mutter schimpfte mit mir und klagte, ich hätte die Aufmerksamkeitsspanne eines Eichhörnchens.

Ich stehe von meinem Schreibtisch auf und schaue aus dem Fenster. Der Schnee ist schon fast weg. Gegenüber leuchtet die erste Weihnachtsdeko der Nachbarn. Ich schließe die Vorhänge in meinem Zimmer. Sicher ist sicher.

Die Krim und andere traditionell wärmere Regionen der Welt haben sich über Jahrhunderte an das Klima angepasst. Die Städte, die Dörfer, die Infrastruktur, der Lebensrhythmus – das können wir nicht mal eben nachmachen. Und: Auch diese Länder, das gilt umgekehrt ebenso für traditionell kalte Weltregionen, sind auf die Extreme, die auf uns alle zukommen, trotzdem nur unzureichend vorbereitet.

Der Tourismus muss darauf reagieren und Angebote für Reisende anpassen. Für touristische Unternehmen in Deutschland empfiehlt das Umweltbundesamt[22] die Website regionaler-klimaatlas.de. Hier kann man sich klimatische Veränderungen auf regionaler Ebene anschauen und auf deren Grundlage entsprechende Gegenmaßnahmen erarbeiten. Außerdem stellt das Bundesinnenministerium für mögliche kurzzeitige extreme Wetterereignisse »Leitfäden für die Erarbeitung von Notfallplänen« bereit, denn Hitzewellen, Starkregenereignisse und auch heftige Schneefälle können in Tourismusgebieten schnell zur Gefahr für Reisende werden. Und solche Phänomene werden sich durch die Klimakrise häufen, wie wir bereits wissen.

Produzierende Industrie

Nicht nur Tourismusorte oder private Haushalte können von Extremwetterereignissen betroffen sein, sondern auch alle Arten von Betrieben. Auch diese müssen lernen, sich vorzubereiten. Es braucht neue Risikoanalysen, und anhand dieser müssen »technische Regeln für die Sicherheit von Industrieanlagen« neu bewertet werden, so das Umweltbundesamt. Hochwasservorsorge oder hitzeresiliente Bauweise etwa sorgt für mehr Sicherheit der Mitarbeitenden und der Anlagen selbst.

Viel spannender als die Risikoanalysen finde ich aber den Blick auf die Produktion und die Lieferketten. Denn hier lassen sich die Kreislaufwirtschaft und das Prinzip *Cradle to Cradle* wirklich gut umsetzen – was gleichzeitig auch eine Art der Resilienz schafft: Unternehmen, die ihre Rohstoffe aus dem Ausland beziehen, müssen sich breiter aufstellen als bisher, um Abhängigkeiten zu reduzieren. Denn durch die Klimakrise werden mehr und mehr Rohstofflieferanten und andere Zulieferer zu Unsicherheitsfaktoren werden. Das kann an Extremwetterereignissen liegen oder an durch Dürren ausgelöstem Hunger, an Kriegen und Migrationswellen, die den Abbau von Rohstoffen und deren Lieferung erschweren. Ein oft angeführtes Beispiel ist

Kobalt. Das Metall wird gebraucht, um Lithium-Ionen-Akkus herzustellen. Etwa 60 Prozent dessen, was weltweit genutzt wird, stammen aus dem Kongo. 80 bis 90 Prozent des Abbaus erfolgen über industriellen Bergbau von internationalen Unternehmen, der Rest über Kleinbergbau. Letzterer findet oft illegal und unter lebensgefährlichen Bedingungen statt. Auch leichte und schwere Kinderarbeit wurde von Expert*innen immer wieder beobachtet und angeprangert. Die klimaneutrale Entwicklung des Globalen Nordens hängt auch an diesem Metall. Eine funktionierende Kreislaufwirtschaft könnte die notwendige Menge von Kobaltimporten reduzieren. Sie wäre darauf ausgelegt, dass alle Bestandteile von Produkten technisch oder biologisch in einem Kreislauf wieder- bzw. weiterverwendet werden können, und wäre damit viel resilienter und könnte Ausfälle leichter kompensieren als die bisherige Praxis.

Aber Kreislaufwirtschaft ist mehr als das Bestreben, die lineare Ökonomie in Kreisläufe zu bringen und die Materialien noch einmal zu verwenden. Man muss von vornherein Produkte anders designen und herstellen. Laut NGO Cradle2Cradle reicht es daher nicht, wenn Unternehmen einfach ein bisschen grüner werden. Sie fordert, dass sie das Prinzip ihres Geschäfts ändern und die Produkte sowohl langlebiger als auch kreislauffähig machen. Damit ein Produkt kreislauffähig wird, muss die Industrie sie erst einmal wieder zurückbekommen. Außerdem müssen die verarbeiteten Teile wieder voneinander zu trennen sein – also verschraubt statt verklebt zum Beispiel.

Ein Teil dieser Kreislaufwirtschaft ist auch das Prinzip des Leasings und Vermietens: Wenn die Kund*innen zum Beispiel ein Handy leasen, es viele Jahre benutzen und dann wieder zurück an den Hersteller senden, kann dieser es wieder auseinanderbauen und die Materialien in seine Kreisläufe einführen. Das erfordert allerdings ein Umdenken bei Anbietern und Konsument*innen hin zu langfristigen Verträgen ohne das neueste Handymodell jedes Jahr.

Logistik

Wenn die Produkte dann fertig sind, müssen sie aber immer noch an die Menschen gebracht werden, und das wird in Zukunft auch nicht mehr so leicht sein. Die deutsche Logistik war bereits von Niedrigwasser in wichtigen Wasserstraßen wie dem Rhein betroffen. Um damit umzugehen, müsste es mehr Schiffstypen geben, die für Niedrigwasser geeignet sind, sowie die Möglichkeit, Güter kurzfristig abzuladen, heißt es im Aktionsplan »Niedrigwasser Rhein«,[23] herausgegeben vom Bundesministerium für Digitales und Verkehr. Diese Maßnahme ist allerdings nur eine kurzfristige Lösung für das schon heute bestehende Problem. Was ist mit den extremen Niedrigwassern, die noch vor uns liegen, oder sogar fast trockengefallenen Flüssen? Dazu kommt noch die klitzekleine Herausforderung, dass Seehäfen am Meer liegen und vom Meeresspiegelanstieg betroffen sind.

Extremwetterereignisse können auch Schienen-, Straßen- und Flugverkehr einschränken. Wenn ein Starkregen zu Hochwasser führt und Straßen gesperrt werden, Brücken nach einer Flut unpassierbar sind, trifft das Lkw wie Pkw und damit die Versorgungssicherheit ganzer Städte und Dörfer. Plötzlich auftretende Kälteeinbrüche mit »Jahrtausend«-Schneestürmen wie über Weihnachten 2022 in New York hatten zur Folge, dass Flug- und Schienenverkehr tagelang zum Erliegen kamen und mehrere Tausend Menschen an Flug- und Bahnhöfen strandeten. Hier könnten bessere Wettervorhersagen und rechtzeitiges Reagieren der Mobilitätsunternehmen zu einem sichereren Reisen führen.

Immobilienwirtschaft

Ob Eigenheimbesitzerin auf dem Land oder Mieter in der Stadt, die Klimakrise hat enorme Auswirkungen auf den bereitstehenden Wohnraum. Denn er wird schrumpfen. Im Kapitel »Meeresspiegelanstieg, Hochwasser und Extremwetter« habe ich bereits von Flächen berichtet, die zwar bebaut, aber in stetiger Gefahr sind, geflutet zu werden – durch Meeresspiegelanstieg, Hochwasser oder Starkregen. Dazu kommen weitere Risiken durch Extremwetter, Hitze oder große Brände in Dürrezeiten. Bei immer größeren Teilen der Bevölkerung, bei Immobilienentwickler*innen und auch den Versicherungen wächst das Bewusstsein für diese Risiken – mit der Folge, dass »sichere« Immobilien knapper und teurer werden. »Unsichere« dagegen verlieren schnell an Wert, sobald die Versicherungen nicht mehr bereit sind, die Gebäude abzusichern.

Nun ist Wohnraum – zumal bezahlbarer – in vielen Ballungsräumen schon jetzt ein knappes Gut. Wenn aus den Bestandsbauten »unsichere« herausfallen, wenn ausgewiesene Bauflächen wegen Klimagefahren und fehlendem Versicherungsschutz nicht mehr bebaut werden können, wird das die Lage zusätzlich verschärfen.

Wie kann man sich da anpassen? Es müssen Anreize gesetzt werden, dass Immobilieninvestor*innen bzw. -entwickler*innen den Fokus mehr auf sozialen Wohnraum legen. Luxus wird nicht nur für immer weniger Menschen bezahlbar sein, sondern auch immer weniger nachgefragt werden. Schickes Dachloft mit Fenster bis zum Boden Richtung Süden? Sieht geil aus, aber heizt sich im Sommer auf wie Hölle – da wird in Zukunft kaum ein Mensch mehr drin wohnen wollen. Auch nicht mit Klimaanlage, die zudem ein richtiger Stromfresser ist. Klimaangepasstes Bauen in sicheren Regionen und klimaangepasstes Sanieren von Bestandsbauten werden langfristig mehr Rendite bringen, weil es nach-

haltig ist – und die Menschen lange etwas davon haben. Klimaangepasstes Bauen bedeutet, zum Beispiel auf nachwachsende
Rohstoffe zu setzen, die kreislauffähig und gut zu reparieren sind
sowie Wärme nicht so extrem speichern wie Beton. Klimaangepasstes Bauen heißt auch, die Basis für Schwammstädte zu
kreieren.

Vor einigen Monaten wohnte ich einem digitalen Vortrag
zum Thema Immobilieninvestments bei. Dabei wurde unter anderem ein Altbau-Eckhaus aus rotem Backstein und mit hell-
grauem Stuck gezeigt, das überall in Ostdeutschland stehen
könnte. Klassisch, nichts Besonderes. Doch die Stufen, die in die
Gewerbeeinheit im Hochparterre führen, fielen mir sofort auf.
Ich stutzte für einen Moment, dann wurde mir klar: Ich war
zufälligerweise in die Präsentation meines eigenen Vermieters
geraten, der das Mietshaus, in dem ich wohne, als Beispiel genommen hatte. Es wurden Fotos gezeigt – ein typischer Vorher-
Nachher-Vergleich. Vom Treppenhaus und der Wohnung gegenüber, die gerade saniert wurde. Ich nahm die Chance wahr und
erkundigte mich in der Fragerunde sogleich, ob er von den regelmäßigen Mini-Hochwassern vor unserer Haustür wisse und
davon, wie feucht das Haus sei. Ja, wisse er. Aber die wichtigste
Frage verneinte er. Ich hatte gefragt, ob er sich vor dem Erwerb
einer neuen Immobilie die Klimaprognose für die Lage ansieht,
in der sie sich befindet.

Ich bin immer wieder überrascht, wie wenig sich Immobilienentwickler*innen lokale Gefahren bewusst machen. Das besagte
Mietshaus in Eberswalde liegt am tiefsten Punkt der Stadt,
weshalb der Keller schon jetzt bei Starkregen vollläuft. Der Ver-
mieter dachte sich, dass er das Problem lösen könne, indem er
den Keller entfeuchten würde. Nur: Er kann es nicht lösen. Die
Stadt könnte es bestenfalls lösen durch ein Retentionsbecken,
durch Entsiegelung der Straße oder Bepflanzung der Kreuzung.

Wegen der Klimakrise werden Starkregenereignisse häufiger, der Keller wird also noch öfter geflutet werden, was langfristig die Bausubstanz schwächen wird.

Es gibt weitere Faktoren, die Einfluss auf die Immobilienwirtschaft haben: Handwerker*innen haben heute und in Zukunft weniger Ausfallzeiten im Winter, dafür mehr im Sommer – wegen der vielen heißen Tage. Ich muss da an meinen Freund Tobi Carlander denken. Tobi ist Dachdecker. Ich schreibe ihm eine Nachricht, und knapp eine Stunde später telefonieren wir schon. »Ja, man sieht schon Unterschiede zu den letzten Sommern«, erzählt er. »Die Schlechtwetterperiode wird kleiner. Die dauerte früher von Dezember bis März. Letzten Winter hatten wir vielleicht zehn Schlechtwettertage. Statt Schnee sind nun Starkregen und Hitze ein Killer für gewisse Arbeitsprozesse. Beides hat zugenommen. Die Hitze macht einige Arbeiten im Flachdachbereich unmöglich. Wenn zum Beispiel Bahnen von Dachpappe aufgeschweißt werden, arbeitet man mit offener Flamme. Inzwischen ist es an manchen Tagen so heiß, dass die Oberfläche nicht mehr betreten werden kann. Und dann noch mit offener Flamme zu hantieren ist unmöglich.«

»Gibt es eine Temperaturgrenze für Dacharbeiten?«, frage ich nach.

»Es gibt immer wieder mal hitzefrei. Wenn es in die hohen 30er-Temperaturen geht, hören wir auf. Auf dem Steildach hat man wenigstens eine Schattenseite, je nachdem, wie die Sonne steht. Da muss man strategisch arbeiten, den Lauf der Sonne verfolgen. Auf dem Flachdach hat man keine Chance, da wird man gebraten. Teilweise haben wir früher angefangen, aber das geht auch nicht immer, wegen Ruhestörung. Wichtig ist im Sommer, selbstverantwortlich zu arbeiten, also Sonnenschutz und viele Pausen machen, in den Schatten gehen, viel trinken, damit die Konzentration aufrechterhalten bleibt und man nicht kollabiert.« Auf einem Dach zu kollabieren, stelle ich mir wenig spaßig vor …

Klar ist: Hitze senkt die Arbeitsproduktivität. Deshalb werden sich auch in unseren Breiten die Arbeitszeiten ändern müssen, da spätestens ab 12 Uhr mittags gewisse Arbeiten im Freien allein schon aus Gesundheitsgründen zum Erliegen kommen werden. Aber auch in Betrieben müsste eine Siesta eingeführt werden. Und Gebäude müssten in großem Stil klimatisiert werden.

Versicherungsbranche

Dann ist da noch die Sache mit den Versicherungen. Schrödingers Katze der Klimafolgen in Deutschland, denn sie kommen ziemlich gut und gleichzeitig schlecht weg. Die Nachfrage nach Versicherungen für klimabedingte Gefahren wird steigen. Doch normalerweise werden Policen auf der Basis von bisherigen Wetterdaten berechnet. Durch die Klimakrise sind Vorhersagen aber nicht mehr so leicht möglich, denn wie wir bereits wissen: Extremwetterereignisse finden öfter statt und nehmen in ihrer Härte auch zu. Das heißt, die Policen werden teurer, insbesondere für gefährdetere Lagen wie an Küsten oder Flüssen, aber auch in Städten wie Bremen und Hamburg. Dabei sind Versicherungen gerade in diesen Gebieten wichtig, weil das Risiko eines Ereignisses stark mit dem Voranschreiten der Klimakrise steigt. In den USA gibt es bereits Wohngegenden, die nicht mehr versicherbar sind. Dies könnte auch noch in Deutschland auf uns zukommen. Doof ist das eigentlich nur für die Eigenheimbesitzer*innen in diesen Lagen, die ihre Häuser vielleicht nicht wiederverkauft kriegen.

Neubewertung von Care-Arbeit

Seit der Pandemie erleben wir auch in Deutschland einen Backlash, einen, der still und fast unsichtbar vonstattengeht. Ich
meine den Rückzug von Frauen aus der Erwerbsarbeit[24] und
dem Ehrenamt.[25] Statt im Homeoffice mal eben ein bisschen was
abzuarbeiten, Bewerbungen abzuschicken, die wöchentliche
Arbeitszeit zu erhöhen, sich fortzubilden, dadurch mehr für die
Karriere und Rente zu tun, sind viele Frauen notgedrungen in
die klassische Rollenverteilung zurückgefallen. Wegen der strukturellen Probleme in der Kinderbetreuung (unterbezahltes, überarbeitetes Personal und zu wenige Kita-Plätze) oder der Pflege
(unterbezahltes, überarbeitetes Personal) hatten sie keine andere
Wahl.

Die Klimakrise wird diesen Backlash noch verstärken. Pandemien, aber auch Hitze und andere Extremwetter werden es
erschweren, Kinder oder zu pflegende Angehörige extern versorgen zu lassen. Weil der Transport in die Einrichtungen unter
solchen Bedingungen schwierig sein wird und weil die Einrichtungen selbst oft nicht auf Extremwetter oder Hitzewellen vorbereitet sind. Wenn die strukturelle Unterstützung wegbricht,
fangen meist die Frauen die Care-Aufgaben auf. Zum einen,
weil sie weniger verdienen, Stichwort Gender-Pay-Gap – aktuell
liegt er in Deutschland bei durchschnittlich 22 Prozent Gehalts-
unterschied. Zum anderen, weil sie gesellschaftlich als »geeig-
neter« für soziale Tätigkeiten gehalten werden. Aber: Es gibt
kein Gen für Care-Arbeit. Das Ziel sollte viel eher sein, Männern Teilzeit, die halbe Elternzeit und Sabbaticals zu ermöglichen, damit sie mehr Zeit für Fürsorgearbeit haben. Zu diesem
Thema empfehle ich sehr die Lektüre von Teresa Bückers Buch
Alle_Zeit,[26] in dem es um eine neue und sozial gerechtere Zeit-
kultur geht. Das Teilzeitmodell (bei einem respektvollen Stun-
denlohn) kann auch mehr Teilhabe in einem Ehrenamt ermög-

lichen, was dringend notwendig sein wird in Klimakrisenzeiten. Von freiwilliger Feuerwehr bis zum Deutschen Roten Kreuz – überall wird Unterstützung gebraucht.

Das Ende der Wirtschaft, wie wir sie kennen

»*System change not climate change*« steht auf meinem Pulli. Selten habe ich etwas so ernst gemeint wie diese Aussage. In den letzten Jahren bin ich immer wieder an meine Grenzen gestoßen. Als Unternehmerin, als Aktivistin und auch als Bürgerin. An die Grenzen dessen, was ich bewegen kann. Und jedes Mal wurde mir deutlicher klar, wer an den großen Hebeln sitzt und das meiste bewegen könnte – und auch am meisten zu verlieren hat, sobald sich was ändert: das fossile Kapital. Die Konzerne, die fossile Energieträger fördern und von fossilem Verkehr profitieren.

Unsere aktuelle Wirtschaft basiert auf diesen fossilen Energieträgern. Der Wandel hin zu erneuerbaren Energien wird ausgebremst, wie man in *Die Klimaschmutzlobby* von Annika Joeres und Susanne Götze nachlesen kann, und verläuft entsprechend langsam. Zu langsam, um auch nur das 2-Grad-Ziel einzuhalten. Zu langsam, als dass wir uns anpassen könnten. Auch wenn wir es schaffen sollten, in Deutschland in den nächsten Jahren komplett auf grüne Energie umzustellen, nur noch mit Elektroautos durch die Gegend düsen und fast unabhängig von fossilen Energieträgern wären, würde unsere Wirtschaft schrumpfen. Die Klimakrise wird der globalen Wirtschaft ein Minus von mindestens 0,28 Prozent pro Jahr[27] bescheren. Uns wird es noch stärker treffen, denn Deutschland ist vor allem eine Exportnation, die erstens abhängig ist von funktionierenden Lieferketten und zweitens davon, dass jemand unsere Waren

242

kauft. Wir exportieren an erster Stelle Kraftwagen und Kraftwagenteile, gefolgt von Maschinen, chemischen Erzeugnissen und Datenverarbeitungsgeräten sowie elektrischen und optischen Erzeugnissen.[28] Die Folgen der Klimakrise werden sich auf die Lieferketten auswirken und die globale Kaufkraft senken. So oder so: Wenn wir die Nachfrage wegen Liefer- oder Transportproblemen nicht bedienen können oder wenn das Ausland unsere Produkte nicht im gewohnten Umfang abnimmt, wird unsere Wirtschaft schrumpfen. Dass sie es tun wird, steht außer Frage. Die Frage ist nur wann.

Wäre also nicht ein geordnetes und geplantes Schrumpfen nachhaltiger für die Gesellschaft und ihre Arbeitskräfte, als Jahr für Jahr Konzernrettungen mithilfe von Schutzschirmen der Regierung vorzunehmen, was unvorstellbare Mengen an Geld verschlingt? Mit diesen Summen könnte man eine gerechtere, sozialere, maßvollere und vor allem resilientere Wirtschaft planen und umsetzen. »›In der Wirtschaft wird es künftig nicht mehr nur um Effizienz gehen können, sondern viel mehr auch um Resilienz‹, fasst es McKinsey-Partner Engel zusammen. Anpassungen seien dringend notwendig, um Klimarisiken zu managen – auch wenn sich dies für die betroffenen Regionen zunächst als investitionsintensiv erweisen und mit schwierigen Entscheidungen verbunden sein könnte.«[29]

Ein bisschen Klimaanpassung hier und etwas Klimaschutz da werden dafür nicht reichen. Wir müssen das System, in dem wir wirtschaften, grundlegend ändern, damit es in dieser neuen Welt bestehen kann. Aber was bedeutet das alles für uns privat? Ungleichheiten verstärken sich. Wir müssen uns damit abfinden, dass wir durch die Inflation weniger verdienen und uns weniger leisten können als unsere Eltern und Großeltern. Das merken wir in Deutschland bereits am Immobilienmarkt: Die Boomer und die ihr folgende Generation X konnten es sich noch leisten, einen Kredit für ein Eigenheim aufzunehmen. Meine Generation, die Millennials, und die Gen Z sind froh, wenn sie eine bezahlbare Mietwohnung finden. Wir schrauben unsere Ansprüche schon runter – wir haben ja keine Wahl. Es könnte sein, dass die Steuern steigen, weil auf die Regierung mehr Ausgaben zukommen: wegen der Energiewende, der Klimaanpassung und der Klimafolgen. Wir müssen Freizeit neu definieren, was Glück und Zufriedenheit für uns bedeutet, und uns von der Idee verabschieden, dass diese im Konsum zu finden seien. Preise werden weiter steigen. Arbeit muss neu definiert werden, Care-Arbeit miteinbezogen werden: »Die Deutschen verbringen im Jahr 89 Milliarden Stunden mit unbezahlter Arbeit. Viel mehr Zeit also als die 69 Milliarden Stunden, die ihnen Geld einbringen, und trotzdem beschäftigt sich kaum jemand mit diesem gewaltigen Arbeitsvolumen«,[30] schrieb Anna Gielas in der *Süddeutschen Zeitung* schon 2016. Geändert hat sich daran bis heute viel zu wenig.

Wir müssen erst mal einen Schritt zurück machen, neu starten, bevor wir vorankommen können. Das wird nicht ohne Verzicht für die Reichen und die bürgerliche Mitte gehen, unser Wohlstand wird sinken. Die Armen trifft es jetzt schon am härtesten. Aber wir haben die Wahl, ob dieser Prozess kontrolliert oder unkontrolliert ablaufen wird. Es ist die Wahl zwischen radikalen Schritten oder vernichtendem Kollaps.

Kapitel 10

KATASTROPHENSCHUTZ UND PREPPING

Better safe than sorry.

Wir müssen wissen, was wir tun können

»*It's wonderful*«, singt Paolo Conte. Die Nachbarn und ich kochen italienisch, ein Gericht, das ganz und gar nicht CO_2-arm ist, weil käsereich. Aber das darf sein, sagen wir uns. Es ist fast romantisch, wären da nicht das Brummen im Hintergrund und das Blaulichtblinken in den Wohn- und Arbeitszimmerfenstern. Die örtliche und die freiwillige Feuerwehr aus der Nachbargemeinde sorgen für Sicherheit und pumpen das Wasser ab. Wir wohnen am tiefsten Punkt von Eberswalde. Als wir hierhergezogen sind, hatte ich meine Hausaufgaben noch nicht gemacht. Jetzt weiß ich es besser: Überschwemmungsgefahr durch die Schwärze und Überflutung dieser einen Kreuzung bei Starkregen – wie heute und wie letztes Jahr um diese Zeit.

Die Anwohner*innen kennen das schon. Bei Regenwarnung parkt man das Auto um, ansonsten muss man schöpfen, oder der Auspuff geht kaputt. Die Plörre, die sich ansammelt, besteht aus Regenwasser, Abwasser, Dreck und Hundekot. Das will keine*r auf der Haut oder im Auto oder am Fahrrad haben.

Es geht alles ganz schnell. Plötzlich steht man knietief im

Wasser, macht Fotos und flucht lauthals. Die Feuerwehr berät, rollt Schläuche aus, pumpt. Auch Feuerwehrfrauen sind dabei. Ich bin beeindruckt und vor allem dankbar. Dass nach wenigen Stunden Hilfe da ist (es ist ja niemand in Not, es gibt nur Sach- schaden) und dass man sich auf die Feuerwehr verlassen kann.

Gegen 21 Uhr ist das Kind im Bett, und die Straßen sind nur noch mit riesigen Pfützen übersät. Morgen früh wird so man- che*r Autofahrer*in eine böse Überraschung erleben. Es ist scheiße. Wortwörtlich und im übertragenen Sinne, denn wir Autofahrer*innen, und dazu gehöre auch ich, sind selbst dafür verantwortlich, direkt und indirekt. Für den CO_2-Ausstoß, für die Klimakrise, für den Starkregen und dafür, dass unsere Autos jetzt unter Wasser stehen.

Sich mit Katastrophenszenarien auseinanderzusetzen macht kei- nen Spaß. Es scheint erst einmal viel einfacher, das Ganze zu verdrängen. Das habe auch ich lange getan, aber irgendwann wurde es zu viel, die Angst nahm überhand – meist abends nach einem langen, anstrengenden Tag oder nachts. Dann lag ich wach im Bett und konnte nicht mehr schlafen. Geholfen hat es mir, etwas aktiv gegen diese Angst zu unternehmen. So beschäf- tigte ich mich mit den Tipps, die in der Katastrophenbroschüre des Bundesamtes für Bevölkerungsschutz und Katastrophenhilfe (BBK) stehen.[1] Dieses Heft sollte an alle Haushalte verschickt werden – idealerweise mit den wichtigsten Informationen in mehreren Sprachen oder mit Links zu den Übersetzungen. Lei- der stellt die deutsche Regierung dafür kein Geld zur Verfügung.

Die schwedische Regierung hingegen schon. 2018 fand dort ein solcher landesweiter Versand statt. Er löste allerdings bei vielen einen Schock aus – und in der Folge eine Diskussion da- rüber, ob es angemessen sei, dass eine Regierung diese Informa- tionen ihren Bürger*innen zumutet. Ich denke, sie muss es sogar, gerade weil uns so viel Eigenverantwortung aufgeladen wird. Wir sollen erfahren, wie wir im Notfall richtig handeln. Zum Wohle aller. Denn, so steht es gleich in der Einleitung der Broschüre des BBK, bei »einer großflächigen und sehr schweren Katastrophe können die Rettungskräfte nicht überall sein. Wenn Sie sich und Ihren Nachbarn selbst helfen können, sind Sie klar im Vorteil. Es kommt dann auf jeden Einzelnen an.«

Ja, es kommt auf jede*n Einzelne*n an. Davon erzählt auch die amerikanische Schriftstellerin und Kulturhistorikerin Rebecca Solnit in ihrem Buch *A Paradise built in Hell*. Sie beschreibt zwar eine Welt mit katastrophalen Ereignissen, aber findet auch das »Silver Lining«: Menschen in schrecklichen Situationen versinken nicht per se in Chaos und Anarchie, sondern leben eine neu gefundene Solidarität. Offenheit, Hilfsbereitschaft und Ebenbürtigkeit werden wichtiger als bisherige soziale Normen: »Nach einem Erdbeben, einer Bombardierung oder einem schweren Sturm sind die meisten Menschen altruistisch, sie kümmern sich um sich selbst und um ihre Umgebung, um Fremde und Nachbarn ebenso wie um Freunde und Angehörige.«[2] Bei akuter Klimaangst und Zukunftspessimismus empfehle ich: Lest unbedingt dieses Buch.

Auch die Hochwasseropfer im Ahrtal berichten von einer riesigen Welle der Solidarität, die ihnen entgegenschlug (okay, vielleicht eine schwierige Wortwahl in diesem Zusammenhang). In *Es war doch nur Regen!?* berichtet Andy Neumann, wie ihn die Nachbarschaft, Freund*innen und Kolleg*innen beim Ausräumen seines von der Flut beschädigten Hauses unterstützten. Ähnlich beschreiben es die Weinbäuer*innen in *Klima außer Kontrolle:* »Wir haben gesagt: Die müssen sich jetzt um Haus und Hof kümmern, die standen im Schlamm – und wir helfen ihnen in den Weinbergen, damit sie wenigstens die Ernte halbwegs gesichert haben.«[3]

Wenn bei uns der Strom ausfällt, schaue ich nicht auf Twitter nach, was passiert ist, und ich warte auch nicht auf eine Push-Benachrichtigung auf meinem Handy, sondern ich gehe ins Treppenhaus und klingle bei den Nachbar*innen. Und ich gehe auf die Straße, um herauszubekommen, ob woanders Licht brennt und wer alles vom Stromausfall betroffen ist. Man kommt ins Gespräch, man hilft sich gegenseitig kurz aus für die paar Stunden, die es andauert. Zusammenhalten, nicht in Panik verfallen, sich unterstützen, das sind alles Eigenschaften, die wohl den meisten von uns innewohnen, glaube ich. Ich bin eine Angsthäsin und Pessimistin, aber meine Erfahrungen in Notsituationen bestätigen das, was Rebecca Solnit in ihrem Buch beschrieben hat.

»Untersuchungen zu Katastrophen machen deutlich, dass es zwar sehr unterschiedliche Menschen gibt – aber dass sie im Extremfall zumeist belastbar, einfallsreich, großzügig, empathisch und mutig sind.«[4] Sie ist nicht allein mit dieser Annahme, auch der niederländische Aktivist und Historiker Rutger Bregman widerlegt in seinem Buch *Im Grunde gut: Eine neue Geschichte der Menschheit* gängige sozialwissenschaftliche Mythen und bekannte Experimente von der »schlechten, bösartigen« Natur des Menschen.

Paul, der Vater meines Sohnes, sagt immer scherzhaft: »Hilf dir selbst, dann hilft dir Gott.« Und auch da ist ein Fünkchen Wahrheit dran. Ich würde ergänzen: »Hilf anderen, und dir wird geholfen.« Wenn diejenigen, die sich selbst helfen und ihre Angehörigen und Nachbar*innen unterstützen können, das auch in Krisensituationen tun, haben die Katastrophenschutzorganisationen mehr Kapazitäten für Menschen, die nicht dazu in der Lage sind, also für die vulnerablen Gruppen, das heißt für Menschen mit chronischen Krankheiten, Behinderungen und/oder beschränkten finanziellen Mitteln.

Mein erster und einziger indirekter Kontakt mit dem Katastrophenschutz bisher war das Technische Hilfswerk in Berlin,
als die ersten ukrainischen Geflüchteten im März 2022 in den
Berliner Bahnhöfen ankamen. Nachdem Freiwillige mithilfe der
Deutschen Bahn innerhalb von wenigen Tagen aus einem
1,5 Meter breiten »Ankommenstisch« ein Drittel des untersten
Stockwerks des Berliner Bahnhofs zur riesigen Hilfs- und Auf-
fangstation umgerüstet hatten, kam auch das Technische Hilfswerk mit einem Stand und mischte mit. Ich will nicht kritisieren,
diese Position und dieses Wissen habe ich nicht – ganz im Gegenteil. Aber: Freiwillige sind schneller vor Ort. Bis die offiziellen Institutionen auftauchen, kann es dauern. Mal mehr und
mal weniger.

Die Zivilisation ist drei Werktage von einer Katastrophe entfernt, heißt es in *Der Wal am Ende der Welt*. Drei Tage oder
auch 72 Stunden. So lange soll man sich mindestens allein versorgen können, bittet das BBK freundlich. Jede*r Einwohner*in, unabhängig von ihren bzw. seinen finanziellen Mitteln.
Maximal 72 Stunden dauert die sogenannte Chaosphase nach
einer Katastrophe, meist können die Koordinierungsstellen des
Katastrophenschutzes schneller eine ordentliche Versorgung auf
die Beine stellen. Das ist insofern relevant, weil Supermärkte
und Apotheken im Falle einer Ausnahmesituation nur beschränkte Mengen an Waren vorrätig haben. Gelagert werden
diese meist außerhalb der Städte, denn Supermärkte und Co.
werden *just in time* beliefert. So funktioniert Einzelhandel heutzutage nun mal. Sollten in einer Katastrophe die Lieferketten
unterbrochen sein, wird es vermutlich maximal 72 Stunden
dauern, bis eine Notversorgung angeboten werden kann, so Dr.
Geier vom Bundesamt für Bevölkerungsschutz und Katastrophenhilfe in unserem Gespräch. Herr Geier leitet im BBK die

Abteilung Risikomanagement und internationale Angelegenheiten.

»Wir beschäftigen uns mit Risiken unterschiedlichster Art. Wobei Klimakrise gar kein Risiko mehr ist, sie ist Realität, sie ist Gefahr, sie ist Bedrohung – massive Bedrohung. Insofern ist es auch für uns ein Thema, was Extremwetterereignisse infolge der Klimakrise bedeuten und welche Herausforderungen sie mit sich bringen«, erklärt er mir.

Ich darf endlich all die Fragen stellen, die mich schon so lange begleiten. Ein bisschen Therapie, ein bisschen verbales Schulter-tätscheln. Mich interessiert zunächst, warum das Thema Risiken und Gefahren in unserer Gesellschaft so wenig bewusst ist, und ganz besonders im städtischen Raum. Auf dem Land, auf dem ich inzwischen wohne, scheinen die Leute viel autarker.

»Eine Erklärung ist mit Sicherheit die, dass wir hier in Deutschland oder Mitteleuropa in einer über Jahrzehnte hin-weg sehr gemäßigten und geschützten Zone gelebt haben und so mit schweren, großen und flächendeckenden Naturereig-nissen kaum konfrontiert wurden. Wenn, dann waren es lokale Ereignisse, deren Schäden relativ schnell beseitigt wurden. Zum anderen existiert im städtischen Raum ein geringes Risikobe-wusstsein aufgrund einer als sehr hoch wahrgenommenen Ver-sorgungssicherheit. Die Menschen sagen sich: ›Wenn ich etwas brauche, gehe ich in den Supermarkt, und da bekomme ich es ja.‹ Somit denken sie weniger an Vorsorge, sind weniger risiko-bewusst, und für die Risiken des Alltags schließt man eben Versicherungen ab. So sind wir das gewohnt. Aber bei großen Katastrophen und gesellschaftlichen Veränderungen, die auf-grund der Klimakrise schon begonnen haben, ist wieder ein Kulturwandel notwendig. Das letzte große und schlimme Er-eignis in Deutschland war der Zweite Weltkrieg. Die Kriegs-generation war noch auf Vorsorgemaßnahmen ausgerichtet.

Nach dem Motto: Den Kohleherd, den werfen wir jetzt mal nicht weg! Den tun wir in den Keller oder irgendwo anders hin für den Fall der Fälle, dass die Heizung mal ausfallen sollte. Aber wenn eine Gesellschaft über Jahrzehnte hinweg auf einem sehr hohen Sicherheitsniveau lebt und arbeitet, dann verändert sich die Kultur. Jetzt sind wir vor der großen Herausforderung, uns zu einer Risikomündigkeit hinzuentwickeln. Der Klimawandel bzw. die Klimakrise wird uns unweigerlich dazu zwingen. Davon bin ich überzeugt. Wir sehen bereits heute, wie es aufgrund der Ereignisse der letzten Tage und Wochen massiv zu öffentlichen Auseinandersetzungen kommt. [Er meint die mediale Diskussion um die letzte Generation, Anm. d. A.] Das ist schon ein deutlicher Indikator dafür, dass es hier ans Eingemachte geht. Eine Kultur zu verändern, dauert natürlich und wird auf Widerstände treffen.«

Ich will wissen, wie wir das hinbekommen. Über den Versand besagter Broschüre?

»Wir haben eigentlich alles, was wir an Wissen und Informationen brauchen. Die Frage ist, wie kriegt man es so an die Leute, dass am Ende eine neue Risikomündigkeit entsteht. Und keine Panik, keine Hysterie, keine Angst, die handlungsunfähig macht. Angst ist ja an sich eine sinnvolle Reaktion, die einen dazu bringen kann, in Handlung zu kommen. Aber sie darf nicht dazu führen, dass man erstarrt. Die Menschen müssen sich bewusst werden, welche Risiken und Gefahren es gibt und welche Handlungsmöglichkeiten ihnen offenstehen. Und die Politik muss in der Lage sein, auch langfristig genügend Haushaltsmittel zur Verfügung zu stellen, um die Bürger und die Bürgerinnen in diesem Land dauerhaft gut zu informieren und durch Schulungsangebote und Ähnliches in die Risikomündigkeit zu bringen. Das ist eine Aufgabe für Jahrzehnte. Die Frage ist: Wie gehen wir das jetzt so klug wie möglich an? Oder lassen wir die

Dinge auf uns zukommen und reagieren wie so oft im letzten Moment?«

Mich interessiert das Thema der Besiedelbarkeit von Gegenden. Wie im Kapitel zum Meeresspiegelanstieg nachzulesen ist, ist das eigentliche Problem der Mensch, der sich in Bereichen niedergelassen hat, die schlecht für ihn geeignet sind. Die Klimakrise verstärkt diese sowieso schon gegebene Suboptimalität. Starkregen- und Hochwasserkarten könnten theoretisch ausweisen, welche Gebiete gefährdet sind. »Sind Sie vom BBK involviert? Wie gehen Sie damit um?«, frage ich.

»Wir sind das bisher nicht, weil das offiziell nicht in unseren Aufgabenbereich fällt. Als Bundesbehörde sind wir nur für den Schutz der Bevölkerung im Verteidigungsfall zuständig, also im Kriegsfall. Wir können Katastrophenhilfe leisten, wenn die Länder uns anfordern. Auf diesem Gebiet machen wir aber viel Beratungsarbeit. Hochwasserrisikokarten beziehen sich auf die großen Fließgewässer, von denen Hochwasser ausgeht. Die Herausforderungen von Klimawandel und Klimakrise sind aber eher die extremen Wetterlagen und Starkregen, bei denen vor allem kleine Bachläufe und Fließgewässer zu einem riesigen Problem werden. Für die kleinsten Gewässer gibt es eben keine Starkregen-Risikokarten. Wenn ich die nicht habe, kann ich nichts ausweisen. Und wenn ich sie habe, bleibt es trotzdem Angelegenheit der lokalen Politik und der lokalen Entscheider. Wenn es etwa Anfragen von Unternehmen gibt, sich dort niederzulassen, dann kann die Gemeinde eine Ausnahmegenehmigung erteilen. Da spielen immer wirtschaftliche Interessen eine Rolle, Gewerbesteuereinnahmen etwa sind für Gemeinden hochinteressant. Ein Bürgermeister kann dann schnell in ein Dilemma geraten. Lässt er bebauen? Gibt es Ausnahmegenehmigungen über den Stadtrat oder Gemeinderat? Oder geht das Unternehmen woandershin? Wir sind aufgrund der Ereignisse der letzten

Jahre der Auffassung, wenn es zu so einem Gebiet eine klare Ausweisung gibt, dann muss man da auch hart bleiben. Das heißt, ich kann dort keinen Wohnbau, aber auch keine gewerbliche Bebauung mehr zulassen. Wir haben in Deutschland nicht das Problem, dass übermorgen bestimmte Gebiete nicht mehr besiedelt werden können, weil die Bedingungen nicht zum Leben geeignet sind. Aber es wird Gebiete geben, die entsiedelt werden, weil dort nicht mehr gebaut werden kann.«

Schließlich habe ich noch eine letzte Frage: Wie lange dauert es in einem Krisenfall, beispielsweise bei einem Blackout, bis Hilfe da ist? Und jetzt wird es kompliziert: Es hängt natürlich vom Szenario ab: Ist ein kleines Gebiet oder eine größere Fläche betroffen? Wie sind die örtlichen Strukturen? Welche Hilfsorganisationen greifen, und wie gut sind die Helfer*innen vom Roten Kreuz, von Johanniter, ASB, Malteser, Feuerwehr, Technischem Hilfswerk und so weiter vorbereitet? Haben die Organisationen selbst Notstromaggregate und genug Treibstoff für diese? Wegen der Diskussion um mögliche Blackouts im Winter 2022 wurden Versorgungsinseln vorbereitet – Örtlichkeiten, in denen sich die Bevölkerung einfinden kann, um im Notfall Informationen zu erhalten und verpflegt zu werden. Das alles wird in Deutschland aber nicht einheitlich organisiert, sondern hängt vom Bundesland und der Kommune ab. Wenn jetzt in meiner mittelgroßen Stadt von 40 000 Einwohner*innen solch eine Insel geplant werden würde, würde sie aber keine Kapazitäten für 40 000 Einwohner*innen haben. Die Planer*innen und der BBK gehen davon aus, dass diese Inseln vor allem für die vulnerablen Gruppen wichtig sind. Alle anderen sollten die besagten 72 Stunden und gegebenenfalls länger aus eigener Kraft und mit eigenen Vorräten überstehen können.

Dazu gehört auch Wasser. Das ist die eine Sache, die meiner Erfahrung nach kaum einer zu Hause auf Vorrat hat. Heißt nicht, dass wir wieder Wasserkästen schleppen sollten. Aber ein 25-Liter-Kanister kostet um die 15 Euro und kann mit Leitungswasser befüllt werden. Das ist auf jeden Fall eine sinnvolle Investition. Herr Geier erwähnt immer wieder: »Es geht nicht um eine Vollverpflegung, es geht darum, ein paar Tage überleben zu können.« Ein paar Tage nur mit Knäckebrot überleben die meisten, ein paar Tage ohne Wasser nicht.

Darüber hinaus ist die Umsetzung der Maßnahmen stark abhängig von ehrenamtlichen Helfenden. Herr Geier führt das wie folgt aus: »Wir haben einen sehr hohen technischen Stand in Deutschland. Unser Problem bei der Ahr-Flut war die Koordination des Ganzen. Es mangelt nicht an Helfern, es mangelt nicht an Technik. Wir brauchen eine ordentliche Koordination, die sofort möglichst gut und effektiv in der Lage ist, eine Krise anzugehen und zu bewältigen.«

Das finde ich jetzt wieder sehr spannend. Koordinieren kann ich, und auch unter Stress funktioniere ich ganz gut. Wo lerne ich als Privatperson, wie ich ehrenamtlich im Falle einer Katastrophe mithelfen kann?

»Sie können Mitglied beim Deutschen Roten Kreuz, der freiwilligen Feuerwehr, dem Malteser oder den Johannitern werden. Dort werden Sie im Sanitätsdienst, im Betreuungsdienst oder in anderen Diensten ausgebildet, weitergebildet und eingesetzt. Alternativ kann man sich auch als spontane*r Helfer*in melden. Da hat man dann in der Regel keine Ausbildung, aber man hat bestimmte Fähigkeiten oder kann einfach anpacken.«

Je nachdem, ob man eher technisch oder sozial stark ist, sucht man sich eine der Organisationen aus und engagiert sich. Auch das ist wieder ein Privileg, denke ich. Man muss Zeit haben, geregeltes Einkommen und wenig oder keine andere Pflegearbeit leisten. Ich würde gerne, aber rechne schon im Kopf zusammen, dass es zeitlich knapp werden könnte neben Broterwerb und Kinderbetreuung und – ähm ja – Leben. Gleichzeitig sind solche ehrenamtlichen Tätigkeiten Solidarität pur, das, was diese Gesellschaft am Funktionieren hält. Jan Lenarz, ein guter Freund und Mitgründer von Ein guter Plan, engagiert sich seit Jahren ehrenamtlich beim DRK. Erst absolvierte er eine Ausbildung zum Sanitäter, dann zum Ausbilder für Erste Hilfe, und zurzeit lässt er sich parallel zum Job zum Rettungssanitäter ausbilden. Ich wusste, dass er irgendwas beim Deutschen Roten Kreuz macht, aber nie genau was. Bis zu dem Tag, an dem ich ihm fast vor den Rettungswagen gelaufen bin.

Es war einer dieser Abende, die ich mit einer Warnweste am Berliner Hauptbahnhof verbrachte, um Ukrainer*innen am Gleis zu begrüßen, sie zu der Empfangsstation im Untergeschoss zu begleiten oder ihnen beim Umsteigen zu helfen. Der Berliner Bahnhof ist groß, und ich verlaufe mich dort bis heute. Ein »Einfach hier die Treppe runter und links« gibt es da nicht. An diesem Abend hatte ich länger mit einer Familie gesprochen, die mich ziemlich durchgeschüttelt zurückließ. Mutter, Tochter, Großmutter. Sie waren seit über 24 Stunden unterwegs, erschöpft und traumatisiert. Ich versuchte, mit ihnen zu klären, wo sie übernachten wollten. Aber sie konnten sich nicht einigen. Sie wollten so schnell wie möglich nach München zu einer Familie, bei der sie länger bleiben konnten. Gleichzeitig waren sie so erschöpft, dass sie keinen klaren Gedanken mehr fassen konnten. An jenem Abend fuhr auch kein Zug mehr nach München. Ich begleitete sie zum BVG-Bus, der sie für eine Nacht in eine Flüchtlingsunterkunft bringen sollte. Der Busfahrer wollte dem Mädchen einen Lutscher geben, aber die Mutter wandte sich schockiert ab. »Was ist denn mit der los?«, fragte er sichtlich irritiert. Ich erklärte: »Das ist eine andere Kultur. Man nimmt keine Bonbons von Fremden. In ihrer Gesellschaft herrscht viel mehr Misstrauen als in unserer.«

Die Mutter entschuldigte sich ständig bei mir, weil die Großmutter mich stellvertretend für alle Deutschen beschimpfte. »Das ist schon in Ordnung. Ich verstehe das in Ihrer Situation«, sagte ich. »Du verstehst gar nichts«, zischte die Großmutter und wandte sich von mir ab. »Unsere Wohnung ist zerbombt. Wir sind seit Tagen auf der Flucht. Das kannst du nicht verstehen.«

Sie hatte recht. Ich konnte es nicht. Das war alles zu viel. Ich stolperte raus aus dem Bahnhof, ohne wirklich nach links oder rechts zu schauen, als ich nur noch merkte, wie etwas sehr Großes sehr nah an mir vorbeifuhr. Es war der Rettungswagen mit Jan. Kurz darauf fiel ich ihm in die Arme. Er in seiner DRK-Einsatzkleidung, ich mit der Warnweste. Ich weinte und ließ alles raus. Diesen Schmerz über den Krieg, die Wut, über alles, was da war. Er war ziemlich verblüfft, mich hier zu sehen. Normalerweise treffen wir uns im Büro. An diesem Abend hat er vielen Hundert Ukrainer*innen auf seine Art geholfen – und mir.

Das Gespräch mit Herrn Geier gibt mir Hoffnung und bestärkt mich in der Überzeugung, dass wir uns auf das, was kommen mag, vorbereiten sollten. Es gibt mir auch eine gewisse Sicherheit. Verstehen hilft mir. Mit jedem Kapitel dieses Buches weicht meine Angst Stück für Stück der Zuversicht.

Vorbereitet sein auf kleine und große Katastrophen

Es braucht ein Dorf, um ein Kind großzuziehen, sagt man. Es braucht auch ein Dorf, um in dieser neuen Welt zu überleben. Das Bild des einsamen, rechtsradikalen Preppers, der in seinem Keller sitzt, seine Waffen streichelt und Konserven zählt, oder vielleicht auch von der Familie mitten im Wald wird bald der

Vergangenheit angehören. Wir sind mitten in einer Welle von neuen Prepper*innen. Sozialen Prepper*innen.

Es klingelt an der Tür. Es ist Lena, die mit Olivier seit ein paar Monaten über uns wohnt. Wenn ich ihre Kinder toben höre, dann weiß ich, hier sind Menschen eingezogen, die meine Freunde geworden sind. Nebenan wohnt ein junger Typ, den ich eigentlich nicht kenne, und eine Wohnung weiter ein Pärchen, Emilia und Marijin, mit denen ich mich auch gut verstehe. Wir leihen uns nicht nur gegenseitig Backformen oder Werkzeug, sondern trinken auch gemeinsam Kaffee, gärtnern gemeinsam im Kleingarten und lassen uns die Sonne ins Gesicht scheinen oder passen gegenseitig auf die Kinder auf. Sollte es einen Notfall geben, wissen meine Nachbar*innen, dass ich mir ein Kurbelradio angeschafft habe, Wasser und Lebensmittel vorrätig habe und dass ich teilen werde. Die Schweden nennen das solidarisches Preppen – *preppa tillsammans.*

Preppen bedeutet nicht nur, Vorräte für die ersten 72 Stunden oder zwei Wochen anzulegen. Es geht darum, auf ein bestimmtes Krisenszenario vorbereitet zu sein. In einer Serie von National Geographic aus dem Jahr 2012, die man sich kostenlos auf YouTube anschauen kann, lernt man verschiedene Prepper*innen kennen. Sie haben sich auf unterschiedliche Krisen- oder Untergangsszenarien vorbereitet. Manche wirken wie Verschwörungsszenarien. Donna zeigt, wie sie sich auf eine Pandemie vorbereitet – im Jahr 2012! Sie hortet Einweghandschuhe, Mundschutz, Einwegschutzanzüge und natürlich Desinfektionsmittel. Außerdem macht sie ihre Nachbar*innen auf mögliche Pandemien aufmerksam. Damals dachte man noch, okay, was macht diese Verrückte da? Aus heutiger Perspektive würde man vielleicht gnädiger reagieren. In den Kommentaren aus dem Jahr 2020 ist zu lesen: »Sik Style im Juni 2022: An alle, die sich wundern: Donna hat überlebt! Sie ist eine enge Freundin meiner

Familie. Als wir eine Maske brauchten, mussten wir nicht in den Laden gehen;)«[5]

Was mir jedoch unangenehm aufstößt, ist, dass das Preppen in dieser Serie das gesamte Leben der Menschen okkupiert. Es ist nicht ein Hobby oder etwas, das sie nebenher machen, wie regelmäßig zum Friseur gehen, Fenster putzen oder mal den Keller ausmisten. Es hat fast etwas Zwanghaftes an sich. »Das Preppen bestimmt ihre Entscheidungen: Sie machen zum Beispiel regelmäßige Notfallübungen, gehen nicht mehr auf einen Weihnachtsmarkt, weil sie Angst vor Terroranschlägen haben, oder verlassen das Haus nur mit einem Everyday Carry – einem Rucksack, in dem die wichtigsten Gegenstände immer bereit sind«, sagt Mischa Luy, der zu Preppern in Deutschland forscht.[6] Das sind kleine Entscheidungen, aber was ist mit den großen? Wo, wie und mit wem will man leben? Man kann sich unendlich tief in Verschwörungs- oder Apokalypse-Szenarien verlieren. »Oft ergibt sich eine Art Teufelskreis. Menschen beginnen mit dem Preppen, um Sicherheit zu schaffen. Aber je mehr sie sich mit den Vorbereitungen beschäftigen, desto mehr fallen ihnen auch potenzielle Gefahren ein, die wieder neue Unsicherheit schaffen.«[7]

Ehrlich gesagt sind mir diese Gedanken nicht fremd. Wenn ich überlege, wie ich einen Selbstversorgergarten anlegen könnte, komme ich schnell in Dimensionen, die ich neben der Arbeit nicht mehr bewältigen kann. Dann will ich nicht nur Gemüse, sondern auch Obstbäume, Beerensträucher und einen kleinen Kartoffelacker. Und eigentlich bräuchte ich auch ein Feld für Weizen oder Hafer. Und Tiere: Hühner für die Eier, Laufenten gegen die Schnecken. So gerne ich auch gärtnere – meine Selbstversorgungsfantasien haben Grenzen. Allein mit meiner Familie würde ich das nicht schaffen. In einer Gemeinschaft schon eher. Und ist es nicht das, was Transition Towns oder Ökodörfer wie Sieben Linden ausprobieren? Also Städte oder Gemeinden, die versuchen, postfossile, gemeinschaftlich organisierte Gesellschaften zu schaffen, indem sie alternative Formen des Zusammenlebens und Arbeitens gemeinsam ausprobieren. Ob solidarische Landwirtschaft oder Gemeinwohlökonomie, viele der in diesem Buch vorgestellten Konzepte werden dort bereits gelebt.

Solidarisches Preppen

Schon länger stehe ich mit Pär Plüschke von Preppa Tillsammans aus Stockholm im Austausch. Aus der Ferne beobachte ich fasziniert, wie die Bewegung wächst. Es braucht Vorbilder oder auch nur eine Idee, um zu sehen, was möglich ist. Pär und ich verabreden uns zu einem Videocall. Als Erstes will ich wissen, wie alles losging.

»Ich komme ursprünglich von der globalisierungskritischen Bewegung und war geprägt von dem Gedanken, dass eine andere Welt möglich ist. Jetzt gilt eher: Eine andere Welt muss anpassungsfähig sein. Unabhängig davon, was uns in Zukunft begegnen wird, es wird immer instabiler werden. Wir müssen versuchen, für uns und unsere Kinder einen Rucksack mit verschiedenen Fähigkeiten zu packen, mit denen wir der ständig instabiler werdenden Welt begegnen können.«

»Was ist in diesem Rucksack alles drin?«, will ich wissen.

»Einerseits die Fähigkeit zu improvisieren. Denn wir können uns immer nur auf eine Krise vorbereiten, die wir schon erlebt haben. Aber auf neue Sachen, von denen wir noch keine Vorstellung haben, nicht. Wichtig ist es deshalb auch, dass man die Fähigkeit entwickelt, gemeinsam zu lernen und sich zu organisieren. Stichwort Soziales Prepping. Es gibt einige Fähigkeiten, die praktisch sind, wie zum Beispiel Erste Hilfe leisten, eine Blutung stoppen, psychologische Erste Hilfe bieten oder einem Menschen mit Depressionen richtig zuhören zu können.«

»Fallen dir Unterschiede zwischen den verschiedenen Kulturen auf? Ich habe das Gefühl, dass Schwed*innen zum Beispiel oft mehr auf Abstand sind, nach dem Motto, einem bloß nicht zu nahe kommen, und trotzdem eher fragen würden, ob alles in Ordnung ist. Würdest du dem zustimmen?«

»Ich denke schon. Doch Kultur kann man auch ablegen. Wenn zum Beispiel der Zug stehen bleibt und die Elektrizität ausgeht, reden die Leute schnell miteinander. Oder wenn alles eingeschneit ist und die U-Bahn nicht fährt, dann fangen die Leute an, gemeinsam die Autos loszuschieben. Da wird die Alltagskultur eben aufgehoben.«

»Ich habe auch festgestellt, dass Leute gerne helfen, wenn man nach Hilfe fragt. Aber wie schafft man es, beispielsweise in einem Mietshaus in Kontakt zu treten, wenn man den Nachbarn oder die Nachbarin kaum kennt? Was kann man Leuten empfehlen, die eine Beziehung zur Nachbarschaft aufbauen wollen, um gemeinsam zu preppen?«

»Am besten, indem man die Sache nicht abstrakt angeht, sondern mit konkreten Themen wie Lebenshaltungskosten oder den Nachrichten zur Energiekrise kommt. Das sind Fragen, die man mit Nachbarn diskutieren kann. Wie können wir uns darauf gemeinsam vorbereiten?«

»Wie geht das konkret?«

»Du lädst zum Beispiel zu einem Treffen ein und sagst: Wenn du auch gern darüber reden möchtest, sag Bescheid. Das macht es ein bisschen leichter, einander zu begegnen und zu diskutieren. In dem ersten Vierteljahr der Pandemie saßen wir in Mietshäusern und haben auch füreinander eingekauft. Die meisten Leute sind sich darüber im Klaren, dass Krisen kommen und dass wir ihnen am besten begegnen, indem wir unser Leben gemeinsam organisieren, Ressourcen und Erkenntnisse teilen.«

Und wenn die Nachbar*innen keine Lust haben? Wie findet man dann Gleichgesinnte, will ich wissen.

»Über Social Media«, sagt Pär. »Und man kann rumfragen, Zettel aufhängen.«

In Deutschland würde man vermutlich über die Plattform nebenan.de einen Aufruf machen, ergänze ich. »Der Begriff, den ihr nutzt, wird im Deutschen mit ›solidarisch Preppen‹ übersetzt. Wie sieht das dann praktisch aus?«

»Wir inventarisieren die Umgebung: Welche Menschen kennen wir hier, und welche Fähigkeiten und Ressourcen haben sie? Wie sieht es aus mit den Sportvereinen? Haben die Toiletten, die man mit aufstellen kann? Im Falle eines Stromausfalls, bevor die Wasserversorgung wieder angekurbelt ist, zum Beispiel. Oder wo treffen sich Menschen normalerweise? Dort trifft man sich dann sicherlich auch im Fall einer Krise und kann Informationen austauschen.«

»Das heißt, ihr überlegt euch ganz konkrete Szenarien, was in einem Notfall eintreffen könnte, was ihr dann bräuchtet und wo ihr das herbekämt?«

Pär erklärt, dass sie sich fragen, wie sie gemeinsam im Winter heizen können oder wie sie an Wasser kommen. »Wie können wir kochen und vor allem wo können wir das alle gemeinsam tun? Welche Töpfe und Pfannen kann man überhaupt in so einer Situation benutzen? Ich habe ein Outdoor-Koch-Set – aber meine Nachbar*innen können sich das vielleicht nicht leisten. In einer Krisensituation würden wir es uns teilen. Das Wichtigste, was wir tun können, ist die Vorbereitung. Das Soziale, das Organisieren im Voraus«, sagt er.

Generell ist das Thema Autarkie und auch Off-Grid-Living in Schweden tief verankert. Ob es an der ständigen Bedrohung durch den Kalten Krieg und der Erinnerung daran liegt oder an einem Wunsch nach Selbstständigkeit, das Land bietet jedenfalls genug Fläche, damit Menschen sich dieser Lebensvorstellung annähern können.

In Deutschland ist das nicht der Fall. Off-Grid-Living, Autarkie und insbesondere Preppen haben keine Tradition und einen negativen Beigeschmack. Wie kann man Letzteren loswerden? Braucht es vielleicht eine neue Bezeichnung? Reicht es, die Tätigkeit umzubenennen in solidarisches Preppen? In welchen Grenzen ist Preppen sozialverträglich oder gar sinnvoll? Reicht es aus, den Empfehlungen des BBK zu folgen? Und: Worauf soll man sich vorbereiten? Auf durch die Klimakrise verursachte Katastrophen wie Überschwemmungen und Hitzewellen oder auf längerfristige Ereignisse wie jahrelange Dürren und soziale Unruhen? Wie sieht das Szenario aus? Ich habe viele Fragen und versuche, die Antworten in meinem klimarealistischen Umfeld zu finden, aber auch bei meinen Eltern und bei meinen Nachbarn.

In letzter Zeit gewöhnte ich mir an, das Thema »Vorräte halten« anzusprechen, um herauszufinden, wer es tut und wer nicht. Ich fragte meine Insta-Community, Menschen, die ich zufällig im Zug kennenlernte, meine Nachbar*innen, meine Freund*innen und ihre Nachbar*innen. In meiner absolut unwissenschaftlichen Analyse stellte ich Folgendes fest: Meine Eltern und manch andere Menschen, die in der Sowjetunion oder DDR aufgewachsen sind, neigen zu Vorratshaltung. Einerseits ist es eine Sparfuchsmentalität: Wenn was im Angebot ist, schlagen sie zu. Gleichzeitig aber auch liegt es an der Erfahrung, dass nicht ständig alles verfügbar ist. Man kann wohl aus der Sowjetunion ausreisen, aber die Sowjetunion nicht zurücklassen. Ein Euro in das Sowjet-Kitsch-Glas. Dann gibt es die schon erwähnte Nachkriegsgeneration. Und schließlich noch die Menschen, die auf dem Land leben und den Vorteil des größeren und selteneren Einkaufs für sich entdeckt haben. Dazu gehöre auch ich. Wenn man auf dem Land wohnt, hat man oft mehr Stauraum, vielleicht sogar eine Speisekammer oder einen Erdkeller (in Schweden sehr verbreitet) und muss nicht jeden zweiten Tag mit dem Auto lostuckern. Es gibt aber auch noch neue, jüngere Entwicklungen in dieser Sphäre: die ökologischen Selbstversorger*innen, die sich der Klimakrise und ihrer Folgen bewusst sind.

Die ökologischen Selbstversorger*innen

Dazu gehören meine schwedischen Freunde Lisa, Mikael und ihre Tochter. Sie wohnen in einem der Nachbardörfer, was in den weiten schwedischen Landen direkte Nachbarschaft bedeutet. Diese Familie ist zu engen Freunden geworden, nachdem ich eines Tages vor ihrer Tür stand und verkündete: »Hallo, ich bin die Deutsche, meine Vorbesitzer*innen haben euch sicher gewarnt, dass ich hier auftauchen werde.« Das hatten sie Gott sei Dank, und ich wirkte nur halb so verrückt wie befürchtet.

Lisa und Mikael leben den Traum. Sie sind aus einer schwedischen Großstadt aufs Land gezogen und betreiben eine kleine Bio-Farm. Lisa arbeitet in Teilzeit von zu Hause aus in ihrem alten Job weiter. Sie ist eine Macherin, trägt Latzhosen und Zöpfe, ist früher Skateboard gefahren, und wenn sie mit ihrer kleinen Tochter spricht, sagt sie nicht: »Oh, bist du süß«, sondern: »Du bist mutig und stark.« Sie ist eine Feministin wie gefühlt fast alle Schwed*innen, aber vor allem ist sie einfühlsam, aufmerksam und meine Freundin.

Ihr Mann kümmert sich in Vollzeit um die Renovierung des Hauses und den kleinen Bauernhof, die Schafe, sechs Hühner, die Katze und den Gemüseanbau für die Selbstversorgung. Ab und zu verkaufen die beiden etwas Gemüse auf Bauernmärkten, aber die gibt es hier auf dem Land nur zwei bis drei Mal im Jahr.

Mikael ist auch ein guter Freund geworden. Ich kann so wunderbar mit ihm über Landwirtschaft oder nachhaltiges Bauen diskutieren. Ein Paar, das mich wirklich beeindruckt.

Ihr Haus haben sie nach ökologischen Kriterien renoviert, auf die Scheune haben sie eine Solaranlage bauen lassen, mit der sie auch ihr Elektroauto aufladen. Mit Obst, Gemüse, Eiern und natürlich Blumen versorgen sie sich selbst, den Rest kaufen sie zu. Sie sind keine Einsiedler, im Gegenteil, sie laden zum Grillen ein, man trifft sich spontan auf ein Feierabendbier im Garten, geht mit den Kindern im Winter Schlitten fahren oder im Sommer baden. Wie oft saß ich mit Lisa und ihrem Mann in ihrer Küche, erzählte von meiner Klimaangst, aber auch von meinen Ideen, und die beiden erzählten von ihren Träumen. Mit ihrer kleinen Blumen- und Gemüsegärtnerei haben sie nicht nur einen Ort fürs Zusammenkommen geschaffen, sondern sie leisten damit auch einen kleinen Beitrag zum Umweltschutz. Sie fördern die Artenvielfalt und binden CO_2 in der Erde.

Ihr Haus ist ein gutes Beispiel für ein Off-Grid-Selbstversorgerhaus – aber es gibt natürlich auch Menschen, die unter Off-Grid etwas anderes verstehen, die eben nicht Teil einer Gemeinschaft sein wollen, die eher ein negatives Weltbild haben und sich im Wald verschanzen. Oder die einfach nur die Ruhe lieben. In Schweden ist der Wunsch nach Ruhe und Alleinsein weit verbreitet.

Wie sähe ein perfektes Off-Grid-Selbstversorgerhaus oder gar ein kleines Dorf aus? Es gibt verschiedene Bausätze und Fertighäuser, die bereits montiert geliefert werden. Manche sehen aus wie kleine Raumschiffe mit ein paar Solarzellen und einem kleinen Windrad, das wie eine Antenne herausragt. Ein Anbieter verkauft umgebaute Container. Andere sind eher wie

IKEA-Möbel-Module zum Selberbauen. Sie sind sogar so aus-gestattet, dass der eigene Strom erzeugt, der eigene Müll ver-arbeitet und Regenwasser gesammelt und aufbereitet werden kann. Es gibt viele verschiedene Anbieter von Fertighäusern und noch mehr Menschen, die sich ihr Off-Grid-Haus einfach selbst bauen. Earthship ist die absolute Zero-Waste-Hippie-Variante und auf jeden Fall auch eine preiswerte Version der Off-Grid-Häuser. Man kann es mit ein paar engagierten Leuten selbst bauen. Man braucht nur ein paar alte Autoreifen, Lehm, Stroh und viel Zeit. Das Ergebnis kann sich sehen lassen. Au-tarke Häuschen mit kleinen Gewächshäusern und Gemein-schaftsräumen.

Neben den ökologischen Selbstversorger*innen gibt es auch noch die NeoSurvivalists: Young Professionals – Millennials –, die Land kaufen und darauf autarke Häuser bauen.[8] Oder die das als Investment und Absicherung sehen. Sie vertrauen wenig auf die staatliche Rente und auch nicht darauf, dass der Staat die Klimakrise und die Klimaanpassung langfristig geregelt be-kommt. Ich kann das nachfühlen. Auch ich bin immer wieder enttäuscht von unseren Bundesregierungen, bisher ist es ihnen einfach nicht gelungen, Gesetze auf den Weg zu bringen, die die Erwärmung wirklich auf 1,5 °C oder wenigstens 2 °C eindäm-men. Auch die Tatsache, wie wenig finanzielle Mittel das BBK erhält und wie abhängig wir in Katastrophensituationen von ehrenamtlichen Institutionen sind, desillusioniert mich.

Aber sich zurückzuziehen und zu isolieren, ist eines der ge-fährlichsten Dinge, die man tun kann.«[9] Was passiert in einem medizinischen Notfall? Wer hilft nach einer Naturkatastrophe? Und viele weitere Fragen ploppen da bei mir auf. Klüger ist es allemal, sich eine Community zu suchen oder aufzubauen, die sich gemeinschaftlich strategisch auf die Herausforderungen der Zukunft vorbereitet. Dazu mehr im Kapitel Migration.

Kapitel 11

STADT, LAND, WALD

»Guten Morgen Berlin
Du kannst so hässlich sein
So dreckig und grau«
– Peter Fox, »Schwarz zu Blau«

Von Berlin-Kreuzberg nach Bullerbü

Im Sommer 2019 erfüllten wir uns einen lang gehegten Traum und kauften ein altes, unrenoviertes rotes Häuschen auf dem schwedischen Land. Wir hatten vor, es auszubauen und einen Teil des Jahres dort zu verbringen. Nicht nur während der Kita-Schließzeiten, sondern auch immer wieder zwischendurch wollten wir dort für ein paar Wochen leben und arbeiten. Das war der Plan. Dann kam die Pandemie, und statt drei Wochen sind wir ein halbes Jahr geblieben, später dann noch mal ein halbes Jahr am Stück.

Zu Beginn war es ein Kulturschock, aber ein guter. Als Städterin habe ich jahrelang Bio-Lebensmittel verkauft und mich natürlich auch mit deren Herkunft beschäftigt. Selbst hatte ich dieses Wunder jedoch nie erlebt: wie aus einem Samenkorn eine Pflanze wächst, blüht und einen neuen Samen hervorbringt. Der Kreislauf des Lebens.

Ehrlich gesagt, war das erste Jahr auf dem Land auch ziemlich langweilig. Es war nicht viel los. Wegen der Corona-Beschränkungen fielen alle Veranstaltungen aus, außerdem kannten wir damals kaum jemanden. Also blieben nur die Natur, das Spazierengehen, das Schauen und Staunen. Ich lernte, Wildkräuter und Bäume zu unterscheiden, welche Wirkung die Kräuter haben und wie die Bäume zu verschiedenen Jahreszeiten aussehen. Langsamkeit und Ruhe. Waldbaden und Feldbaden. Das Wild beobachten. Seinen Rhythmus kennenlernen. Morgens die Feldhasen, nachmittags die Eichhörnchen im Garten, abends die Rehe auf der Straße. Wenn man genau hinsieht, ist ständig etwas los.

Als es wärmer wurde, verirrten sich viele Honigbienen von Nachbar Bengt zu uns. Insekten, Regenwürmer, alles Leben erwachte, und ich blieb immer wieder stehen wie ein Kind, das zum ersten Mal die Natur erlebt. Damals war ich begeisterter als mein kleiner Sohn. Die Würmer fand er auch gut, der Rest war ihm eher unheimlich. Ich fand Halt in dem, was ich anfassen, riechen und schmecken konnte, als die Welt um mich herum in der ersten Pandemiewelle zusammenbrach. Die Welt, die ich kannte.

Die heiße Stadt

Das Leben auf dem Land könnte die Zukunft sein, glaube ich. Die Lösung, um langfristig in einer Welt überleben zu können, die von Überhitzung, Pandemien, sintflutartigen Regenfällen, Nahrungsmittel- und Trinkwasserknappheit heimgesucht wird. Wie gerne würde ich die Erinnerung an den Sommer 2018 verdrängen, doch sie kommt immer wieder hoch. Damals war ich freiwillig eingesperrt, geschützt in meinem kühlen Käfig, einer Kreuzberger Hinterhauswohnung. Draußen 35 Grad und Kreislaufkollaps, drinnen drehte der Ventilator die verbrauchte Luft im Kreis. Den ganzen Tag lag ich auf dem Sofa. Mein Mutterschutz, die Zeit, in der ich stolz meinen Kugelbauch durch die Gegend tragen und Nestbau betreiben wollte, fiel aus. Hätte ich gewusst, dass es auf dem Land kühler ist und im Wald sogar 8 bis 15 Grad kühler sein kann als in der Stadt, wäre ich damals schon aus Berlin weggezogen.[1]

Generell machte mir das Leben in der Stadt immer mehr zu schaffen. Der Lärm, der zu Steigerung der Stresshormone führt – ob wir ihn bewusst wahrnehmen oder nicht, er macht krank.[2] Der Feinstaub ebenso: Großstädter*innen leiden häufiger unter Allergien, Asthma, Neurodermitis, Autoimmunerkrankungen und Lebensmittelunverträglichkeiten, sagt das Robert-Koch-Institut.[3]

Berlin wird am Ende des Jahrhunderts wahrscheinlich so heiß sein wie heute Toulouse in Südfrankreich, so die Berechnungen nach dem Konzept zur Anpassung an den Klimawandel (AFOK).[4] Auch dort führen Menschen ein angenehmes Leben. Das Problem ist nur: Toulouse hatte Jahrzehnte, wenn nicht Jahrhunderte Zeit, sich an dieses Klima anzupassen – wir in Berlin haben diese Zeit nicht und auch nicht das Geld und die Voraussetzungen. Unsere deutschen Städte sind versiegelt und werden weiter versiegelt durch neue Bauprojekte und Straßenausbau. In Berlin sollte laut Koalitionsvertrag des rot-grün-roten Regierungsbündnisses von 2022 spätestens ab 2030 eine »Netto-Null-Versiegelung« erreicht werden, die für jede neue Bebauung in der Stadt eine andere Fläche freigibt, also entsiegelt. Dies soll beispielsweise durch Rasengittersteine und grüne Mittelstreifen erreicht werden. Ob allerdings die neue Berliner Regierung weiterhin an diesem Ziel festhalten wird, das wird sich noch zeigen.

Städte haben aber noch mehr Probleme: Sie heizen sich auf. Man spricht hierbei vom »Wärmeinseleffekt«. Dieser beschreibt die Temperaturdifferenz zwischen der aufgeheizten Stadt und der vergleichsweise kühleren ländlichen Umgebung. Der Temperaturunterschied in der Wärmeinsel hängt von der Bebauungsart, der Helligkeit der Fassaden, der Begrünung von Dach- und Fassadeflächen, den Eigenschaften der Bausubstanz und weiteren Faktoren ab. Beton zum Beispiel speichert Wärme besser als Holz, und Betonhäuser tragen somit mehr zur Aufheizung der Stadt bei als Holzhäuser. Außerdem spielen hier auch die reduzierte Windgeschwindigkeit durch viele Strömungshindernisse und der Versiegelungsgrad eine bedeutende Rolle. So entstehen dann im Sommer Temperaturunterschiede von mehreren Grad.[5]

Hitze kann nicht nur sehr unangenehm sein, sie ist auch einer der größten stillen Killer der Welt. Allein im Sommer 2022 soll es 15 000 Tote mehr gegeben haben in Europa.[6] An besonders heißen Tagen lag die Übersterblichkeit sogar deutlich höher als in den Vorjahren.[7] Zunehmende Hitze führt auch dazu, dass sich Malaria und Denguefieber weiter nach Norden hin ausbreiten können und eine »höhere Krankheitslast verursachen.«[8] Und sie begünstigt Waldbrände, die auch die Stadt treffen können. Zwar löst sie nicht den Brand aus – das tut eher ein unachtsam weggeworfener Zigarettenstummel oder vorsätzliche Brandstiftung.[9] Aber wenn alles aufgrund von Hitze trocken ist, breitet sich das Feuer schneller aus. Wissenschaftler*innen rechnen damit, dass sich Städte um 29 Prozent schneller erhitzen als ländliche Gebiete.[10] Derselben Studie zufolge könnte das Pflanzen von Bäumen die Oberflächenerwärmung in Städten um etwa 0,13 Grad pro Jahrzehnt reduzieren. Einen Baum, ein ruhiges, schattiges Plätzchen zu finden, wird zum Luxus.

Ich erinnere mich an die täglichen Spaziergänge mit dem Kind in der Trage oder im Kinderwagen auf der Suche nach etwas Ruhe in Kreuzberg. Für ein paar Minuten keine Sirenen, keine Feiernden, keine Autohupen. Nur der Friedhof an der Bergmannstraße konnte dies bieten. Dort treffen sich die Eltern aus dem Kiez und schlendern fröhlich zwischen den Gräbern umher. Manchmal stand ich bei diesen Runden auch auf der Straße und starrte verwirrt auf einen Baum und die bepflanzte Baumscheibe. Schön sind sie. Im Bergmannkiez gibt man sich Mühe. Aber ich wurde nur traurig, wissend, dass dieser Baum und die paar Blümchen das einzige Grün sind, das es hier gibt. Inzwischen war mir klar, dass es auch anders geht. Ich hatte die köstliche ländliche Stille erleben dürfen, in meinem Garten in Schweden riesige alte Bäume anschauen, mich in ihnen verlieren dürfen. In meinem Kreuzberger Viertel war das nicht möglich. Es war eine Tragödie.

Wir zogen weg – nach Eberswalde, in eine schöne Wohnung, bezahlbar, gut angebunden und in netter Nachbarschaft. Ein schöner Mischwald nur wenige Fußminuten entfernt, mit gesunden, alten Bäumen, mit Laub im Herbst und Blümchen im Sommer. Heiß ist es trotzdem. Aber die Abkühlung ist nicht weit.

Das gemäßigte Land

Wie zu Zeiten der Pest, des Zweiten Weltkriegs und des Covid-19-Ausbruchs flüchten alle, die es können, aufs Land. Sicherlich auch bald wegen der Klimakrise. Nur einmal in der Woche fuhr ich zum Einkaufen in die Stadt, Gemüse und Obst hole ich vom örtlichen Biohof – und hoffe, dass es in Zukunft noch mehr lokale Bio-Landwirtschaft geben wird. Landleben ist der Traktoren- oder Mähdrescherlärm am Morgen, das gottverdammte Vogelgezwitscher, das so laut ist, dass es dich weckt, genauso wie der Specht, der an dein Fenster klopft. Landleben bedeutet, eine Schlange in deinem Garten zu finden, ein riesiges Kanin chen zu beobachten, das durchs Gras hoppelt, die Eichhörn-chen-Familie zu dulden, die beschlossen hat, auf deinem leeren Dachboden zu leben, und sich über die Rehe aufzuregen, die das Gemüse in deinem Garten fressen. Das Leben auf dem Lande besteht darin, die Veränderungen in der Natur zu beobachten und zu verstehen, wie Lebensmittel entstehen, während man seinen Radieschen beim Wachsen zusieht. Landleben heißt, die örtliche Fauna kennenzulernen. Landleben bedeutet, an die Tür des Nachbarn zu klopfen, wie man es als Kind getan hat. Land-leben heißt, sich nicht mehr um Modetrends zu kümmern und tagaus, tagein ein Paar Gummistiefel, Jeans und ein Hemd zu tragen. Landleben bedeutet viele Telefonate, SMS und Sprach-nachrichten. Landleben heißt, kein Falafel-Sandwich spontan holen zu können, sondern immer eine Pizza im Gefrierschrank zu haben. Landleben heißt, das Kleinkind im Garten spielen zu lassen, während man selbst ihm von der Treppe aus zusieht, Kaffee trinkt und dem Universum fürs Landleben dankt.

Ich will das Landleben aber auch nicht überidealisieren. Der Geruch von frisch gebackenem Apfelkuchen vermischt sich mit dem von Gülle, der die Wäsche an der Leine durchsetzt. Statt Feuerwehrsirenen höre ich abends das Grunzen der Wild-schweine unangenehm nahe. Wenn man Kinder und/oder Hob-bys hat, ist man schnell nur noch damit beschäftigt, Fahrten zu organisieren und Chauffeur*in zu spielen. Kinder können nicht mal eben selbst zum Fußballtraining oder zum Chor, sondern sie müssen dafür oft in die nächstgelegene Kleinstadt gefahren werden. Und plötzlich ist's vorbei mit der Ruhe und der bau-melnden Seele.

Dann ist da noch der Fakt, dass es keine Geheimnisse auf dem Land gibt. Alle sehen alles, alle wissen alles. Wer einen Konflikt hat, spricht ihn am besten schnell an, sonst wird es auf Dauer unangenehm. Dennoch: Wer Menschen treffen will, muss

etwas dafür tun. Man kann auf dem Land leicht vereinsamen –
trotz Arbeit, Partner*innen und Nachbar*innen. Und man hat
Zeit. Ich weiß nicht, warum, aber auf dem Land steht mir immer
mehr Zeit zur Verfügung als in der Stadt. Sich fallen lassen, zur
Ruhe kommen, heißt auch, sich mit den Dingen auseinandersetzen zu müssen, vor denen man in der Stadt fliehen kann. Mit
der Klimaangst zum Beispiel, aber auch mit anderen kleinen und
großen Fragen des Lebens.

Über Klimaanpassung in der Stadt

Noch stehen die Städte größtenteils schutzlos den Klimafolgen
gegenüber. Entsiegelung und Begrünung können, wie ich im
Kapitel 5 beschrieben habe, dabei helfen, die Auswirkungen von
Wetterextremen abzumildern, Grundwasser zu gewinnen und
Städte bei großer Hitze zu kühlen. Doch es gibt noch mehr
Strategien, die das Leben von Stadtbewohner*innen in Zeiten
der Klimakrise verbessern.

Bäume pflanzen zum Beispiel. Nicht nur, weil sie schön an-
zusehen sind, sondern weil sie natürliche Schattenspender sind.
Unter einem Baum kann es ein bis zwei Grad kühler sein und
sich sogar bis zu acht Grad kühler anfühlen als in der Umgebung. Dass Beton ein Problem ist, habe ich schon mehrfach
erwähnt, für Neubauten sollten daher natürliche Baumaterialien wie Holz verwendet werden. Häuser und Dächer könnten
weiß gestrichen werden. Klingt banal, aber kann die Temperatur
eines Daches um rund 31 Grad und die Indoor-Temperatur um
rund 7 Grad reduzieren.[11] Den Wärmeinseleffekt kann man
auch verringern, indem Frischluftschneisen aufrechterhalten
oder aufgebaut werden. Diese können insbesondere nachts für
Abkühlung in der Stadt sorgen.

Kühlung ist auch ein Gerechtigkeitsthema: »Wer kann es sich leisten, in der Hitze weniger zu arbeiten? Wessen Großeltern werden gesundheitlich gut betreut? Wer hängt in kleinen, überhitzten Wohnungen fest? Hitze ist nicht gleich Hitze. Wer guten Klimaschutz blockiert, tut das auf dem Rücken der Vulnerabelsten«, twitterte Luisa Neubauer im Sommer 2022.[12] Klimaanlagen und die damit einhergehenden Investitions- und laufenden Kosten sind schwer zu stemmen für finanziell schwache Familien. Obdachlose sind der Hitze in der Stadt schutzlos ausgeliefert. Deswegen stellen immer mehr Städte und Länder Hitzepläne auf mit Kältesälen, zusätzlichen öffentlichen Trinkwasserbrunnen und vielen weiteren schützenden Maßnahmen für die Bevölkerung.[13] Auch an die alten Menschen muss gedacht werden: Sie müssen unterstützt werden, indem man beispielsweise ähnlich wie während der Pandemie Einkäufe für sie übernimmt.

Autos und deren Infrastruktur nehmen Platz weg für das, was wir an Anpassungsmaßnahmen dringend brauchen. Der Autoverkehr in Innenstädten sollte daher stark eingeschränkt oder gar absolut eingestellt werden. Das hört sich erst mal radikal an, aber eine autofreie Stadt, wie sie von einigen Initiativen gefordert wird, wäre natürlich nicht komplett autofrei. Lieferungen dürfen bis 10 Uhr morgens stattfinden, und auch Ausnahmefahrten für Fahrzeuge von Rettungskräften, Handwerker*innen, Liefertransporten, Bussen, Taxen und einigen mehr sind möglich. Der Vorteil wäre: Weniger Parkplätze sind notwendig, mehr Entsiegelung ist möglich, es gibt mehr Platz für ordentliche Fahrradstraßen und Fahrradparkplätze, mehr Bäume. Autofreie Städte sind mehr als nur ein Traum von Ökospinner*innen. Eine autofreie, feinstaub- und mikroplastikarme, ruhige Stadt ist eine gesündere Stadt, die den Fokus auf die Einwohner*innen legt und die Lebensqualität steigen lässt.

Der Autor, Umweltschützer und Mitbegründer der Grünen Partei in der DDR Ernst Paul Dörfler hat das Leben auf dem Land und der Stadt wie folgt zusammengefasst: »In guten Zeiten lebt es sich in der Stadt angenehmer, in schlechten Zeiten haben die Landbewohner die besseren Karten. Egal ob Hunger, Krisen, Krieg oder Krankheit – die Stadt ist mit ihren Bewohnern verletzbarer. Das Land bietet zwar nicht die Bequemlichkeit, es ist aber widerstandsfähiger, es verfügt über mehr Resilienz.«[14] Und Resilienz können wir in diesen Zeiten wirklich gut gebrauchen.

Der klimaresistente Wald

Ich liebe den Wald, und der Wald liebt uns. Wie er bei Hitze kühlen kann, erwähnte ich bereits. Aber er kann auch genauso gut Wärme geben und ganz generell das Wetter beeinflussen.[15] Peter Wohlleben erklärt in *Der lange Atem der Bäume,* wie wir die deutschen Wälder umbauen müssen, damit sie lange überleben. Wir brauchen den Wald für die Biodiversität, für seine Wetterfunktion, für romantische Spaziergänge, für unser Wohlbefinden. Ja, auch für Holz, aber eben aus wirklich nachhaltiger Forstwirtschaft und nicht aus weiteren Monokulturen. Dass es anders geht, habe ich bei Gut&Bösel gesehen (siehe auch Kapitel 7), sie betreiben regenerative Landwirtschaft und Forstwirtschaft.

Im Forst von Gut&Bösel gibt es mehrere Flächen, die mit einem Zaun abgesperrt sind, damit das Wild draußen bleibt und die jungen Pflanzen nicht abknabbert. Zwei breite Pfade führen durch die 1,5 Hektar große syntropische Waldumbauversuchsfläche. An deren Seiten ist gleichmäßig Totholz um die Pflanzreihen arrangiert, das sind alte Baumstämme, die die Baumbeete mulchen und einrahmen. Das Totholz dient aber vor allem dazu, den Boden zu bedecken und so Wasser zu speichern. Gepflanzt wurde eine Vielzahl von Bäumen und Sträuchern per Aussaat wie Roteiche, Ginster und Hasel. Geht man weiter, kommt man zu einer Fläche, die »kahlgeschlagen« wurde. Hier wurden alle alten Kiefern abgesägt und mit Pferden abtransportiert. Auf den Harvester, also auf eine spezielle Holzerntemaschine, wurde hier bewusst verzichtet, weil der Harvester durch sein Gewicht den Boden verdichtet, der dann wiederum Wasser viel schlechter speichern kann. Expert*innen hatten Renke und seinem Team eigentlich abgeraten, diese Kahlschlag-Experimentierfläche anzulegen. Sie würde zu einem schlechten Mikroklima führen und die Jungpflanzen einer zu intensiven Sonneneinstrahlung aussetzen. Aber es kam ganz anders, sogar Renke war überrascht: Die Pflanzen auf der Kahlschlagfläche wuchsen um ein Vielfaches schneller und besser.

Wir gingen durch die Baumreihen und sahen mehr als zwanzig verschiedene Arten: Buchen, Lärchen, Robinien, Eichen, Kastanien und Büsche wie Liguster und Himbeeren und so vieles mehr. Es wurde die ganze Sukzession mitbedacht, erklärte mir Renke, also der natürliche Ablauf des Ökosystems. »Beginnend mit einer degradierten Fläche mit Stein und Geröll und Rohmaterial, die als Erstes von Flechten besiedelt wird. Dann kommen Gras und Gräser, dann kräftigere und höher entwickelte Pflanzen, dann erste Büsche, Sträucher und Bäume. Zum Schluss kommen langlebige Bäume, tendenziell auch Hartholz«, erklärte er mir.

Renke hat in Zusammenarbeiten mit seinem Team und vielen freiwilligen Helfenden aus Saat und Pflanzen einen mehrschichtigen, diversen Mischwald etabliert. Es geht ihm gut, und er wächst und gedeiht und wird vermutlich im Angesicht der Klimakrise weitaus gesünder sein als das Stück Forst hinter dem Zaun. Vor dem Zaun wachsen unendlich viele Büsche Blaubeeren. Sie haben sich hier wild angesiedelt, und weil das Wild nicht rankommt, können sie wachsen. In den Beeten mit den Jungbäumen und Büschen tummeln sich Käfer und Regenwürmer. Man könnte denken, dass das nichts Besonderes sei, aber Renke erzählte mir, sie hätten beim Umbau der Flächen auf mehreren Hektar keinen einzigen Regenwurm gefunden.

Wir brauchen kleine, mehrschichtige Mischwälder und Wiesen – diese seien zukunftsfähig. Weil wir dem Ökosystem so die Möglichkeit geben, auf die Klimaveränderungen zu reagieren. »Die Möglichkeit schaffen wir, indem wir den Wald nicht komplett ausbeuten. Das heißt, dass wir einen gewissen Teil an Totholz drinlassen. Und vor allen Dingen, indem wir eine so diverse Palette an heimischen und fremdländischen Baumarten anbieten, hat der Wald die Möglichkeit, selbst zu reagieren und auszuwählen. Also wenn es dann tatsächlich für die Buche zu warm werden sollte, hat unser Wald noch die Hainbuche, die Winterlinde oder die Orientbuche in der Hinterhand, die eine gleiche Funktion erfüllen. Und das gilt für andere Baumarten genauso. Es gibt auf allen Ebenen viele Varianten, und wenn man so einen diversen Wald hat, muss man sich wenig bis gar keine Sorgen machen. Natürlich trifft die Klimakrise auch unseren Wald, aber er hat möglichst viele Optionen, um weitgehend autark zu wachsen.« Es ist wirklich beeindruckend, was hier geschaffen wurde und wie gut es den Baby-Wäldchen geht – trotz trockenem Sommer.

Ich nahm Folgendes mit: Es macht den Wald resilient, ihm mehrere Handlungsoptionen zur Verfügung zu stellen, weil er sich dann entsprechend selbst anpassen kann. Vielleicht gilt das auch für uns Menschen. Für viele bedeutet das Migration, und was das im Sinne der Klimaanpassung heißen kann, folgt im nächsten Kapitel.

Kapitel 12

GRENZEN DER ANPASSUNG UND MIGRATION

»Freundliche Erinnerung daran,
dass wir alle näher dran sind,
Klimaflüchtlinge zu sein als Milliardäre«
– Ahmed Ali[1]

Wer schon heute seine Heimat verlässt

Einer der Hauptgründe, dieses Buch zu schreiben, war der Wunsch herauszufinden, bei welchem Grad und in welchem Jahr der Punkt erreicht ist, an dem wir Menschen uns nicht mehr anpassen können. Eine Antwort darauf zu finden ist nicht einfach.

Immer mehr Betroffene ziehen, wenn es ihnen ihre Privilegien erlauben, nach Norden bzw. nach Süden auf der Südhalbkugel – Hauptsache weg vom sich immer weiter erwärmenden Äquator und von den Küsten, die im Meer versinken. Das Verlassen der Heimat passiert nicht über Nacht. Erst wenn Strom, Nahrung und Wasser knapp werden und/oder extreme Wetterereignisse so häufig wiederkehren, dass kaum Zeit zum Wiederaufbau bleibt, erst dann brechen die Menschen auf. Sie verlassen ihre Heimat, ihre Freunde und ihre Familie nicht freiwillig, es geht meist ums nackte Überleben.

Warum diese apokalyptischen Szenarien? Weil es das ist, was auch auf uns zukommen wird. Ich bin die meiste Zeit meines Lebens sicher und behütet in Deutschland aufgewachsen. Not kenne ich nicht. Mir selbst fehlt oft die Fantasie, mir vorzustellen, welche Stadien es gibt zwischen »oh, jetzt wird es ungemütlich bei 1,3 Grad Erderwärmung« und »Fuck, die Zivilisation ist zusammengebrochen, ich weiß nicht, wie ich meine Familie ernähren und schützen soll bei 2,5 Grad«. Bisher gibt es nur punktuelle Risikoanalysen, hierzu muss noch viel mehr Forschung betrieben werden.

Mir wird ganz anders, wenn ich daran denke, wie viele Menschen heute schon massiv von der Klimakrise betroffen sind. Ich habe sofort die Bilder von Pakistan vor Augen, wo es im Juli 2022 die schlimmste Überschwemmung seit Beginn der Wetteraufzeichnungen gab: Millionen von Menschen wurden obdachlos. Menschen, die nicht um die Welt jetten, die nicht massenhaft Kohle abgebaut haben. Menschen, die absolut nicht für die Klimakrise verantwortlich sind.

Klimagerechtigkeit und Geflüchtete

Die Klimakrise ist ein Arschloch. Sie trifft diejenigen am härtesten, die am wenigsten dafür können: die Menschen im Globalen Süden. Acht von zehn Ländern, die zwischen 1998 und 2017 am stärksten von Extremwetterereignissen betroffen waren, befinden sich dort.[2] Hinzu kommen der Anstieg des Meeresspiegels, die Versauerung der Ozeane, Dürren und Wüstenbildung, die das Leben der Menschen in dieser Region seit Jahren bedrohen. Im Zeitraum zwischen 2019 und 2022 haben daher 24 Millionen ihre Heimat verlassen.

Zurzeit sind nur 0,8 Prozent der Landfläche weltweit unbewohnbar, weil hier durchschnittlich 29 Grad herrschen.[3] Um das Jahr 2070 werden es voraussichtlich 19 Prozent sein, »ein Gürtel nahezu unbewohnbarer Regionen zöge sich um den Äquator«.[4] 216 Millionen Menschen werden, so die Schätzungen der Weltbank, um das Jahr 2050 ihre Heimat verlassen müssen.[5] Laut der International Organization for Migration (IOM) könnten dann insgesamt eine Milliarde Menschen zu Geflüchteten bzw. Migrierenden werden (in der Migrationswissenschaft würden sie nicht unter die Genfer Flüchtlingskonventionen fallen – selbst Geflüchtete aus Kriegsgebieten tun das nicht automatisch. Eigentlich müsste man von Klimamigrierenden sprechen). Das wären zwei Mal so viele Menschen, wie in der EU leben. Wenn die Prognose stimmt, haben wir theoretisch nur noch zweieinhalb Jahrzehnte, um uns darauf vorzubereiten, die Betroffenen willkommen zu heißen – und eigentlich nicht mal mehr zweieinhalb Jahrzehnte. Denn die Menschen werden ja nicht erst am 01.01.2050 ihr Zuhause verlassen. Sie tun es jetzt schon.

Wir im Globalen Norden haben daher eine doppelte Verantwortung. Wir müssen nicht nur Klimaschutz und -anpassung vorantreiben, um weitere Schäden zu vermeiden, sondern auch für die bereits entstandenen Schäden und Verluste aufkommen. *Loss & Damage* ist der Fachbegriff. Schäden sind reversibel, Verluste nicht. Wenn eine Art ausstirbt oder ein Gletscher schmilzt, ist das wie mit meinem Ex-Freund: Die sind weg, die kommen nicht wieder. Deshalb sind diese Verluste auch unbezahlbar.

Geld brauchen die Länder des Südens trotzdem. Mindestens 140 bis 300 Milliarden US-Dollar wären für die Anpassung jährlich nötig.[6] Auf der UN Climate Change Conference (COP27), die im Jahre 2022 in Ägypten stattfand, wurde beschlossen, dass dafür ein neuer Loss-and-Damage-Fonds eingerichtet werden soll. Zynisch nur, dass die Umsetzung so lange dauert – nicht nur was die Einzahlung angeht, sondern auch bis es zur Auszahlung kommt. Ziehen die verantwortlichen Staaten das Ganze mit Absicht in die Länge? Anders ist diese Langsamkeit nicht zu erklären. Denn das Geld wird dringend gebraucht. »Das Ergebnis wird mit ziemlicher Sicherheit die größte globale Migrationswelle sein, die die Welt je gesehen hat.«[7]

Unsere Verantwortung

Dieses Buch ist aus einer weißen deutschen Perspektive geschrieben. Und deshalb ist es wichtig, hier zu erwähnen, dass wir natürlich auch Verantwortung für unsere Geschichte, ihre Konsequenzen und die globalen Auswirkungen der Klimakrise tragen. Daher gibt es nun einen kleinen Exkurs über die deutsche Kolonialgeschichte.

Deutschland war ein Spätzünder, was Kolonien angeht. Sie lagen in Afrika und Asien und umfassten das heutige Kamerun, Togo, Deutsch-Südwestafrika (Namibia) und Deutsch-Ostafrika (Tansania), Inseln im Pazifik (Deutsch-Samoa und Deutsch-Neuguinea) sowie das chinesische Kiautschou. Unzählige Adelige, Kaufleute und Unternehmer*innen siedelten dort an oder Missionare gingen dorthin, um die einheimische Bevölkerung zum Christentum zu bekehren. Dabei »erwarben« sie Ländereien durch Betrug und/oder versklavten die Einwohner*innen. Die Kolonien versprachen paradiesische Zustände für das deutsche Unternehmertum – ohne Forderungen der Arbeiterklasse, die durch die Industrialisierung zunahmen. Die Kolonisierungsgesellschaften von Privatkaufleuten scheiterten allerdings schnell, und das Deutsche Reich musste einspringen. Um weiter zu expandieren und bereits bestehende Kolonien zu halten, wurde

auch das deutsche Militär gesandt, denn die einheimische Bevölkerung wehrte sich immer wieder gegen die Kolonisierung.
Anfang des 20. Jahrhunderts verübte die deutsche Armee einen
Genozid an den Herero und Nama im heutigen Namibia, dem
etwa bis zu 80 Prozent der Herero und 50 Prozent der Nama
zum Opfer fielen. Erst 2021 erkannte Deutschland den Völkermord an.[8] Nach dem Ersten Weltkrieg wurden dem Deutschen
Reich »wegen erwiesener ›Kolonialunfähigkeit‹ alle ›Schutzge-
biete‹ aberkannt, die als Mandate dem neu gegründeten Völker-
bund zur Treuhänderschaft übergeben wurden«.[9] Die Schäden,
die dort angerichtet wurden, haben die ehemaligen Kolonien bis
heute nicht verwunden. Kriege und Diskriminierung von Min-
derheiten, die in den ehemals kolonialisierten Staaten nach wie
vor stattfinden, beruhen letztlich auf der willkürlichen Schaffung
kolonialer (Staats-)Grenzen und dem Auseinanderreißen bzw.
Zusammenführen verschiedener ethnischer Gruppen.[10] Bis 1975
gab es noch europäische Kolonien in Afrika. Heute finden sich
in Afrika 54 Länder mit rund 1,5 Milliarden Einwohner*innen.[11]

Deutschland, aber auch ganz Europa, ist deshalb mit seiner
kolonialistischen Geschichte mitverantwortlich für heutige
Flucht- und Migrationsursachen. Rohstoffexporte aus kolonialisierten Ländern – darauf basieren zu einem großen Teil unser
heutiger Reichtum, unser Wohlstand und unsere Industriestärke.
Lasst uns die unmenschlichen Geflüchteten-Camps übersprin-
gen und stattdessen ein Zuhause für die Millionen Menschen
schaffen, die kommen werden und für die wir Verantwortung
tragen. Wir können, wenn wir wollen. Das haben wir mit den
Geflüchteten aus der Ukraine 2022 gesehen. Wenn wir uns des
vorhandenen Rassismus und der Vorurteile bewusst werden,
aktiv dagegen arbeiten, kann eine Utopie wahr werden, die der
Verantwortung gerecht wird. Wir müssen systematische Lösungen finden.[12]

Refugees Welcome

Es verhält sich nun mal so: Die Länder, die weltweit am wenigsten emittieren, haben durchschnittlich 25 Prozent weniger BIP.
Und ein Land wie Schweden etwa, das derzeit von der Klimakrise durch längere Vegetationsperioden sogar eher profitiert,
hat eine Steigerung von rund 25 Prozent seines BIP.[13] Das ist
doch unfair. Warum werden wir dann unserer Verantwortung
nicht einfach gerecht? Ganz offenbar: weil wir ein Problem mit
Migration haben.

Als Millennial bin ich mit offenen EU-Grenzen und dem Euro
aufgewachsen – und kenne es nicht anders, als dass die EU eine
Einheit ist. Gleichzeitig ist das Nichteinhalten von Asylgesetzen
Standard. Erik Marquardt, EU-Abgeordneter, fasst die Situation
in seinem Buch *Europa schafft sich ab* so zusammen: »Leider
wird an Europas Außengrenzen inzwischen systematisch gegen
Menschenrechte verstoßen. An der kroatischen Grenze werden
Menschen gefoltert, und die griechische Küstenwache setzt
Menschen auf Plastikinseln im offenen Meer aus und überlässt
sie sich selbst. [...] Das ist nicht nur für die Schutzsuchenden,
sondern auch für Europa unwürdig. Denn europäische Grenzen
sind nur geschützt, wenn die Menschenrechte an diesen Grenzen
geschützt sind.«[14]

Grenzen sind von Menschen erfundene Linien, auf die sie
sich einmal geeinigt haben, um den Boden in Länder zu unter-
teilen. Solche sozialen Konstrukte lassen sich auch wieder verändern, sie sind keine physikalischen Gesetze. Oder in den
Worten der britischen Umweltjournalistin Gaia Vince: »Natio-
nalstaaten sind eine unnatürliche, künstliche soziale Struktur,
die aus der Komplexität der industriellen Revolution hervor-
gegangen ist, und sie basieren auf der Mythologie, dass die Welt
aus verschiedenen homogenen Gruppen besteht, die getrennte

Teile des Globus besetzen.«[15] (Das Zitat stammt aus ihrem Buch *Nomad Century*, dessen Lektüre ich nur von Herzen empfehlen kann.)

Aus all diesen Gründen stimme ich auch ganz deutlich dem Vorschlag zu, den Hans Joachim Schellnhuber gemacht hat. Er sagt: »Gemäß dem Verursacherprinzip wäre es nur folgerichtig, dass die Klimaflüchtlinge von den Inseln, Flussdeltas oder Dürregebieten ein Aufenthaltsrecht inkl. Arbeitserlaubnis plus Umsiedlungshilfe von den Ländern mit den höchsten kumulierten Treibhausgasemissionen zugesprochen bekämen.«[16]

Die Migration ist eine der größten Herausforderungen des aktuellen Jahrhunderts. Dagegen sind Covid oder auch die Einwanderungswelle von 2015 ein Witz. »Ob man Bangladesch nun vollständig eindeicht oder die Bevölkerung komplett nach Zentralasien umsiedelt, die entsprechend notwendigen Maßnahmen sprengen in jedem Fall unsere Vorstellungskraft. Wer organisiert das, wer bezahlt das, wer erklärt das dem betroffenen Volk«,[17] den 160 Millionen Menschen, so Schellnhuber weiter. Sorry, wir wollten weiter Steak essen und um die Welt fliegen, daher müsst ihr jetzt alle umziehen. Nein, so geht das nicht. Wir müssen unsere Grenzen öffnen und Menschen helfen, nach Deutschland und in die EU zu fliehen. Meine Meinung.

»Ja, ja, diese linksgrünversifften weltfremden Gutmenschen«, höre ich manch einen sagen. Ja, bin ich gerne, und ich glaube, dass wir moralisch dazu verpflichtet sind und unsere Gesellschaft auch menschlich davon profitiert. Erik Marquardt schreibt, »dass Europa unter anderem von zwei Grundwerten lebt: Solidarität und Rechtsstaatlichkeit. Solidarität bedeutet in diesem Zusammenhang, dass man bereit ist, Verantwortung für andere zu übernehmen.«[18] Solidarität ist mir an dieser Stelle so wichtig, denn sie ist eine der Haupteigenschaften, die Klimaresilienz erst möglich macht. Niemand kann sich allein anpassen oder gar überleben. Niemand kann allein Klimaschutz betreiben. Gemeinsam, solidarisch ist das eher möglich.

Und eine weitere Sache sollten wir in diesem Zusammenhang nicht vergessen: Auch wir in Deutschland könnten eines Tages Klimamigrierende werden. Jede Region in Deutschland hat ihre eigenen Herausforderungen. Der Norden ist eher von Hochwasser und steigendem Meeresspiegel bedroht, der Osten von Hitze und Trockenheit. Was alle gemeinsam haben: Wenn die magische Gradzahl erreicht ist, das können schon 2 Grad sein oder auch erst 3 Grad, dann wird es überall in Deutschland ungemütlich, in den Städten wiederum früher als auf dem Land. Wir reden nicht nur von sehr hohen Temperaturen. Wir sprechen von unerträglichen Zuständen, die so schnell eintreten, dass wir Menschen uns weder persönlich noch strukturell daran anpassen können. Zustände, die unseren Wohlstand, unsere Demokratie und unsere Rechte bedrohen. Wir sprechen vom Ende der Zivilisation in Deutschland.

Ich weiß, das klingt wie ein Weltuntergangsszenario. Es tut mir weh, auch nur daran zu denken, was das bedeuten könnte. Es gibt diesen beliebten Vergleich zwischen Klimaerwärmung und Fieber: Es macht einen Unterschied, ob ich 39,6 Grad Fieber habe (ganz schön unangenehm, aber nichts, was man nicht mit Paracetamol in den Griff bekommen könnte) oder ob ich 42,6 Grad Fieber habe (absolut lebensbedrohlich, Eiweißstoffe im Körper gerinnen, Hitze schädigt Nervenzellen). Bei 1,3 Grad Erderwärmung wird es auch in Deutschland langsam ungemütlich. Bei 4,3 Grad wird ein Leben in Deutschland nicht mehr möglich sein – und wahrscheinlich kann man dann nur noch an ganz wenigen Orten auf der Welt leben. Wenn wir so weitermachen wie bisher, erreichen wir bis 2100 wahrscheinlich rund 3,3 bis 5,7 Grad.[19] Im RCP-8.5-Szenario – so das IPCC in seinem Bericht von 2023.

An manchen Tagen macht mich das Schreiben dieses Buches fertig. Ich spüre dann, wie die Angst meinen ganzen Körper fest im Griff hat. Wieder einmal bin ich wie gelähmt, eine Kleinigkeit hat das Fass zum Überlaufen gebracht, und mein Schutzwall ist durchbrochen. Ich sitze auf dem Küchenboden und weine. Als mein Handy klingelt, reiße ich mich zusammen, atme tief durch und gehe pflichtbewusst ran. Hilft ja alles nichts.

Am Telefon ist Toralf Staud, der mit Nick Reimer das Buch *Deutschland 2050* geschrieben hat. Ihm stelle ich meine brennendste Frage, die mir bisher niemand beantworten konnte: Bei wie viel Grad Erderwärmung wird Deutschland für einen Großteil der Bevölkerung unbewohnbar? Auch er kann sie nicht direkt beantworten und erklärt mir, dass wir uns darauf einstellen müssen, dass uns die indirekten Rückkopplungen viel früher treffen. Deutschland ist keine Insel, die sich komplett selbst versorgt und unabhängig von den Entwicklungen in der Welt ist. Unser Wohlstand beruht unter anderem auf dem Export von Gütern. Wenn die Lebensgrundlage von immer mehr Menschen durch die Klimakrise bedroht ist, dann brauchen sie keine deutschen Autos und Maschinen mehr. Ich stimme ihm zu und ergänze, dass wir die Auswirkungen von Dürre und Wassermangel in Südeuropa schon bald merken werden, weil die Lebensmittelpreise dann noch stärker steigen werden. Auch das betrifft uns.

Dann erinnert er mich noch, dass es einen Grund gibt, warum sich die Verhandler der Staaten beim Klimagipfel in Paris auf 2 Grad maximale Erderwärmung geeinigt und auch versucht haben, sich auf 1,5 Grad zu einigen: Ein Teil der Kipppunkte könnte schon bei 1,5 Grad ausgelöst werden, aber ab 2 Grad wird die Situation zunehmend unbeherrschbar. Ich frage mich, seit wann gilt das Klima allgemein als beherrschbar.

Eine privilegierte Ausreise

Eine privilegierte Ausreise – schrieb Erica Zingheri in ihrem Artikel über jüdische Kontingentflüchtlinge.[20] Das waren wir wirklich, privilegierte Ausreisende. Wir kamen in einem Zug, fuhren innerhalb von Tagen direkt durch und erreichten den Hauptbahnhof Hannover. Dann ging es in ein Flüchtlingsheim. Wir wussten, wir werden bleiben können, ankommen, neu anfangen. 1995 – eine privilegierte Flucht.

Weil meine Großeltern den Holocaust überlebt haben, hatte meine Familie das Privileg, nach Deutschland einreisen zu dürfen. Nicht gerecht, aber besser als nichts. Russland bzw. die ehemalige Sowjetunion wurde für Jüd*innen immer unsicherer. Kein Land, in dem meine Eltern weiterhin leben oder ihre Kinder aufwachsen sehen wollten. Ich habe oft gedacht, wir haben einfach Pech gehabt. Pech, dass die Zeugnisse und Diplome nicht anerkannt wurden, Pech auf dem Arbeitsmarkt, mit dem Erlernen der Sprache, mit der Integration. Ich kannte wenige andere Kontingentflüchtlinge, und als Kind sieht man die Zusammenhänge nicht. Erst als ich Ericas Artikel »Was wächst auf Beton?« in der *taz* las, kam der Gedanke auf: Nicht nur wir hatten Pech, sondern auch die anderen 200 000. Hinzu kamen die Spätaussiedler*innen. Wir alle teilten das gleiche Schicksal: Wir waren nur auf dem Papier willkommen.

Mit diesem Wissen kann ich auf die letzten 25 Jahre zurückblicken und sie neu bewerten. Zunächst stellt sich die Frage nach der Identität. Ich sah mich als deutsche Atheistin, aufgewachsen in einer jüdischen Kultur. Und da ich weiß bin, einen für Deutschland nicht ungewöhnlichen Namen habe und akzentfrei Deutsch spreche, werde ich auch deutsch gelesen. Privilegien über Privilegien. Meiner Familie und den anderen 200 000 ist es zum Teil anders ergangen. Sie sind die Ausländer.

Mal auf Hartz IV, mal ohne, sie führen ein Leben in finanzieller Not und Ungerechtigkeit. Aber viel schlimmer ist die psychische Komponente.

In Interviews werde ich oft gefragt, wie ich dazu gekommen bin, mich für die Umwelt zu engagieren, und warum mir das so wichtig ist. Ich antworte, aufgrund Ökosozialisation durch eine Lehrerin, der Grünen Jugend und meines Wunsches nach Integration. Ich glaube, die Wahrheit ist viel einfacher und offensichtlicher: Wenn man jeden Tag Ungerechtigkeiten sieht und erfährt, entwickelt man einen sehr starken Gerechtigkeitssinn. Es ist ungerecht, was wir der Umwelt und damit der Zukunft der heutigen jungen Generation antun. Es ist ungerecht, wie Menschen aus Afrika und euro-asiatischen Kriegsgebieten nach Europa fliehen wollen und nicht können, obwohl Europa kolonialhistorisch auch für ihre Fluchtursachen mitverantwortlich ist. Wie sie flüchten, in unsicheren Schlauchbooten, bereit, ihr Leben zu riskieren, um der einen Hölle zu entkommen und in der nächsten Hölle in Flüchtlingslagern in Griechenland und der Türkei zu landen. Das ist das Gegenteil von privilegierter Flucht. Aber tägliche Realität für Tausende. Die Klimaungerechtigkeit treibt mich an. Weil es kaum etwas Ungerechteres gibt. Weil ich mir mehr privilegierte Fluchtwege wünsche – für alle Menschen auf der Flucht.

Strukturelle Anpassung nach Norden

»In die Wasserländer, David«, eingangs zitierte ich eine der für mich intensivsten Stellen aus *Die Geschichte des Wassers* von Maja Lunde.[21] Die Wasserländer – denn am Ende wird alles darauf hinauslaufen, ob wir genug Trinkwasser zur Verfügung haben, und Trinkwasser gibt es vor allem im Norden. Deutschland liegt zwar nicht ganz in Nordeuropa, aber rankt in dem Global Adaptation Index von 2022 auf Platz 8.[22] Auf Platz 1 bis 5 finden sich Norwegen, Finnland, die Schweiz, Schweden und Dänemark. Spannend sind aber die Kriterien, nach denen beurteilt wurde, wie »vulnerabel« und wie »bereit« die Länder sind, sich auf die zukünftigen Herausforderungen einzustellen. Also welche Länder Klimaschutz und -anpassung ernst nehmen und allein von der Lage her gute Voraussetzungen haben, den Folgen der Klimakrise zu trotzen. Kanada rankt auf Platz 14, immerhin vier Plätze vor den USA. Russland, das flächenmäßig größte Land der Welt mit viel Fläche im Norden, findet sich auf Platz 33. Grönland wird Wälder bis 2100 haben, »es könnte einer der besten Plätze zum Leben werden«.[23] Auch Island und Neuseeland stehen weit oben im Ranking.

Als ich über dieses Thema mit einer schwedischen Freundin sprach, meinte sie: »Wasser schön und gut – aber wir haben immer wieder zu viel Wasser. Gerade im Winter.« Das stimmt, das hat, wie schon beschrieben, mit dem Meeresspiegelanstieg zu tun. Tatsächlich ist, zumindest was die elementare Versorgung für Grundwasser und die Landwirtschaft angeht, ein Zuviel besser als ein Zuwenig. Zu viel Wasser kann man mit einfachen technischen Mitteln steuern, dafür muss nichts groß erfunden werden. Bei zu wenig Wasser – hilft nichts. Wenn kein Wasser von oben kommt und das Grundwasser schwindet, dann kann man nichts trinken und keine Pflanzen gießen. Eigentlich ganz logisch.

Wie soll das aussehen, wenn weltweit Millionen, eher Milliarden Menschen gen Norden ziehen?

Klima-Gentrifizierung
und Klima-Zufluchtsort

Im Englischen gibt es den Begriff des »*haven*« – er bedeutet so viel wie Zufluchtsort, sicherer Hafen. *Climate haven*, die Klima-zuflucht. Es kann eine Stadt sein, ein Dorf, ein Ort, den es noch nicht gibt oder der erst noch am Entstehen und Wachsen ist.

Ein Beispiel ist der imaginäre Ort »Leeside«[24] in den USA, dessen Geschichte aus der Zukunft erzählt wird: In den 2020er-Jahren hat Leeside seine Türen für Klimamigrant*innen ge-öffnet und die Politik so ausgerichtet, dass Umwelt und Ein-wohner*innen profitieren. Aufgrund der günstigen und klimaresilienten Lage an den Great Lakes erkannte der damalige Bürgermeister neue Chancen und Möglichkeiten für diese Stadt, die ihre besten Jahre bereits hinter sich hatte. Die Arbeitslosen-zahlen waren hoch, schwindende Industrie und viel Leerstand machten ihr zu schaffen. Da entschieden er und der Stadtrat, Leeside klimaresilient umzubauen: Der Stadtkern wurde auto-frei, Warnsysteme für Hitzewellen und Hochwasser wurden installiert und viele weitere Maßnahmen ergriffen, die das Wohl der Menschen in den Mittelpunkt stellten. Der Plan ging auf. Leeside zog Menschen aus allen Teilen der USA an, beson-ders aber aus den gefährdeten Gebieten um Miami, New York, etc. Wenige Jahre später folgten andere Städte diesem Erfolgs-modell.

Aber auch die Schattenseiten waren unübersehbar: die Gen-trifizierung und die mit ihr einhergehenden Herausforderungen wie verteuerter Wohnraum und Verdrängung der ursprüng-lichen Einwohner*innen. Gleichzeitig führte die Klimakrise zu immer mehr Klimamigration überall in den USA, das Land war immer öfter Stürmen und Fluten ausgesetzt. Auch in Leeside kam es zu fremdenfeindlichen Übergriffen. Aber mit einer starken Vision und einer guten Politik wurden auch diese Probleme angegangen. Eine realistische Utopie einer imaginären Stadt.[25]

Neben der Option, Städte anzupassen und auszubauen, gibt es auch die Idee, Städte im Norden komplett neu zu gründen und den neuen Bedingungen entsprechend anzulegen. Gaia Vince denkt hier groß und schlägt vor, Städte zu bauen, die nicht nur weit im Norden liegen, sondern auch hoch genug gelegen sind: sogenannte zirkuläre Städte, die nach dem Kreislaufwirtschafts-prinzip funktionieren.[26] Alles wird wiederverwendet, aufberei-tet, gepflegt, repariert, geliehen, geteilt. Viel Platz zum Gestalten, für die Gemeinschaft, um sich auszubreiten und gleichzeitig angepasst an die neuen Herausforderungen, die die Klimakrise mit sich bringt. Keine anonymen Wohnhochhäuser und auch keine Einfamilienhäuser, etwas dazwischen. Städte, die sich mit Energie und Wasser selbst versorgen sollen, die eine sichere und stabile Infrastruktur haben, die die Biodiversität nicht weiter zerstören und nicht mehr CO_2 emittieren als unbedingt not-wendig.

Es gibt schon heute 354 Städte auf der Welt, in denen die durchschnittliche Höchsttemperatur im Sommer 35 Grad be-trägt. Klimastudien zufolge ist es wahrscheinlich, dass in 2050 an die 970 Städte davon betroffen sein werden.[27] Wohlhabende können sich die nötige Kühlung in Form von Klimaanlagen oder Landhäusern kaufen. Die Armen nicht. Vielen bleibt dann nichts anderes übrig, als in Parks, Wäldern oder eben auf dem Land Abkühlung zu suchen. So düster die Aussichten sind, so hoff-nungsvoll stimmen mich die Diskussion und die Möglichkeiten rund um die Migration. Es fehlt nicht an Ideen, nur an Taten.

Es wird Zeit auszumisten. Ich reduziere meine Habseligkeiten, will Platz schaffen für Neues. Mein altes Schlafsofa muss weichen, ich brauche es nicht mehr. Es ist klassisch, aber auch modern, skandinavischer Stil, etwas abgenutzt, jedoch noch in einem guten Zustand. In einer lokalen Telegram-Gruppe für ukrainische Geflüchtete biete ich es zur Abholung an. Wenige Minuten später schreibt mir eine Frau auf Russisch, und wir organisieren die Abholung. Sie freut sich sehr. Auf ihrem Profilfoto sehe ich auf ihrem Schoß einen kleinen Jungen im Alter meines Sohnes. Ich frage sie, welche Größe der Kleine habe, ob sie vielleicht noch Kleidung brauche. Mein Sohn sei jetzt vier und wachse gefühlt monatlich aus seinen Sachen raus. Sie schickt ein Tränen lachendes Emoji. Ihr Junge sei inzwischen 15 und größer als sie. Ich grinse und schreibe, dass er dann ja vielleicht mit anpacken könne. Sie holt das Sofa wenige Tage später ab, als ich verreist bin. Als ich nach Hause komme, entdecke ich auf meinem Schreibtisch ein kleines Dankeschön von ihr für mich und meinen Sohn: eine Orchidee im Topf, und direkt daneben, fast hätte ich es übersehen, liegt ein Ü-Ei.

NACHWORT

»Hurra, diese Welt geht unter.
Auf den Trümmern das Paradies.«
– K.I.Z.

Neulich stellte mir mein Sohn unvermittelt die Frage nach dem Tod. Er hatte mitbekommen, dass der Großvater eines Kindergartenkindes gestorben war. Also fragte er mich, ob mein Opa auch tot sei. Ich erklärte ihm, dass beide meine Großväter bereits gestorben seien, aber ein schönes Leben gehabt hätten (was absolut gelogen ist, aber wie soll ich einem Vierjährigen den Holocaust erklären). Dann fragte er nach seinem Großvater, Großvater Vladi, und ich antwortete, dass der uns noch lange erhalten bleiben würde.

»Aber er wird auch sterben?«

»Irgendwann in ferner Zukunft, ja.«

»Oh«, der Kleine wurde traurig.

»Und du wirst auch sterben?«, fragte er.

»Ich auch, aber das wird noch viel länger dauern. Das ist noch so lange, das können wir uns gar nicht vorstellen. In 600 Jahren«, erklärte ich. 600 ist die höchste Zahl, die er sich vorstellen kann. Ich hätte auch 6 Millionen oder 60 Jahre sagen können, aber 600 ist für ihn greifbarer. Er wirkte beruhigt.

»Werde ich auch irgendwann sterben?«, fragte er.

Oh Mann. Diese Frage hatte ich jetzt nicht erwartet. Ich wünschte, ich hätte noch ein paar Jahre, bis es so weit ist.

»Ja, aber auch in ungefähr 600 Billionen Jahren«, sagte ich

293

und versuchte ihn zu umarmen, aber er saß mir da im Bett gegenüber und wollte nur reden.

»Wenn die Menschen sterben, sterben wir dann aus wie die
Dinosaurier?«, fragte er weiter.

Mein kleiner, lieber Junge, der sich so viele Gedanken macht.
Sein zweiter Name ist Atlas. Die Welt auf seinen Schultern.

»Das ist unwahrscheinlich. Es sei denn, es kommt ein Asteroid, wie bei den Dinosauriern. Die Menschen können sich sehr
gut anpassen. Das konnten sie schon immer.«

»Was ist anpassen?«, fragte er.

»Anpassen ist, wenn wir versuchen, unser Leben so zu verändern, dass es funktioniert, egal, was um uns herum ist.« Was
ich nicht sage: Anpassung hat ihre Grenzen. Ich habe gelernt,
dass ich meinen Weltschmerz und meinen Zynismus besser
außerhalb des Kinderzimmers lasse. Mein Sohn nimmt alles auf.
Einmal habe ich versucht, ihm das Artensterben zu erklären,
seitdem macht er sich Sorgen um alle Fische und Tiere und ich
muss ihn immer wieder beruhigen, dass es sie noch gibt. Aber
irgendwann, wenn er älter ist, wird er die Anpassung und auch
ihre Grenzen erleben. Ich hoffe nur, dass das eher später sein
wird.

Und was macht Hoffnung? Wie soll ich dieses Buch beenden?
Der Ausblick muss positiv sein. Ich kann die Leser*innen doch
nicht einfach verwirrt und verängstigt zurücklassen, oder?
Doch, leider schon. Wobei ich eher sagen würde, ich lasse sie
mit weiteren Fragen zurück. Wir sollten damit beginnen, mehr
Fragen zu stellen. Mehr zu fordern. Wir sollten uns erlauben,
unbequem zu sein. Das würde mir Hoffnung geben.

DANK

Dieses Buch hätte es nie gegeben ohne Katharina Vogel – meine wunderbare Literaturagentin und Wegbegleiterin. Sie hat mir geholfen, an dieses Buch zu glauben, und es an einen großartigen Verlag vermittelt. Und sie hat mir geholfen, Ordnung in meine Gedanken und in meine Worte zu bringen. Sie hat gelesen, nachgedacht, mich nach vorne gebracht. Und vor allem ist sie eine Freundin geworden. Ich danke dir von ganzem Herzen für alles!

Voller Dankbarkeit bin ich auch für Bettina Eltner, meine Lektorin. Sie hat sofort verstanden, worum es in diesem Buch gehen soll, und mich während des Schreibprozesses immer wieder herausgefordert, sodass ich über mich hinauswachsen konnte. Ich danke dir und Ullstein, dass ihr euch dieses Buches angenommen habt und dass es dank euch zu diesem wundervollen Werk geworden ist!

Ich danke Lara John, meiner Assistentin, für ihre Recherchen und Ideen. Wir vier waren ein super Team.

Ich danke meiner Freundin Susanne Mierau. Ich weiß nicht, wie ich die letzten Jahre ohne dich überstanden hätte. Wenn es dich nicht gäbe, wäre da ein riesiges Loch in meinem Herzen, und die Welt hätte so viel weniger zu lachen. Danke für deine Freundschaft.

Ich danke Simone, Adrian, Lydia, Stephan, Olivier, Lena, Jonna, Lenz, Tom, Sarah, Sula und allen anderen aus unserem kleinen Eberswalder Dorf. Ich hätte nie gedacht, solche Freunde zu finden, und frage mich manchmal, womit ich euch verdient habe. Danke für die schönen Stunden und die gegenseitige Unterstützung.

Ich danke auch den herzlichen Erzieher*innen meines Sohnes, die viel mehr als nur einen Job ausfüllen.

Ihr seid das Dorf, von dem ich bisher nur träumen durfte. Es braucht ein Dorf, um ein Kind großzuziehen oder eben ein Buch zu schreiben.

Ich danke Josephine Apraku für das rassismussensible Gegenlesen des Kapitels zu Migration und freue mich über die Freundschaft, die sich auch in den letzten Monaten entwickelt hat.

Ich danke Andreas Malm, der durch unsere vielen Gespräche auch zu einem Freund geworden ist. Selten habe ich von einem Menschen, der mir im richtigen Moment die richtigen Dinge gesagt hat, so viel Inspiration bekommen und lernen können. Danke dafür von Herzen.

Ich danke Jan Lenarz, meinem Mitgründer und Geschäftsführer von Ein Guter Plan, für alles, was du mir ermöglicht hast.

Ich danke Bianca Praetorius für die stets intensiven Gespräche und ihre Freundschaft.

Ich danke Kit Massmann für die Memes und dafür, immer Zeit zur richtigen Zeit zu haben.

Ich danke Lena Schwartz für die vielen Partys und all die gute Zeit!

Ich danke meinen schwedischen Freunden, die nicht namentlich genannt werden wollen, aber denen ich viele gute Gespräche, viel Zeit und Gemüse verdanke.

Ich danke meinen lieben Nachbarn Ingela Boo und Bengt Karlsson für die Lebensweisheiten, die vielen Fikas, dass sie mir gezeigt haben, was Nachbarschaftshilfe ist, und einfach für ihre Zeit und Zuneigung.

Ich danke meiner Bezugsgruppe Skybar, Antonio, Tadzio und Raphael dafür, dass sie da waren und gemeinsam gekämpft haben.

Ich danke meinem EO Women Forum: Amber, Adiba, Magda, Tanja, Josefine für die schönen Abende und intensiven Gespräche.

Und, das mag vielleicht für manche total oberflächlich klingen, aber die, die es betrifft, wissen, dass ich es ernst meine: Ich danke meiner Instagram-Community von ganzem Herzen. Ihr habt mir in der Trennungsphase mit Untermietmöglichkeiten zur Seite gestanden, mir euer Auto geliehen, Fragen beantwortet, Freud und Leid geteilt. Ich bin dankbar dafür, dass es euch gibt, dass ihr an meinem Leben teilhabt und um dasselbe kämpft wie ich. Danke, dass es euch gibt.

Dieses Buch ist Liebe. Es entstand aus Liebe, und aus ihm entstand Liebe.

Durch das Buch habe ich mehr Liebe und Verständnis für meine Eltern empfunden, besonders für meine Mutter, indem ich auch in ihr Leben eingetaucht bin und dessen Hintergründe verstanden habe. Ihr danke ich auch besonders dafür, dass sie so oft auf ihren Enkel aufgepasst hat, damit ich dieses Buch schreiben konnte. Ich danke meinen Eltern auch für ihren Mut, immer wieder ihre Heimat (Ukraine, Russland und dann Moldawien) verlassen zu haben, um für eine bessere Zukunft in ein fremdes Land aufzubrechen. Und dafür, dass sie immer an mich geglaubt haben.

Ich danke meiner Schwester Irina Rosenberg, dass sie immer für mich da ist, für ihre Liebe und ihr warmes Lachen.

Liebe und tiefe Verbundenheit habe ich erfahren mit dem Vater unseres Sohnes, Paul Katte. Die fünf Jahre, die wir zusammengelebt haben, möchte ich nicht missen.

Und das Beste zuletzt: die Liebe zu meinem Sohn. Diese unendliche, bedingungslose Liebe zu diesem kleinen Menschen, von dem ich so viel lernen und den ich begleiten darf. Wenig macht mir mehr Freude im Leben, als ihn an meiner Seite wachsen zu sehen. Wenn du dies liest, danke, dass es dich gibt. Du bist meine Welt.

Danke, danke, danke!

ANMERKUNGEN

Vorwort

1   Mark Lynas: *6 Grad mehr. Die verheerenden Folgen der Erderwärmung*, Reinbek 2021, S. 349.
2   Copernicus: »How close are we to reaching a global warming«, 22.02.2021, in: https://climate.copernicus.eu/how-close-are-we-reaching-global-warming-15degc (aufgerufen am 10.03.2023).
3   Ruby Russell: »Erderwärmung: Wie verändert sich die Welt, wenn wir die Klimaziele verfehlen?«, 17.10.2021, in: https://www.dw.com/de/erderw%C3%A4rmung-wie-ver%C3%A4ndert-sich-die-welt-wenn-wir-die-klimaziele-verfehlen/a-59511232 (aufgerufen am 10.03.2023).

Kapitel 1: Wir sind alle betroffen

1   O. A.: »Manche Flächen sind nicht mehr besiedelbar«, 13.07.2022, in: https://www.tagesschau.de/inland/gesellschaft/klimawandel-deutschland-unbewohnbar-101.html (aufgerufen am 10.03.2023).
2   Robert Mcsweeney: »Scientists concerned by ›record high‹ global methane emissions«, 14.07.2020, in: https://www.carbonbrief.org/scientists-concerned-by-record-high-global-methane-emissions/ (aufgerufen am 10.03.2023).
3   Maja Lunde: *Die Geschichte des Wassers*, München 2018, S. 34.
4   Sara Schurmann: *Klartext Klima! Zusammenhänge verstehen, loslegen und effektiv handeln*, Wien 2022, S. 116.
5   Mark Kaufman: »The carbon footprint sham«, o. E., in: https://mashable.com/feature/carbon-footprint-pr-campaign-sham (aufgerufen am 15.02.2023).
6   Jonathan Franzen: *Wann hören wir auf, uns etwas vorzumachen?*, Hamburg 2020, S. 36.
7   Luisa Neubauer; Bernd Ulrich: *Noch haben wir die Wahl*, Berlin 2021, S. 18.

Kapitel 2: Aktivismus für den Klimaschutz

1 Elizabeth Weil, »How to live in a catastrophe«, 06.03.2023, in: https://nymag.com/intelligencer/article/how-to-think-clearly-about-climate-change.html (aufgerufen am 10.03.2023) (Dt. v. M. G.).

2 Schurmann, S. 58.

3 Ebd., S. 60.

4 Christiana Figueres; Tom Rivett-Carnac: *The Future We Choose: The Stubborn Optimist's Guide to the Climate Crisis*, New York 2020, S. 133.

5 Umweltbundesamt: »IPCC-Bericht: Klimawandel verläuft schneller und folgenschwerer«, 09.08.2021, in: https://www.umweltbundesamt.de/themen/ipcc-bericht-klimawandel-verlaeuft-schneller (aufgerufen am 15.02.2022).

6 Raúl Krauthausen; Benjamin Schwarz: *Wie kann ich was bewegen? Die Kraft des konstruktiven Aktivismus*, Hamburg 2021, S. 74.

7 Katharina Nocun; Pia Lamberty: *True Facts: Was gegen Verschwörungserzählungen wirklich hilft*, Köln 2021.

8 Krauthausen, Schwarz, S. 27.

9 Kübra Gümüşay; Luisa Neubauer: *Kübra Gümüşay – wie verlieren wir nicht den Mut?*, in: 1,5 Grad: Der Klima-Podcast mit Luisa Neubauer; 01.2022, https://open.spotify.com/episode/5vWMPof2Jb2iFNTlyigIcz?si=8519f4fe00634d77 (aufgerufen am 15.02.2022).

10 Ebd.

11 Bill McKibben: »It's a fairytale that world governments will fix our climate crisis. It's up to us«, 13.11.2021, in: https://www.theguardian.com/commentisfree/2021/nov/12/its-a-fairytale-that-world-governments-will-fix-our-climate-crisis-its-up-to-us (aufgerufen am 10.03.2023) (Dt. v. M. G.).

12 Schurmann, S. 128.

13 Gail Bradbrook: »Auf dem Weg zum Aussterben und was können wir dagegen tun?«, YouTube, Video vom 18.09.2018, in: https://youtu.be/b2VkC4SnwY0 (aufgerufen am 10.03.2023) (Dt. v. M. G.).

14 David Robson: »The ›3.5 %‹ rule‹: How a small minority can change the world«, 14.05.2019, in: *bbc.com*, in: https://www.bbc.com/future/article/20190513-it-only-takes-35-of-people-to-change-the-world%20 (aufgerufen am 15.02.2023).

15 Ipsos: »Klimawandel: Deutsche noch nie so besorgt«, 02.09.2021,

in: https://www.ipsos.com/de-de/klimawandel-deutsche-noch-nie-so-besorgt (aufgerufen am 10.03.2023).

16 Jack McGovan: »Is breaking things the best way forward for climate activists?«, 13.10.2022, in: https://www.opendemocracy.net/en/climate-crisis-sabotage-property-destruction/ (aufgerufen am 15.02.2023).

17 Jonas Schaible im Gespräch mit Tadzio Müller: »Wer Klimaschutz verhindert, schafft die grüne RAF«, 21.11.2021, in: https://www.spiegel.de/politik/deutschland/tadzio-mueller-wer-klimaschutz-verhindert-schafft-die-gruene-raf-a-5e42de95-eaf2-4bc1-ab23-45dfb0d2db89 (aufgerufen am 10.03.2023).

18 Ebd.

19 Andreas Malm: *Wie man eine Pipeline in die Luft jagt,* Berlin 2020, S.137.

20 Neubauer, Ulrich, S.40.

21 Manuel Kronenberg und Julien Gupta im Gespräch mit Luisa Neubauer: »Der Moment, wenn wir uns wieder in die Augen gucken können«, 17.09.2022, in: https://steadyhq.com/de/treibhauspost/posts/6795c333-c4f7-4deb-9f01-4c0dd02692e7 (aufgerufen am 10.03.2023).

22 Marlowe Hood: »Watching the world burn«, 10.09.2022, in: https://correspondent.afp.com/watching-world-burn (aufgerufen am 10.03.2023).

Kapitel 3: Klimagefühle – ein kleiner Exkurs

1 Peter Kalmus, Tweet vom 10. September 2022, https://twitter.com/ClimateHuman/status/1568458524014919681?s=20&t=FowBXqZplOxQdN4saxwjHw (aufgerufen am 19.03.2023).

2 Tadzio Müller: »Coming out Nr.6, oder: Hallo, mein Name ist Tadzio, und ich bin klima-depressiv«, Newsletter-Post vom 28.07.2022, https://steadyhq.com/de/friedlichesabotage/posts/d12adb0e-7d8a-44a4-979f-240b3dac959a (aufgerufen am 19.03.2023).

3 Ronja von Wurmb-Seibel: *Wie wir die Welt sehen,* München 2022, S.102.

4 Lea Dohm; Mareike Schulze, *Klimagefühle,* München 2022, S.136.

Kapitel 4: Überleben in Zeiten der Klimakrise

1 Luke Kemp; Chi Xu; Joanna Depledge et al.: »Climate Endgame: Exploring catastrophic climate change scenarios«, in: *Proceedings of the National Academy of Sciences of the United States of America* 119 (2022).
2 Hans Joachim Schellnhuber: *Selbstverbrennung: Die fatale Dreiecksbeziehung zwischen Klima, Mensch und Kohlenstoff*, München 2015, S. 575.

Kapitel 5: Wasserversorgung

1 Susanne Schmidt: »Es ist viel zu trocken: ›Faktisch haben wir bereits eine Wasserkrise‹«, 18.07.2022, in: https://www.rnd.de/panorama/trockenheit-in-deutschland-faktisch-haben-wir-bereits-eine-wasserkrise-HY5VODSOUBFCBNZZRQXNXWQ25A.html (aufgerufen am 10.03.2023).
2 Christian Schwägerl: »Blinder Fleck der Umweltdebatte: Ohne intakte Natur kein Trinkwasser«, 30.11.2021, in: https://www.riffreporter.de/de/umwelt/sauberes-wasser-fuer-milliarden-menschen-intakte-natur (aufgerufen am 10.03.2023).
3 Umweltbundesamt: »Trinkwasser«, 30.07.2019, in: https://www.umweltbundesamt.de/themen/wasser/trinkwasser (aufgerufen am 25.03.2023).
4 Friederike Steinberg: »Warum Seen in Brandenburg das Wasser ausgeht«, 16.04.2021, in: rbb24.de (aufgerufen am 23.03.2023).
5 Christian Stöcker: »Braunkohle in Deutschland: Bestandsgarantie für Zombies«, 24.11.2019, in: spiegel.de (aufgerufen am 23.03.2023).
6 ZfK: »Urteil: Leag darf für Tagebau Welzow-Süd Wasser in die Spree pumpen«, 04.02.2020, in: zfk.de (aufgerufen am 23.03.2023).
7 Annika Joeres; Gesa Steeger; Katarina Huth; Marlene Jacobsen; Max Donheiser: »Ausgetrocknet: Deutschland kämpft um Wasser«, 14.06.2022, in: correctiv.org (aufgerufen am 23.03.2023).
8 O.A.: »Tagebaue verbrauchen zu viel Wasser – Aktivisten bestätigen Angriff auf Leitungen«, 26.04.2022, in: welt.de (aufgerufen am 23.03.2023).
9 Joeres; Steeger; Huth; Jacobsen; Donheiser.
10 Dominik Straub: »›Biblische‹ Dürre in der Po-Ebene: 125 Gemein-

den stellen nachts das Wasser ab«, 16.06.2022, in: rnd.de (aufgerufen am 23.03.2023).

11 Christoph Seidler: »Lauenau: Warum eine Gemeinde wegen Corona kein Wasser mehr hatte«, 09.08.2020, in: spiegel.de (aufgerufen am 23.03.2023).

12 O. A.: »Sécheresse en France: Christophe Béchu appelle à ›anticiper‹ et ›planifier‹ pour faire ›dès à présent des économies d'eau‹«, 26.02.2023, in: https://www.lemonde.fr/planete/article/2023/02/ 26/secheresse-en-france-christophe-bechu-appelle-a-anticiper-et-planifier-pour-faire-des-a-present-des-economies-d-eau_6163355_ 3244.html (aufgerufen am 23.03.2023).

13 Katharina Schmidt: »›Wenn du mich siehst, dann weine‹: Niedrigwasser legt jahrhundertealte ›Hungersteine‹ frei«, 19.08.2022, in: utopia.de (aufgerufen am 23.03.2023).

14 Thomas Hummel: »Nationale Wasserstrategie: Zu trocken. Zu nass. Zu teuer?«, 08.06.2021, in: sueddeutsche.de (aufgerufen am 23.03.2023).

15 Bundesministerium für Umwelt, Naturschutz und nukleare Sicherheit (Hrsg.): *Nationale Wasserstrategie: Entwurf des Bundesumweltministeriums,* Bonn 2021, S.14 f.

16 Milena Glimbovski; Corinna Baumgarten: *Über Leben in der Klimakrise,* Auf dem Trockenen: Was wir gegen die Wasserknappheit in Deutschland tun können, Podcast-Folge vom 09.07.2021. Minute 14:06 (aufgerufen am 27.03.2023).

17 Annika Joeres; Katarina Huth; Gesa Steeger: »Ausgeliefert: Diese Unternehmen dürfen Wasser auf Jahrzehnte entnehmen«, 22.11.2022, in: correctiv.org (aufgerufen am 23.03.2023).

18 O. A.: »Bau des Überlaufbeckens in Berlin-Mitte ›im Zeitplan‹«, 22.08.2022, in: n-tv.de (aufgerufen am 23.03.2023).

19 Bundesministerium für Umwelt, Naturschutz, nukleare Sicherheit und Verbraucherschutz: »Städte und Gemeinden müssen Trinkwasser im öffentlichen Raum kostenlos bereitstellen«, 10.08.2022, in: bmuv.de (aufgerufen am 23.03.2023).

20 O. A.: »Wasser sparen im Garten: Wann ist die richtige Zeit, um den Rasen zu sprengen?«, 21.06.2022, in: gelbeseiten.de (aufgerufen am 23.03.2023).

21 Vera Schneider: »Wie viel Wasser steckt in einem T-Shirt?«, 10.11.2017, in: caritas.de (aufgerufen am 23.03.2023).

Kapitel 6: Meeresspiegelanstieg, Hochwasser und Extremwetter

1 Das Erste: »#unserWasser: Wo verschwinden unsere Bäche und Teiche?«, Crowd-Science-Aktion seit 03.2022, in: daserste.de.

2 John Englander: *Moving to Higher Ground. Rising Sea Level and the Path Forward.* Boca Raton, Florida, USA, 2021.

3 Ebd., S.32.

4 Bürgerstiftung Energiewende Oberland im Gespräch mit Matthias Garschagen, in: Klimaanpassung auf regionaler Ebene – KARE | Interview mit Prof. Dr. Matthias Garschagen (LMU), YouTube, Video vom 30.10.2021.

5 Elena Bernard: »Sturmfluten in Europa nehmen zu«, 30.03.2022, in: wissenschaft.de.

6 Toralf Staud; Nick Reimer: *Deutschland 2050. Wie der Klimawandel unser Leben verändern wird,* Köln 2021, S.117.

7 Deutscher Wetterdienst: »Starkregen«, Lexikon-Artikel, in: https://www.dwd.de/DE/service/lexikon/begriffe/S/Starkregen.html (aufgerufen am 12.03.2023).

8 Staud; Reimer, S.66.

9 *Deutschland 2050,* S.68; es wurde zitiert aus: Nick Reimer, *Als der Regen kam,* Dresden 2002, S.12.

10 Bund für Umwelt und Naturschutz Deutschland e.V. (BUND) – Friends of the Earth Germany: »Verbindung zwischen Elbe und Aue sorgt für Fischreichtum«, 21.06.2018, in: https://www.bund.net/themen/aktuelles/detail-aktuelles/news/verbindung-zwischen-elbe-und-aue-sorgt-fuer-fischreichtum/ (aufgerufen am 12.03.2023).

11 Nationalpark Donau-Auen GmbH: »Die Au nach dem Hochwasser«, in: donauauen.at (aufgerufen am 23.03.2023).

12 Shannon Quinn: »Seattle's History is Much Darker than Expected, and its Lesser Known Underground City Proves it«, 31.10.2018, in: https://historycollection.com/seattles-history-is-much-darker-than-expected-and-its-lesser-known-underground-city-proves-it/ (aufgerufen am 12.03.2023).

13 Landkreis Stendal – Umweltamt (Hrsg.); Hochschule Magdeburg-Stendal (FH): *Hochwasserbroschüre – Hinweise und Tipps für die betroffene Bevölkerung,* Stendal 2008, S.7.

14 Julia Schwenn: »Wie Klimadeiche uns vor dem steigenden Meeresspiegel schützen sollen«, 26.03.2021, in: https://www.daserste.de/

information/wissen-kultur/w-wie-wissen/klimadeiche-100.html (aufgerufen am 12.03.2023).

15 https://de.statista.com/statistik/daten/studie/699751/umfrage/laender-mit-der-laengsten-kueste/ (aufgerufen am 12.03.2023).

16 Saskia Heinze: »Klimawandel: Steht Norddeutschland bald komplett unter Wasser?«, 09.03.2022, in: https://www.rnd.de/wissen/klimawandel-steht-norddeutschland-bald-komplett-unter-wasser-I5A3ZCXA4BGY3IZXKSXFJSRI5E.html (aufgerufen am 12.03.2023).

17 O. A.: »Schutz vor Überflutung: Forscher entwerfen gigantischen Damm für die Nordsee«, 17.02.2021, in: https://www.spiegel.de/wissenschaft/mensch/klimawandel-forscher-planen-gigantischen-damm-fuer-die-nordsee-a-74c7c8ef-e362-46df-91b0-a181dc1ee963 (aufgerufen am 12.03.2023).

18 WWF Deutschland: »Abschluss des Naturschutzgroßprojekts Mittlere Elbe«, 22.01.2020, in: https://www.wwf.de/themen-projekte/projektregionen/elbe/naturschutzgrossprojekt-mittlere-elbe (aufgerufen am 12.03.2023).

19 Helge May: »Mehr Bewegung – Die Renaturierung der Havel«, in: https://www.nabu.de/natur-und-landschaft/fluesse/untere-havel/gewaesserrandstreifenprojekt/massnahmen/12249.html (aufgerufen am 12.03.2023).

20 Werner Bartens: »Flüsse: Begradigt, kanalisiert, gestaut«, 09.05.2019, in: https://www.sueddeutsche.de/wissen/oekologie-begradigt-kanalisiert-gestaut-1.4437457 (aufgerufen am 12.03.2023).

21 Achim Schäfer; Astrid Kowatsch; Bundesamt für Naturschutz (Hrsg.): *Gewässer und Auen – Nutzen für die Gesellschaft*, Greifswald 2015, S.12.

22 Susanne Götze; Annika Joeres: *Klima außer Kontrolle: Fluten, Stürme, Hitze – wie sich Deutschland schützen muss*, München 2022, S.76.

23 O. A.: »Klimawandel und Unwettergefahr: Manche Flächen sind nicht mehr besiedelbar«, 13.07.2022, in: https://www.tagesschau.de/inland/gesellschaft/klimawandel-deutschland-unbewohnbar-101.html (aufgerufen am 12.03.2023).

24 WBW Fortbildungsgesellschaft für Gewässerentwicklung mbH (Hrsg.): *Pflicht und Möglichkeiten der Eigenvorsorge für den Hochwasserfall*, Karlsruhe 2014.

25 David Pogue: *How to Prepare for Climate Change. A Practical Guide to Surviving the Chaos*, New York 2021, S.311.

26 Walter Kahlenborn et al.: »Klimawirkungs- und Risikoanalyse 2021 für Deutschland – Teilbericht 3: Risiken und Anpassung im Cluster Wasser«, in: *Climate Change* 26 (2021), S. 155.

27 § 5 Abs. 2 WHG.

28 *Vorsorge und Verhalten bei Hochwasser*, https://www.bbk.bund.de/DE/Warnung-Vorsorge/Tipps-Notsituationen/Hochwasser/hochwasser_node.html (aufgerufen am 12. 03. 2023).

Kapitel 7: Landwirtschaft

1 Mark Benecke: ›*Time is Up!*‹ – *Mark Benecke im EU-Parlament*, YouTube, Vortragsvideo vom 24. 07. 2022 https://www.youtube.com/watch?v=Z_p9yYXZuCI (aufgerufen am 12. 03. 2023).

2 Oliver Stengel: *Vom Ende der Landwirtschaft: Wie wir die Menschheit ernähren und die Wildnis zurückkehren lassen*, München 2021, S. 34.

3 Yuval Noah Harari: *Eine kurze Geschichte der Menschheit*, München 2015, S. 104.

4 Sabine Kaufmann: »Geschichte der Landwirtschaft«, 22. 12. 2015, in: planet-wissen.de (aufgerufen am 23. 03. 2023).

5 *Land- und Forstwirtschaft, Fischerei: Landwirtschaftliche Betriebe*, 08. 03. 2023, in https://www.destatis.de/DE/Themen/Branchen-Unternehmen/Landwirtschaft-Forstwirtschaft-Fischerei/Landwirtschaftliche-Betriebe/_inhalt.html, Ausgewählte Merkmale im Zeitvergleich (aufgerufen am 23. 03. 2023).

6 O. A.: »Dürre: Bauern warnen wegen Trockenheit vor schlechter Ernte – und noch höheren Preisen«, 12. 08. 2022, in: https://www.spiegel.de/wirtschaft/unternehmen/bauern-warnen-wegen-trockenheit-vor-schlechter-ernte-und-noch-hoeheren-preisen-a-05d42aa3-02df-40a7-a44d-e653a9491756 (aufgerufen am 12. 03. 2023).

7 Stengel, S. 68.

8 David Wallace-Wells: *Die unbewohnbare Erde. Leben nach der Erderwärmung*, München 2019, S. 103.

9 Lynas, S. 107.

10 Hans Rosling: *Factfulness*, Berlin 2019.

11 Jan Grossarth (Hrsg.): *Future Food. Die Zukunft der Welternährung*, Darmstadt 2019, S. 252.

12 Lynas, S. 171.

13 Ebd., S. 172.

14 Matthias Janson: »So könnte sich das Klima aufheizen«, 04.11.2021, in: https://de.statista.com/infografik/26127/abweichung-der-globalen-mitteltemperatur-gegenueber-vorindustrieller-zeit-und-prognosemodelle-bis-2100/ (aufgerufen am 12.03.2023).

15 Klaus Wiegandt (Hrsg.): *3 Grad mehr*, München 2022, S.422.

16 O. A.: »Dürre: Bauern warnen wegen Trockenheit vor schlechter Ernte – und noch höheren Preisen«, 12.08.2022, in: spiegel.de (aufgerufen am 12.03.2023).

17 Astrid Ehrenhauser: »Die neuen Sattmacher«, in: *enorm-Magazin* 04 (2022), S.68.

18 Olaf Zinke: »Tabu-Thema: Selbstmorde von Landwirten«, 22.05.2019, in: https://www.agrarheute.com/land-leben/tabu-thema-selbstmorde-landwirten-554007 (aufgerufen am 12.03.2023).

19 »Der Markt für kommerzielles Saatgut«, in: https://www.boell.de/de/aus-sieben-werden-vier-der-markt-fuer-kommerzielles-saatgut (aufgerufen am 12.03.2023).

20 Carla Hoinkes: »Chemiekonzerne: Pestizide & Saatgut versprechen große Geschäfte«, 12.01.2022, in: https://www.boell.de/de/2022/01/12/chemiekonzerne-pestizide-saatgut-versprechen-grosse-geschaefte (aufgerufen am 12.03.2023).

21 Staud; Reimer, S.77.

22 Dürremonitor Deutschland, in: https://www.ufz.de/index.php?de=37937 (aufgerufen am 15.09.2022).

23 Dieter Gerten: *Wasser. Knappheit, Klimawandel, Welternährung,* München 2019, S.96.

24 Annie Sneed: »Ask the Experts: Does Rising CO_2 Benefit Plants?«, 23.01.2018, in: https://www.scientificamerican.com/article/ask-the-experts-does-rising-co2-benefit-plants1/ (aufgerufen am 12.03.2023).

25 Staud; Reimer, S.225.

26 Dominik Straub: »›Wasserkrieg‹ und Reisbauern in Not: Wie die Dürre Norditalien in die Verzweiflung stürzt«, 18.08.2022, in: https://www.tagesspiegel.de/gesellschaft/wie-die-durre-norditalien-in-die-verzweiflung-sturzt-8588773.html (aufgerufen am 12.03.2023).

27 Stefan Parsch: »Folge des Klimawandels: So werden sich die Anbaugebiete von Kaffee, Avocado und Co. verschieben«, 01.02.2022, in: https://www.geo.de/natur/oekologie/klimawandel-verschiebt-anbau-von-kaffee---co---31588276.html (aufgerufen am 12.03.2023).

28 Franziska Konitzer: »Klimawandel bedroht hochwertige Kaffee-sorten in Äthiopien«, 15.04.2021, in: https://www.br.de/nachrichten/wissen/klimawandel-bedroht-hochwertige-kaffeesorten-in-aethiopien,SUeU8zk (aufgerufen am 12.03.2023).

29 Lewis H. Ziska et al.: »Recent and projected increases in atmospheric carbonvdioxide and the potential impacts on growth and alkaloid production in wild poppy (Papaver setigerum DC.)«, in: *Climatic Change* 91 (2008), S.395.

30 BRAUWELT: »Wie der Klimawandel die Braugerste beeinflusst«, 29.01.2021, in: https://blog.drinktec.com/de/bier/wie-der-klimawandel-die-braugerste-beeinflusst/ (aufgerufen am 12.03.2023).

31 David Williams: »Droughts, heat and fire: the future of wine in the climate crisis«, 20.09.2022, in: https://www.theguardian.com/food/2022/sep/20/droughts-heat-and-fire-the-future-of-wine-in-the-climate-crisis (aufgerufen am 12.03.2023).

32 Ignacio Morales-Castilla et al.: »Diversity buffers winegrowing regions from climate change losses«, in: *Proceedings of the National Academy of Sciences* 117 no.6 (2020), S.2867.

33 Jasmin Schreiber: *Biodiversität*, Ditzingen 2022, S.71.

34 Stengel, S.72.

35 Dirk Steffens: *Über Leben. Zukunftsfrage Artensterben: Wie wir die Ökokrise überwinden*, München 2021, S.84.

36 Ulrike Herrmann: *Das Ende des Kapitalismus. Warum Wachstum und Klimaschutz nicht vereinbar sind und wie wir in Zukunft leben werden*, Köln 2022, S.252.

37 Ebd.

38 Mariko Thorbecke; Jon Dettling: *Carbon footprint evaluation of regenerative grazing at white oak pastures*, Ergebnis-Präsentation vom 25.02.2019. (https://working-lands.com/wp-content/uploads/2019/06/WOP-LCA-Quantis-2019.pdf) (aufgerufen am 12.03.2023).

39 Thomas Spence: »Property in Land Every One's Right«, in: ders.: *The Poor Man's Revolutionary* (1775), in: https://www.marxists.org/history/england/britdem/people/spence/property/property.html (aufgerufen am 12.03.2023).

40 Peter Wohlleben: *Der lange Atem der Bäume. Wie Bäume lernen, mit dem Klimawandel umzugehen – und wie uns der Wald retten wird, wenn wir es zulassen*, München 2021, S.27.

41 Ute Eberle im Gespräch mit Monica Gagliano: »Man muss nicht wie ein Mensch aussehen, um lernen zu können«, in: *Werde* 01 (2021).

42 *Foods of the future.*

43 Götze; Joeres, S. 183.

44 *Foods of the future.*

45 Stengel, S. 122.

46 Ebd., S. 125.

47 Ebd., S. 127.

48 O. A.: Humintech »Warum Messbarkeit für regenerative Landwirtschaft essentiell ist«, in: https://www.humintech.com/de/agrarwirtschaft/blog/warum-messbarkeit-fuer-regenerative-landwirtschaft-essenziell-ist (aufgerufen am 23. 03. 2023).

49 Karl Bockholt: »Künftig mehr Beregnung nötig: Rechtzeitig gegen Wassernot wappnen«, 26. 12. 2020, in: https://www.agrarheute.com/pflanze/getreide/kuenftig-mehr-beregnung-noetig-rechtzeitig-gegen-wassernot-wappnen-576215 (aufgerufen am 12. 03. 2023).

50 Gerten, S. 129.

51 Stengel, S. 153.

52 Ebd., S. 82.

53 Guy Brasseur et al.: *Klimawandel in Deutschland: Entwicklung, Folgen, Risiken und Perspektiven*, Heidelberg 2017, S. 188.

54 Harari, S. 418.

55 George Monbiot: »Why are we feeding crops to our cars when people are starving?«, 30. 06. 2022, in: https://www.theguardian.com/commentisfree/2022/jun/30/crops-cars-starving-biofuels-climate-sustainable (aufgerufen am 12. 03. 2023).

56 Astrid Ehrenhauser: »Die neuen Sattmacher«, in: *enorm-Magazin* 04 (2022), S. 68.

57 Marina Zapf: »›Dramatische Situation‹: Warum werden Nudeln teurer?«, 19. 09. 2021, in: https://www.n-tv.de/wirtschaft/Warum-werden-Nudeln-teurer-article22811129.html (aufgerufen am 12. 03. 2023).

58 Harari, S. 102.

59 Liyang Zhao: »Epigenetik: Wenn wir Traumata vererben«, 27. 09. 2019, in: https://www.dw.com/de/epigenetik-wenn-wir-traumata-vererben/a-50547821 (aufgerufen am 12. 03. 2023).

Kapitel 8: Energie

1 Text: Enno Bunger, Sarah Muldoon.

2 ClimateWatch: Höhe der weltweiten Treibhausgasemissionen nach Quellgruppe im Jahr 2019, in: statista.com (aufgerufen am 27.03.2023).

3 Jörg Cortekar; Markus Groth: *Der deutsche Energiesektor und seine mögliche Betroffenheit durch den Klimawandel – Synthese der bisherigen Aktivitäten und Erkenntnisse,* CSC, Hamburg 2013, S.12.

4 Strom-Report.de: »Deutscher Strommix, Stromerzeugung Deutschland bis 2022«, in: https://strom-report.de/strom/ (aufgerufen am 19.03.2023).

5 Agence France-Presse: »US braces for more deaths as ›blizzard of the century‹ grips nation«, 27.12.2022, in: https://www.theguardian.com/us-news/2022/dec/27/us-braces-for-more-deaths-as-blizzard-of-the-century-grips-nation (aufgerufen am 19.03.2023).

6 Anne M Stark: »Americans used more clean energy in 2016«, 10.04.2017, in: https://www.llnl.gov/news/americans-used-more-clean-energy-2016 (aufgerufen am 19.03.2023).

7 Bundesregierung: »Energieeffizienz« in: https://www.bundesregierung.de/breg-de/themen/klimaschutz/energieeffizienz--1755970 (aufgerufen am 19.03.2023).

8 Jan Hegenberg: *Weltuntergang fällt aus! Warum die Wende der Klimakrise viel einfacher ist, als die meisten denken, und was jetzt zu tun ist,* München 2022, S.39.

9 Andreas Stüdli: »Wegen Hitze – AKW Beznau muss die Leistung reduzieren«, 18.07.2022, in: https://www.srf.ch/news/schweiz/wegen-hitze-akw-beznau-muss-die-leistung-reduzieren (aufgerufen am 19.03.2023).

10 Lisa Mayerhofer: »Hitzewelle in Europa: AKWs müssen gedrosselt werden – Strom-Kunden droht Preisanstieg«, 22.07.2022, in: https://www.merkur.de/wirtschaft/hitzewelle-europa-strompreise-steigen-atomkraftwerke-frankreich-akw-energiekrise-zr-91666717.html (aufgerufen am 19.03.2023).

11 Kathrin Witsch: »Erste Kraftwerke drosseln Leistung: So beeinflusst die Hitze unsere Energieversorgung«, 05.08.2022, in: https://www.handelsblatt.com/unternehmen/energie/energie-erste-kraftwerke-drosseln-leistung-so-beeinflusst-die-hitze-unsere-energieversorgung/28575890.html (aufgerufen am 19.03.2023).

12 Götze; Joeres, S. 40.

13 Ebd., S. 41.

14 Gunter Willinger: »Zukunft für ein Schmuddelkind«, in: https://www.spektrum.de/news/biogas-auslaufmodell-oder-zukunftstechnologie/1361235 (aufgerufen am 19.03.2023).

15 Andreas Frey: »Holzöfen: Der Qualm der Energiekrise«, 06.10.2022, in: https://www.spektrum.de/news/holzoefen-der-qualm-der-energiekrise/2064264 (aufgerufen am 19.03.2023).

16 Steffen Bukold (Hrsg.): *Kurzanalyse: RWE – Vom Winde verweht?*, Greenpeace 2021, S. 3.

17 Grundrechtekomitee, Tweet vom 17.01.2023, https://twitter.com/grundrechte1/status/1615258377675751425?s=20&t=WeHJLvduqwu6quo_vzPcyg (aufgerufen am 19.03.2023).

18 Ortwin Renn (Hrsg.): *Das Energiesystem resilient gestalten: Szenarien – Handlungsspielräume – Zielkonflikte*, München 2017, S. 37.

19 Ebd., S. 35.

20 Hegenberg, S. 104.

21 Diego Giuliani: »Disguising solar panels as ancient Roman tiles in Pompeii«, 29.12.2022, in: techxplore.com (aufgerufen am 27.03.2023).

22 Bernward Janzing: »Doppelte Nutzung von Agrarflächen – Himbeeren und Strom vom Acker«, 28.06.2020, in: taz.de (aufgerufen am 27.03.2023).

23 Hegenberg, S. 106.

24 Ebd., S. 80.

25 Reimer; Staud, S. 194.

26 Klaus Wiegandt (Hrsg.): *3 Grad mehr. Ein Blick in die drohende Heißzeit und wie uns die Natur helfen kann, sie zu verhindern*, München 2022, S. 434.

27 EnBW Energie Baden-Württemberg AG: »Darum sind Stromspeicher für die Energiewende so wichtig«, 24.06.2021, in: https://www.enbw.com/unternehmen/eco-journal/stromspeicher-fuer-die-energiewende.html (aufgerufen am 19.03.2023).

28 Gespräch mit Lorenz Bauer, 03.02.2023.

29 Christian Holler; Joachim Gauckel; Harald Lesch; Florian Lesch: *Erneuerbare Energien zum Verstehen und Mitreden*, München 2021, S. 114.

30 Renn, S. 36.

1 Nadja Ayoub: »Nur 100 Unternehmen produzieren 71 Prozent der industriellen Treibhausgas-Emissionen«, in: https://utopia.de/nur-100-unternehmen-produzieren-71-prozent-der-industriellen-treibhausgas-emissionen-57116/ (aufgerufen am 19.03.2023).

2 Vgl. Verkehrsclub Deutschland e.V. (2020): »Was kostet uns der Verkehr wirklich?« VCD Fact Sheet zu den externen Kosten des Verkehrs, dem reellen Preis von Autobesitz und zur Kostenbelastung der umweltfreundlichen Bahn, in: https://www.vcd.org/fileadmin/user_upload/Redaktion/Themen/Verkehrswende_sozial/FactSheet_Was_kostet_uns_der_Verkehr.pdf (aufgerufen am 27.11.2022).

3 Friederike Meier: »Wir müssen ehrlich bilanzieren, was der Status quo kostet.«, in: https://www.klimareporter.de/finanzen-wirtschaft/wir-muessen-ehrlich-bilanzieren-was-der-status-quo-kostet (aufgerufen am 19.03.2023).

4 Rupert Read: *Dodo, Phoenix or Butterfly?*, Glasgow 2021, S.513.

5 Wachstum des realen weltweiten Bruttoinlandsprodukts (BIP) von 1980–2022, in: https://de.statista.com/statistik/daten/studie/197039/umfrage/veraenderung-des-weltweiten-bruttoinlandsprodukts/ (aufgerufen am 19.03.2023).

6 Herrmann, S.85.

7 Graeme Maxton: *Change! Warum wir eine radikale Wende brauchen,* München 2018, S.143.

8 Herrmann, S.254.

9 Ebd.

10 »Gekungel zwischen Lindner und Autobauer«, in: https://www.focus.de/politik/deutschland/e-fuel-auch-nach-2035-sms-an-porsche-chef-bringen-lindner-in-erklaerungsnot_id_121704053.html (aufgerufen am 19.03.2023).

11 Herrmann, S.257.

12 Maxton, S.77.

13 Kate Raworth: *Die Donut-Ökonomie. Endlich ein Wirtschaftsmodell, das den Planeten nicht zerstört,* München 2018.

14 International Federation for the Economy for the Common Good e.V.: Gemeinwohl-Bilanz, in: https://web.ecogood.org/de/unsere-arbeit/gemeinwohl-bilanz/ (aufgerufen am 27.03.2023).

15 Gemeinwohl-Ökonomie Deutschland e.V.: Gemeinwohl-Matrix, in: https://germany.ecogood.org/tools/gemeinwohl-matrix/) (aufgerufen am 22.03.2023).

16 Purpose Stiftung gGmbH. »Wer wir sind.« Purpose Economy, in: https://purpose-economy.org/de/who-we-are/. (aufgerufen am 22.03.2023).

17 J. Hirschfeld et al.: »Kosten des Klimawandels und der Anpassung an den Klimawandel aus vier Perspektiven. Impulse der deutschen Klimaökonomie zu Fragen der Kosten und Anpassung« (2015), in: https://www.fona.de/medien/pdf/Hintergrundpapier_Forum_Kosten.pdf?m=1548322391&, S.9 (aufgerufen am 22.03.2023).

18 Maxton, S.86.

19 Damian Carrington: »Big oil companies ›homicide‹ claim is ›landmark moment‹ for climate litigation«, in: *The Guardian,* 22. März 2023, https://www.theguardian.com/environment/2023/mar/22/big-oil-companies-homicide-harvard-environmental-law-review (aufgerufen am 22.03.2023).

20 Nau.ch: »Gstaad BE: Helikopter flog Schnee ein – um Pisten zu präparieren«, in: https://www.nau.ch/news/schweiz/gstaad-be-helikopter-flog-schnee-ein-um-pisten-zu-praparieren-66386039 (abgerufen am 22.03.2023).

21 »Wenn der Strand im Meer versinkt«, in: Der Tagesspiegel (2009), https://www.tagesspiegel.de/gesellschaft/panorama/wenn-der-strand-im-meer-versinkt-1507978.html (aufgerufen am 15.03.2023).

22 Klimawirkungs- und Risikoanalyse 2021 für Deutschland – Teilbericht 5: Risiken und Anpassung in den Clustern Wirtschaft und Gesundheit, in: https://www.umweltbundesamt.de/publikationen/KWRA-Teil-5-Wirtschaft-Gesundheit (aufgerufen am 24.03.2023).

23 Bundesministerium für Digitales und Verkehr: Gemeinsame Erklärung zum Acht-Punkte-Plan zur Verbesserung der Situation bei Niedrigwasser am Rhein, Berlin: Bundesregierung, 2022, in: https://bmdv.bund.de/SharedDocs/DE/Artikel/WS/gemeinsame-erklaerung-acht-punkte-plan-niedrigwasser-rhein.html (aufgerufen am 15.03.2023).

24 Heike Schmoll: »Corona-Umfrage: Frauen verlieren in Pandemie mehr Arbeitszeit«, *Frankfurter Allgemeine Zeitung,* 08.03.2021, in: https://www.faz.net/aktuell/karriere-hochschule/buero-co/corona-umfrage-frauen-verlieren-in-pandemie-mehr-arbeitszeit-17122448.html (aufgerufen am 22.03.2023).

25 Statista: Verbreitung ehrenamtlicher Arbeit in Deutschland nach Geschlecht im Jahr 2019 (Stand: 22. März 2023), in: https://de.statista.com/statistik/daten/studie/173632/umfrage/verbreitung-ehrenamtlicher-arbeit/ (aufgerufen am 22.03.2023).

26 Teresa Bücker: *Alle_Zeit. Eine Frage von Macht und Freiheit*, Berlin 2022.

27 M. J. O'Donnell et al.: »Global diversity and geography of soil fungi«, *Science* 346, 1256688 (2014), in: https://www.science.org/doi/abs/10.1126/science.aad9837 (aufgerufen am 15.03.2023).

28 Statista: Exportgüter aus Deutschland im Jahr 2020 nach Exportwert (in Milliarden Euro), in: https://de.statista.com/statistik/daten/studie/151019/umfrage/exportgueter-aus-deutschland/ (aufgerufen am 15.03.2023).

29 McKinsey Global Institute. (2020). Climate risk and response: Physical hazards and socioeconomic impacts, in: https://www.mckinsey.de/news/presse/2020-01-16-mgi-climate-risk (aufgerufen am 15.03.2023).

30 Anna Gielas: »Nur Männer bestimmen, was Wirtschaft ist.«, in: Süddeutsche Zeitung Online vom 18.04.2016, in: https://www.sueddeutsche.de/wirtschaft/feministische-oekonomik-nur-maenner-bestimmen-was-wirtschaft-ist-1.2959878 (aufgerufen am 15.03.2023).

Kapitel 10: Katastrophenschutz und Prepping

1 Die Broschüre kann man als PDF auf der Website des BBK unter bbk.bund.de herunterladen beziehungsweise dort bestellen oder in öffentlichen Einrichtungen wie beispielsweise einer Polizeidienststelle bekommen.

2 Rebecca Solnit: *A Paradise Built in Hell: The Extraordinary Communities That Arise in Disaster*, S. 17 (dt. von M. G.).

3 Götze; Joeres, S. 184.

4 Solnit, S. 8 (dt. v. M. G.).

5 National Geographic: »It's All Gonna Hit the Fan (Full Episode) | Doomsday Preppers«, 04.06.2022, auf: https://www.youtube.com/watch?v=pW8HeVqF2OM (aufgerufen am 25.03.2023).

6 Julia Weiler: »Vorbereitet auf den Zusammenbruch der Gesellschaft«, 16.04.2021, in: https://news.rub.de/wissenschaft/2021-04-16-prepper-vorbereitet-auf-den-zusammenbruch-der-gesellschaft (aufgerufen am 25.03.2023).

7 Ebd.

8 Alyson Krueger: »Climate Change Insurance: Buy Land Somewhere Else«, 30.11.2018, in: https://www.nytimes.com/2018/11/30/

realestate/climate-change-insurance-buy-land-somewhere-else.
html. (aufgerufen am 25.03.2023).
9 Ebd.

Kapitel 11: Stadt, Land, Wald

1 Peter Wohlleben: *Der lange Atem der Bäume,* München 2021, S.65.
2 Ute Langen; Roma Schmitz; Henriette Steppuhn: *Häufigkeit aller-
gischer Erkrankungen in Deutschland,* Berlin 2013, S.698.
3 Ebd.
4 Senatsverwaltung für Umwelt, Verkehr und Klimaschutz: Programm zur Anpassung an die Folgen des Klimawandels, Berlin
2020, Zusammenfassung, S.44, in: https://www.berlin.de/sen/uvk/
klimaschutz/anpassung-an-den-klimawandel/programm-zur-
anpassung-an-die-folgen-des-klimawandels/ (aufgerufen am
25.03.2023).
5 José L. Lozan; Siegmar-W. Breckle; Hartmut Grassl; Dieter Kasang;
Andreas Matzarakis: *Städte im Klimawandel,* Hamburg 2019, S.11.
6 ZDF.de: WHO warnt vor Hitzetoten in Europa 2022,
24. März 2023, in: https://www.zdf.de/nachrichten/panorama/
who-hitzetote-europa-2022-100.html (aufgerufen am 25.03.2023).
7 Gereon Amuth: »Hitzetote in Deutschland – Hitzewelle mit dunk-
lem Schatten«, 22.08.2022, in: https://taz.de/Hitzetote-in-
Deutschland/!5873299/ (aufgerufen am 21.03.2023).
8 o. A.: »Gesundheitliche Folgen des Klimawandels – Behörde warnt
vor mehr Hitzetoten in Europa«, 09.11.2022, in: https://www.
spiegel.de/wissenschaft/klimawandel-hitzewellen-sind-die-groesste-
klimagefahr-fuer-europaer-a-0f04fa98-a1b6-4a57-9e0c-e5302c3
45ef7 (aufgerufen am 21.03.2023).
9 Hanna Gersmann: »Forstwirt über Waldbrandgefahr – ›Nur aus
Hitze entsteht kein Brand‹«, 20.07.2022, in: https://taz.de/Forstwirt-
ueber-Waldbrandgefahr/!5865771/ (aufgerufen am 21.03.2023).
10 Soo-Jin et al.: »Surface warming in global cities is substantially
more rapid than global land average warming«, in: *Environmental
Research Letters* 16 (2021), S.219. Online verfügbar unter: https://
asu.pure.elsevier.com/en/publications/surface-warming-in-global-
cities-is-substantially-more-rapid-than (aufgerufen am
25.03.2023).
11 Gaia Vince, *Nomad Century,* Dublin 2022, S.147.

12 Luisa Neubauer, Tweet vom 19.06.2022. https://twitter.com/ Luisamneubauer/status/1538546746711752707 (aufgerufen am 25.03.2023).

13 »Hitzewelle: Europa schwitzt und leidet«, Tagesschau.de, 25. Juni 2022, in: https://www.tagesschau.de/ausland/europa/hitze-europa-107.html (abgerufen am 25.03.2023).

14 Ernst Paul Dörfler: *Aufs Land,* München 2021, S.107.

15 Wohlleben, S.70.

Kapitel 12: Grenzen der Anpassung und Migration

1 https://twitter.com/MrAhmednurAli/status/1548438473706573831 (aufgerufen am 12.03.2023) (dt. von M.G.).

2 David Eckstein et al.: *Global Climate Risk Index 2021,* Bonn 2021, S.8.

3 https://www.pnas.org/doi/10.1073/pnas.1910114117 (aufgerufen am 27.03.2023).

4 Vince, S.28.

5 World Bank: The World Development Report 2022: Data for Better Lives, Washington D.C.: World Bank Group, 2022, in: https:// openknowledge.worldbank.org/entities/publication/2c9150df-52c3-58ed-9075-d78ea56c3267 (aufgerufen am 26.03.2023).

6 Søren Andersen: »Per Dannemand: The role of demonstration projects in innovation: Synthesis and discussion of implications for policy and practice«, in: *Research Policy* 49 (2020), S.25, in: https:// orbit.dtu.dk/files/238807594/AGR2020.pdf (aufgerufen am 26.03.2023).

7 Abrahm Lustgarten: »The Great Climate Migration Has Begun«, 23.07.2020, in: https://www.nytimes.com/interactive/2020/07/23/ magazine/climate-migration.html (aufgerufen am 12.03.2023) (dt. v.M.G.).

8 Andreas Kynast; Katharina Thode: »Deutsche Kolonialvergangenheit – Namibia: Deutschland erkennt Völkermord an«, 27.05.2021, in: https://www.zdf.de/nachrichten/politik/deutschland-namibia-herero-voelkermord-100.html (aufgerufen am 12.03.2023).

9 Jürgen Zimmerer: »Expansion und Herrschaft: Geschichte des europäischen und deutschen Kolonialismus«, 23.10.2012, in: bpb. de. https://www.bpb.de/shop/zeitschriften/apuz/146973/expansion-und-herrschaft-geschichte-des-europaeischen-und-deutschen-kolonialismus/ (aufgerufen am 10.03.2023).

10 Ebd.

11 https://countrymeters.info/de/Africa (aufgerufen am 27.03.2023).

12 Lustgarten, in: https://www.nytimes.com/interactive/2020/07/23/magazine/climate-migration.html (aufgerufen am 26.03.2023).

13 Josie Garthwaite: »Climate change has worsened global economic inequality«, 22.04.2019, in: https://earth.stanford.edu/news/climate-change-has-worsened-global-economic-inequality (aufgerufen am 23.03.2023).

14 Erik Marquardt: *Europa schafft sich ab – Wie die Werte der EU verraten werden und was wir dagegen tun können,* Hamburg 2021, S.216.

15 Vince, S.59.

16 Schellnhuber, S.582.

17 Ebd., S.580.

18 Marquardt, S.12.

19 IPCC: Climate Change 2021: The Physical Science Basis. Contribution of Working Group I to the Sixth Assessment Report of the Intergovernmental Panel on Climate Change, Cambridge, United Kingdom and New York 2021, S.33.

20 Anna Lehmann; Dinah Riese: *Jüdische Kontingentflüchtlinge. Die vergessenen Opfer des Antisemitismus,* Berlin 2022, in: https://taz.de/Juedische-Kontingentfluechtlinge/!5727852/, (aufgerufen am 26.03.2023).

21 Lunde, S.34.

22 Country Rankings by ND-GAIN Country Index, https://gain.nd.edu/our-work/country-index/rankings/, Rank 8: Germany (aufgerufen am 10.03.2023).

23 Vince, S.110.

24 Amanda Shendruk: »Welcome to Leeside, the US's first climate heaven«, 01.09.2020, in: https://qz.com/1891446/welcome-to-leeside-the-uss-first-climate-haven (aufgerufen am 12.03.2023).

25 Ebd.

26 Vince, S.115.

27 David Wallace-Wells: *Die unbewohnbare Erde: Leben nach der Erderwärmung,* München 2019, S.47.

Raus aus der Gegenwartsfalle

Das anrollende Klimachaos, die zunehmenden Konflikte zwischen Arm und Reich und die Polarisierung unserer Gesellschaften zeigen deutlich: Weitermachen wie bisher ist keine Option. Das Wohlstandsmodell des Westens fordert seinen Preis. Die Wissenschaft bestätigt, dass wir um ein grundsätzliches Umdenken nicht herumkommen. Das Buch veranschaulicht, welche Denkbarrieren wir aus dem Weg räumen sollten, um künftig klüger mit natürlichen Ressourcen, menschlicher Arbeitskraft und den Mechanismen des Marktes umzugehen – jenseits von Verbotsregimen und Wachstumswahn.

Maja Göpel
Unsere Welt neu denken
Eine Einladung

Taschenbuch
Auch als E-Book erhältlich
www.ullstein.de

ullstein